母　音

母 音
——その性質と構造——

千葉 勉　梶山正登 著
杉藤美代子　本多清志 訳

岩波書店

THE VOWEL:
Its Nature And Structure

by Tsutomu Chiba and Masato Kajiyama

Copyright ©1942 by Tsutomu Chiba and Masato Kajiyama
Copyright renewed ©1990 by Kyoko Kodama
Copyright renewed ©1995 by Tsuneko Kajiyama

First published in English in 1942
by Tokyo-Kaiseikan Publishing Company, Ltd., Tokyo.
This Japanese edition published 2003
by Iwanami Shoten, Publishers, Tokyo
by arrangement with the copyright holders.

訳者序

　本書は，日本語の「アイウエオ」を使って，どの言語にとっても重要な「母音」というものの性質と構造を世界ではじめて明らかにした『*THE VOWEL —— Its Nature and Structure*』の翻訳書です．

　この書が東京開成館から出版されてから60年になります．表紙に続く扉には1941とあり，序文の日付はその11月となっています．12月8日はあの対米開戦です．発行は1942年の1月11日とあります．そのきわどい時機になぜこのような英語の書物が日本で出版できたか不思議ですが，ともかく，そのとき研究は完了し，本になりました．1945年，日本は無条件降伏し，廃墟から立ち上がりました．13年後の1958年，『*THE VOWEL —— Its Nature and Structure*』は，新たに日本音声学会から出版されています．その序文は原著とは異なり，図にも少々違いがみられます．この書の翻訳は，前者1942年の初版本に基づきます．

　原著は，欧米では，関連論文には必ず引用され，世界的な名著の一つとされてきました．教科書にしたいという話も耳にしました．その理由は，これが，母音生成時の声道の断面積と母音のスペクトルとの関係をはじめて解明した書物だからです．そのうえ，一つ一つの現象を生理学的実験，音響的実験によって確かめ，得られた知見が簡潔に示されているからだと思います．つまり，母音生成時の，喉頭の構造から始めて，多くの鮮明な声帯の図やレントゲン写真等を用いて発声発音の器官が説明されています．次に，当時の先行研究を紹介した上で，共鳴器としての声道の解説，声道の断面積とフォルマント周波数との対応関係が述べられます．さらに聴覚の生理学的，心理学的仕組みが説明されています．

　著者千葉勉と梶山正登については，また，この書の成立と国際的位置付け等に関しては，巻末の前川喜久雄氏の解説をぜひお読みください．また，日本音

声学会の『音声研究第5巻第2号』(2001)は『母音論』(原著の通称)の特集号でした．日本音響学会誌も，その英文誌とともに2002年7月には特集を組み，そこには本多も執筆しています．ご参照ください．千葉勉氏は東京外国語学校(現東京外国語大学)教授，また，国際言語学会常任理事，国際言語学会特別調査委員，万国音声学会日本代表評議委員と，1933年出版の『標準日本語発音法』の表紙には書かれています．梶山正登氏は，旧東京帝国大学の物理学の助手．千葉氏が東京外国語学校に招いた研究者で，この書についての功績は大きかったものと推測されます．

　千葉氏の他の研究については『日本語アクセントの研究』(杉藤，三省堂，1982)で述べておりますが，この『THE VOWEL』は，とくに日本で広く読まれるべきものと考えました．杉藤が翻訳を思い立ち，開始したのは20年も前のことでした．中断して置いてあったものを完成するにあたり，岡村千絵さんの協力を得ました．次に，用語等のチェックを，以前共同研究をした本多に依頼．そのとき，本多は3年間の外遊が決まり，その間休みの日々に改めて翻訳，結局，それを今度は杉藤が点検することになりました．さらに本多が古い用語を点検し，歴史的事実を調査した上，訳文全体の見直しをしました．数式などのチェックはATR人間情報科学研究所の党建武氏，足立整治氏に，ドイツ語の引用文章については，ミュンヘン大学のクリスチャン・クロス氏，井上康子氏にお願いしました．また，年代的ギャップを考慮して，巻末には訳者注を加えました．ご参照ください．なお，ご覧のように数々の図は，技術に努力を加え，もとの図にまして鮮明なものにすることができました．本書はこうして今回完成したものです．

　日本では，最近音声言語の教育がようやく問題にされるようになってきました．この書は音声言語の基ともいうべき母音の解明を行ったものですから，この時期に出版されることの意味は大きいと思います．音声学，音響学，言語学，日本語学(国語学)，心理学，音声言語医学等の研究者，耳鼻咽喉科の医師の方々，声楽の研究者，あるいは，教育者の方々に読んでいただきたい．各研究室に，図書館にも備えてください．

　改めて思います．日本の研究者は，外国の研究の援用に終始することなく，日本の独創的な研究，あるいは，現象を徹底的に観察して得られた地道な業績を理解し継承してほしいと．本物に接すること，それは，現在の若者のため，国

の将来のため，とくに大事なことだと思います．

　今回，岩波書店の，元常務取締役鈴木稔氏の特別なお計らいにより，この書の出版が実現することになりました．松永真弓氏にもたいそうお世話になりました．深く感謝いたします．

　2003 年 7 月 31 日

杉藤美代子
本 多 清 志

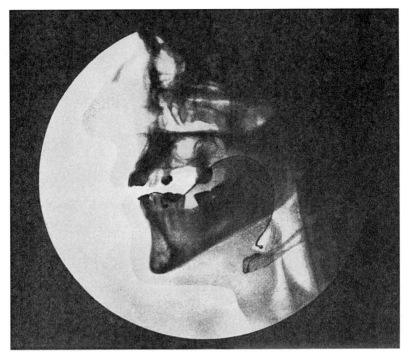

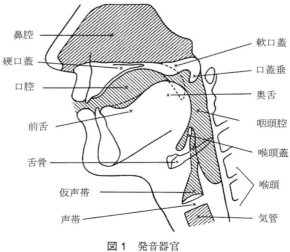

図1 発音器官

序　文

　今から約 10 年前，われわれの東京外国語学校音声学実験室で，X 線写真とオシログラフを主な手段として，諸言語における音声の比較研究にとりかかった．こうして集めた実験データが増えてくるにつれて，比較の基盤をどこにおくか，これが次第に難しくなってきた．いうまでもなく，母音に関する体系的研究がそもそも行われていなかったからである．そこで，母音そのものの根本的な問題に解決を見出す必要に迫られた．このようにして，1934 年の夏，この問題を中心とした研究を開始し，当初の予定よりはずっと遅れたが，1939 年の半ばにようやく完成させた．その間に得られた結果は，子音の研究に費やした 1 年の仕事を除いて，本書にほぼすべて記載してある．もともと専門家を対象としたものだが，基礎的な項目はすべて扱っているので，教科書としても役立つであろう．

　多くの時間と労力を要した第 1 の問題は，共鳴理論と過渡理論という二つの対立する母音理論であった．共鳴理論によれば，母音は喉頭音が声道を伝わるときの共鳴によって生じるものであるが，一方，過渡理論では，母音は声門を通過する断続気流によって声道で生じる減衰振動の連鎖とみなされる．この問題を解くことを目標として，われわれはまず喉頭の構造とその動作を詳しく調べた．第一部はその研究結果の記録であり，母音にかぎらず声や喉頭の研究にとって大いに役立つはずである．第二部では，これまでに提出されている母音理論と，この問題についての諸研究者の見解を，われわれの持論とともに記載した．われわれの本来の方針は，一般の音声学者が読んでわかるように，数式を用いずに本書を執筆することであった．しかし，この原案は，発音の機構に関する限り，定性的にも定量的にも満足な結果をもたらすには至らなかった．そこで，声道を比較的単純な共鳴器とみなして，懸案の問題を音響学の立場から検討した．その結果，理論的計算より求めた母音が現実に発音された母音とよく一致

することが判明し，共鳴器に固有のさまざまな特性が明らかになった．この詳細は第二部の後半に記載している．声道に等価な単純な形の共鳴器を得るために行った第1の作業は声道の精密な計測であり，これには主にX線写真を用いた．口腔の計測には，われわれ自身の口蓋に合わせた硬性模型を作製し，これを使って満足すべき結果を得た．さらに，これらの計測結果に基づいて声道の模型を作製し，喉頭音を発生する装置を接続することによって，人工母音を生成することに成功した．このようにして，声道の形と大きさから声道内の空気の圧力と粒子速度の変化を計算することができるようになった．以上に加えて，第三部では声道の自然周波数を取り扱った．

母音の特徴の分析にあたり最もよく使われる方法に波形のフーリエ解析がある．ところが，この方法に反論する研究者も少なくない．その理由は次のように要約できよう．第1に，波形の分析ではその特徴を認識することが困難な場合が多い．第2に，母音は元来過渡的な性質をもつ減衰振動の連鎖であり，定常振動の合成波形として扱うべきではない．しかし，母音の韻質には客観的存在理由があり，われわれは客観的研究の結果をもとにしてこれを議論すべきである．聴覚を取り扱った第四部では，われわれはフーリエ分析を支持できる結論に達している．

個々の母音は声道の自然周波数に対応する固有の特徴周波数をもつことが一般に認められている．しかし，大きな声道をもつ成人と小さな声道をもつ子供とが同じ母音を発音できるという事実に照らして，ロイド Lloyd は個々の母音のもつ二つの特徴周波数は絶対的な定数ではなく，一定の比率に従うという解釈を示している．この点については，レコード盤の回転周波数を変えることによって母音の韻質の変化が生じることが観測され，多くの結果が得られてきている．われわれも複数の話者を対象として同じ実験を行い，ロイドの理論と一致する結果を得た．さらに，われわれはこの理論を発展させ，フィルタを用いた補足実験を加えて，空間パタン理論を確立した．さらに，この実験により，視覚による物体の同定と聴覚による音の同定の類似性を明らかにした．これらの結果をもとに，われわれは聴覚生理学的説明をあえて試みたが，詳細についてはともかく，少なくともその本質において誤りはないと信じている．

母音は本質的に客観と主観に従う二重の性質をもつので，さまざまな角度からの考察が必要である．つまり，母音の総合的研究が求められる．この要求は，

われわれの研究室に配備されている必要な器材をすべて使えば十分に満たすことができる．

　一言でいえば，母音に関するきわめて重要な問題をほぼすべて解決することに成功したとわれわれは信じている．われわれの希望は，本書が専門家ばかりでなく音声学に直接，間接に関連をもつ科学の諸分野を学ぶ人々に広く役立つことである．しかし，この研究を遂行するにあたって，生理学，物理学，心理学など，多岐にわたる問題を扱ったために，読者一般にとって本書がいくぶん難解と受け取られることをおそれる．

　この場を借りて，国の内外のできるだけ多数の読者諸氏に訴えることを念願して，本書を英文で刊行したことを付記する．

　　1941 年 11 月

千　葉　勉[1]

梶山正登[2]

---

　[１]　東京外国語学校音声学実験室主任，万国音声学会日本代表評議員，国際言語学会常任理事．
　[２]　東京外国語学校音声学実験室，日本音響学会常任理事．

本研究は服部報公会および日本学術振興会による研究助成に基づいて行われ，学術振興会の援助と東京開成館の助力によって出版されたものである．

目　次

訳者序 v
序　文 ix

第一部　喉頭の働き　　1

第1章　喉頭の構造　　5
　1. 喉頭軟骨と枠組み 5
　2. 声帯 6

第2章　観測方法　　9
　3. 方法と装置 9
　4. 喉頭ストロボスコープ 9

第3章　声　　区　　17
　5. 声区の種類 17
　6. 胸声区 20
　7. ファルセット声区 24
　8. ささやき声とh音 29

第4章　声帯の状態　　30
　9. X線による観測 30
　10. 喉頭蓋 30
　11. 仮声帯 33
　12. 母音と喉頭の状態との関係 34

第二部　母音の生成機構　　39

第5章　母音理論の歴史的考察　　45
13. ウィリスの理論 ･･････････････････････････　45
14. ホイートストンの理論 ････････････････････　47
15. ヘルムホルツの理論 ･･････････････････････　47
16. ヘルマンの理論 ･･････････････････････････　49
17. レイリーとトレンデレンブルグの理論 ･･････　49
18. スクリプチャの理論 ･･････････････････････　50
19. 母音に関する諸理論の要約 ････････････････　50

第6章　共鳴器の作用　　52
20. さまざまな共鳴の種類 ････････････････････　52
21. 共鳴器の作用 ････････････････････････････　53
22.「過渡」と「定常」････････････････････････　55
23. 音響スペクトル ･･････････････････････････　57
24. 波形と部分波の位相 ･･････････････････････　60
25. 共鳴により生じる波形の変化 ･･････････････　62

第7章　共鳴器としての声道　　65
26. 二重共鳴器としての声道 ･･････････････････　65
27. 発話器官の電気的アナログ ････････････････　66
28. 声道の音響学的要因の測定と計算 ･･････････　68
29. ア(a), オ(o), ウ($ɯ$)の生成過程 ････････　74
30. イ(i)とエ(e)の生成過程 ･･････････････　79
31. 母音の音声勢力 ･･････････････････････････　84
32. 声道共鳴器のいくつかの特性 ･･････････････　84
33. 壁の影響 ････････････････････････････････　90

第8章　母音理論に関する2,3の説明　　95
34. 発音器および受音器としてのヘルムホルツ共鳴器 ････　95
35.「調和」と「非調和」･･････････････････････　97

第三部　声道の計測と自然周波数の計算　　101

第9章　声道の計測　　105
36. X線写真撮影 ････････････････････････････　105

37. 口蓋図法（パラトグラフィ）・・・・・・・・・・・・・・・・・ 106
　　38. 咽喉頭部の内視鏡観測・・・・・・・・・・・・・・・・・・・・ 107
　　39. 声道に等価な共鳴器・・・・・・・・・・・・・・・・・・・・・ 108

第10章　声道と母音の特徴周波数との対応関係　　**110**
　　40. 理想共鳴器の自然周波数・・・・・・・・・・・・・・・・・・ 110
　　41. イ（i）・・・・・・・・・・・・・・・・・・・・・・・・・・ 113
　　42. エ（e）・・・・・・・・・・・・・・・・・・・・・・・・・・ 115
　　43. ア（a）・・・・・・・・・・・・・・・・・・・・・・・・・・ 117
　　44. オ（o）・・・・・・・・・・・・・・・・・・・・・・・・・・ 119
　　45. ウ（ɯ）・・・・・・・・・・・・・・・・・・・・・・・・・・ 121
　　46. 人工母音・・・・・・・・・・・・・・・・・・・・・・・・・ 122

第11章　不均一音響管としての声道　　**127**
　　47. 声道内の圧力，粒子速度，体積流の変動・・・・・・・・・・ 127
　　48. 声道の共鳴周波数の数・・・・・・・・・・・・・・・・・・ 140
　　49. 母音の共鳴周波数の変化・・・・・・・・・・・・・・・・・ 142

第四部　母音の性質に関する主観的研究　　**149**

第12章　聴覚の心理学的，生理学的，力学的説明　　**152**
　　50. 聴覚器官の解剖学的説明・・・・・・・・・・・・・・・・・ 152
　　51. 聴覚の生理機構・・・・・・・・・・・・・・・・・・・・・ 155
　　52. 音のピッチ，大きさ，音色・・・・・・・・・・・・・・・・ 157

第13章　母音の性質　　**166**
　　53. 母音の諸理論・・・・・・・・・・・・・・・・・・・・・・ 166
　　54. 実験の方法・・・・・・・・・・・・・・・・・・・・・・・ 168
　　55. レコード盤を使った観測・・・・・・・・・・・・・・・・・ 171
　　56. 母音における年齢差と男女差・・・・・・・・・・・・・・・ 177
　　57. 空間パタン理論・・・・・・・・・・・・・・・・・・・・・ 182
　　58. フィルタによる実験・・・・・・・・・・・・・・・・・・・ 189
　　59. 空間パタン理論の拡張・・・・・・・・・・・・・・・・・・ 201
　　60. 結論・・・・・・・・・・・・・・・・・・・・・・・・・・ 203

付録A・・・・・・・・・・・・・・・・・・・・・・・・・・・・・ **213**

付録B	215
訳者注	219
解説	239
索引	257

第一部
喉頭の働き

はじめに

　喉頭は，声の発生源として，音声学の重要な研究対象の一つである．喉頭の解剖，生理の研究は主に医学の分野で行われ，それをもとにして音声学者や声楽家が喉頭の動作を観察してきた．声帯の運動の研究は，喉頭鏡(注1)という簡単な器具を使って正確な観察を行ったガルシア Garcia(1855)[1]に始まる．この観察法は後の研究で広く用いられることになった．その後，喉頭観察の便宜をはかるために，さまざまな内視鏡[2]や立体喉頭鏡が作られた．ラッセル Russell[3]の喉頭潜望鏡(注2)もその一つであった．オルテル Oertel は 1878 年に初めてストロボスコープ(注3)を使用し，声帯の振動する様子を静止状態として，あるいは緩やかな動きに変換して観察できるようにした．それ以来，この装置は医師や音声学者によって広く用いられてきた(*Vox* 誌参照(注4))．ガルシアとほぼ同じ時期に，チェルマック Czermak が喉頭の写真撮影法を始めた．この撮影法は，ムーゼホルト Musehold(1895)(注5)の時代に大幅に改良され，その後，ヘゲナー Hegener が鮮明なストロボ立体写真を撮影した．一方，パンコンチェルリ＝カルツィア Panconcelli-Calzia[4]やハラとホンティ Hála & Honty[5]は，ストロボ映画撮影[6]に成功した(注6)．現在，数々の優れた装置があるが，うまく使いこなす人は少なく，装置の性能を十分に引き出すことなく断片的な観察に終わることが多い．したがって，いまだに喉頭の働きについて体系的な研究が

---

　[1]　M. Garcia: *Observations on the Human Voice*, Phil. Mag., **10**, 1855, p.218.
　[2]　G. Panconcelli-Calzia: *Die experimentelle Phonetik*, 1924, p.36.
　[3]　G. O. Russell: *The Mechanism of Speech*, J. Acoust. Soc. Am., **1**, 1929, p.107.
　[4]　G. Panconcelli-Calzia: *Strobokinematographien und Zeitlupenaufnahmen von membranösen Zungen- und Polsterpfeifen sowie von menschlichen Mundlippen*, Ann. d. Phys., **85**, 1928, p.483.
　[5]　B. Hála et L. Honty: *La cinématographie des cordes vocales à l'aide du stroboscope et de la grande vitesse*, Otolaryng. Slavica, **3**, 1931, p.1.
　[6]　最近では声帯のストロボ映画撮影や高速度映画撮影が行われている．

行われているとはいえない[7].

これまでの研究の概要は，スクリプチャ Scripture[8]，ラーゲンベック Lagenbeck[9]，グッツマン Gutzmann[10] らの著書にあるので，さらに加える必要はないだろう．われわれの研究目的は，声の発生源としての喉頭（声帯，仮声帯，喉頭蓋，その他を含む）の機能を解明することにある．したがって，喉頭筋の生理に関する詳しい議論に立ち入る必要はないが，観測結果を説明するための前置きとして，喉頭の構造を簡単に解説しておこう．

---

[7] 喉頭の運動に関しては Trendelenburg & Wulstein(1935) および Satta & Kirikae(1939) がやや詳しくとりあげている.
[8] E. W. Scripture: *The Elements of Experimental Phonetics*, 1902, pp.251-280.
[9] B. Lagenbeck: *Das Stimmorgan*, Wien & Harms' Handb. d. Exp.-Physik, **17**, 3 Teil, 1934, p.137.
[10] Herman Gutzmann: *Physiologie der Stimme und Sprache*, 1928, 2 Auflage.

第1章

喉頭の構造

1. 喉頭軟骨と枠組み

　喉頭は咽頭腔と気管の間に位置する器官であり，気道の一部を形成するとともに，声帯という声の生成器官を備えている．喉頭の枠組みは数種類の軟骨からなり，これらの軟骨は関節あるいは靱帯や筋肉で互いに連結されている．

　馬蹄形をした舌骨(図2)の下に盾形をした甲状軟骨がある．この軟骨は喉頭軟骨の中で最も大きく，のどぼとけ(Adam's apple)とよばれる前方への突起は外からも触れることができる．甲状軟骨の下には輪状軟骨がある．この軟骨は指輪のような形をして，前方で細く後方で背が高くなっている．この二つの軟骨は，図2のように甲状軟骨下端の突起によって関節をつくり，蝶番に似た運動をする．甲状軟骨の内側後方には，左右1対の披裂軟骨がある．この軟骨は輪状軟骨の上にあるピラミッド形の軟骨で，三角形の底部をもっている．喉頭

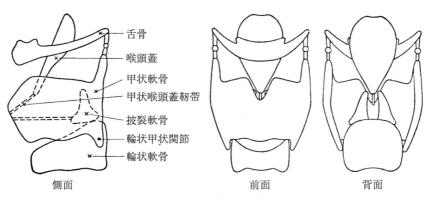

図2　喉頭軟骨と舌骨

蓋軟骨は，木の葉の形をした薄い軟骨で，葉柄に相当する甲状喉頭蓋靱帯によって甲状軟骨の前方に付着している．

2. 声　帯

声帯[注7]は，披裂軟骨と甲状軟骨前方をむすぶ声帯筋と声帯靱帯からなる（図2, 3, 4）．声帯靱帯は声帯縁[注8]を形成しており，後端は披裂軟骨の声帯突起に付着している．図2では声帯靱帯の位置を水平の破線で示している．

声帯のすぐ上には管状の空間がある．この部分は前方に喉頭蓋，後方に披裂軟骨，そして左右の側面は披裂喉頭蓋間膜[注9]で囲まれている．この膜の下部にあって声帯を覆うように左右から張り出すひだを仮声帯[注10]とよぶ．仮声帯は主に靱帯からなり，若干の筋肉が含まれている．仮声帯は甲状軟骨と披裂軟骨との間にあり，声帯のすぐ上を声帯に沿って並んでいる．声帯と仮声帯の間にある空間は喉頭室（モルガーニ氏腔）とよばれ，このくぼみへの入り口を喉頭室裂とよぶ．

声帯と披裂軟骨により取り囲まれた部分は声門[注11]とよばれ，靱帯部声門と軟骨部声門とに分けられる．

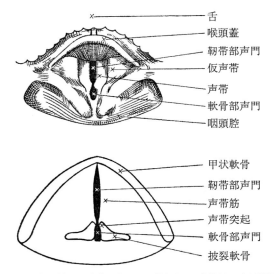

図3　喉頭鏡により観測される喉頭および喉頭の水平断面

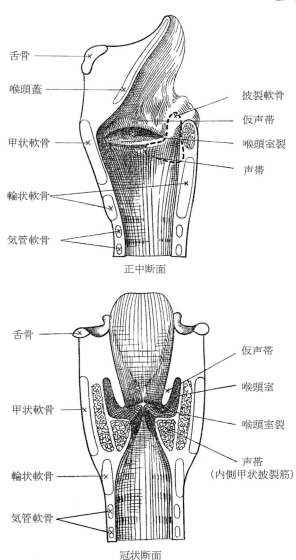

図4 喉頭の垂直断面

喉頭筋^(注12)としては，まず輪状甲状筋があげられる．この筋肉は甲状軟骨と輪状軟骨に作用し，蝶番運動によって声帯の伸縮を引き起こす．その他の喉頭筋は，披裂軟骨の回転と滑走^(注13)をもたらして，声門を開閉させる．

また，声帯筋は自らの緊張，弛緩によって，胸声区とファルセット声区の区別をつくる．胸声区では，声の高さは声帯筋の収縮と輪状甲状筋の収縮による張力の釣り合い^(注14)で決まるが，ファルセット声区では，声帯筋は収縮せず，声の高さは主に輪状甲状筋の収縮により決まる．

第2章

観測方法

3. 方法と装置

声帯や喉頭を観測するには，通常の形でやや大きめの喉頭鏡(直径2.5 cm)に小型電球をつけたものを用いた．また異なる母音で発声状態を比べるためにフラトー Flatau の内視鏡[注15]も用いた．喉頭鏡は，舌を一定の位置に置いて声帯を観測する目的に適している．イ(i)，エ(e)，ウ(ɯ)[注16]では，フラトーの装置で喉頭の状態をほぼ十分に観測できるが，ア(a)，オ(o)では舌が後退して声帯を覆い隠すので，この方法では喉頭のわずかの部分しか観測できない．

振動中の声帯を異なる位相で静止させて観測するために，われわれはストロボスコープを使用した．この装置によって詳しい肉眼観測を行うことができるが，さらに発展させて，後述する方法により映画撮影を行った．声帯とその周囲を広く撮影するために，直径3.5 cmの喉頭鏡を用いた．この観測法に加えて，側方と前方からX線撮影を行い，声帯，仮声帯，喉頭蓋，披裂軟骨，舌骨の状態を調べた．図5は，骨化のある甲状軟骨(高齢者)のX線写真と，骨化のみられない甲状軟骨(若年者)を示している．喉頭鏡とX線撮影を併用する方法は喉頭観測法として特に優れている．X線装置の電源周波数が50 HzであればX線の強度は1秒間に100回増減する．このX線の脈動を利用して，音声信号電流と電源電流によって制御する特殊な位相計を用いて，声帯振動のストロボX線撮影[注17]を試みた．しかし，満足できる結果は得られなかった．

4. 喉頭ストロボスコープ

ストロボスコープは声帯の研究に広く用いられるようになった．ここで，原

10／第 2 章　観測方法

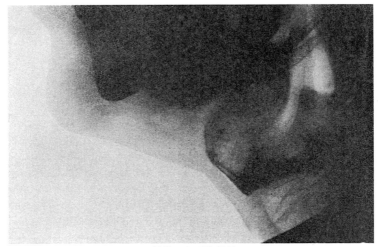

骨化した甲状軟骨

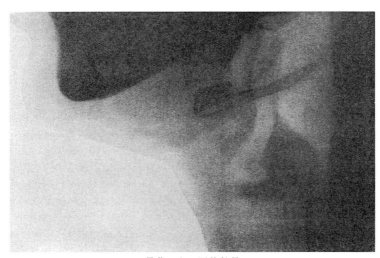

骨化のない甲状軟骨

図 5　2 人の喉頭の X 線写真

理と使用法について簡単に説明しておこう．
　声帯が完全な周期運動を行い，声門の形が図 6A のように一定時間(声門の開大と閉小の時間)の周期で変化すると仮定すると，任意の瞬間における声門の開

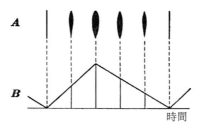

図6　1周期における声門の開放度

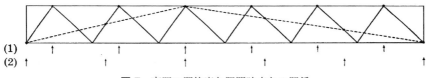

図7　声門の開放度と照明時点との関係

放度は図 6B の縦軸座標で示すことができる．この変化は，声門が開閉を繰り返しているときに間歇的な照明光を当てることによって観測できる．ストロボスコープの発光周波数と声帯振動の周波数が完全に一致するときには，声帯は見かけ上静止した状態として観測される．たとえば，図 7(1) の矢印で示す瞬間に照明光を当てると，声帯は開いたときにだけ照らし出されるので，声帯は開いたまま止まった状態で観測される．ここで，ストロボスコープの周波数を声帯振動よりわずかに低い周波数に変えて，図 7(2) の矢印で示す瞬間に照明光を当てると，声門は，実際には 6 回開閉しているにもかかわらず，1 回だけ開閉したように観測される．つまり，見かけの運動が 6 倍に引き伸ばされたことになる．声帯振動と照明光の周波数とを適当な関係に保つことにより，振動の様子を肉眼で観測したり，映画フィルムに撮ることができる．声帯が定常の状態にあれば肉眼観測でも最もよい結果が得られる．しかし，声帯振動が揺らぐ場合には，声帯の変化を映画フィルムに撮った後に，1 コマごとに変化の段階を分析することが望ましい．

　図 8 は，見かけの声門の開放度の時間変化を示したもので，時間軸は映画フィルムのコマ数に対応する．このフィルムは毎秒 16 コマで記録されている．

　声帯振動の周波数とストロボスコープ周波数を短い時間だけ完全に一致させることは困難ではない．ただし，特にファルセットの発声で，両者の周波数の

12／第 2 章　観測方法

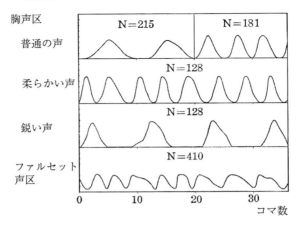

図 8　ストロボ映画撮影により観測される声門の開放度

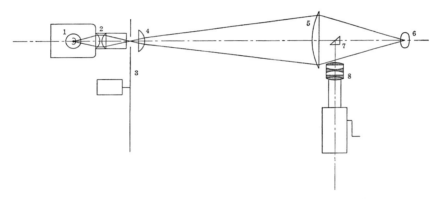

図 9　ストロボ喉頭映画撮影に使われる装置(1. 光源，2, 4, 5. 収束レンズ，3. ストロボスコープ円盤，6. 喉頭鏡，7. プリズム，8. カメラ)

差が 1 Hz～2 Hz であるような場合，周波数の差を一定に保つことは極めて難しい．このため，見かけの振動は完全には周期的にはならない．しかし，ストロボスコープ周波数と声帯振動の周波数とは短時間内では一定の関係を維持するとみなせるので，見かけの振動と現実の振動とは相似であると考えてよいだろう．ストロボスコープの周波数が声帯振動の周波数より高い場合には，見かけの振動は現実の振動と逆方向に進行するので注意する必要がある．

4. 喉頭ストロボスコープ / 13

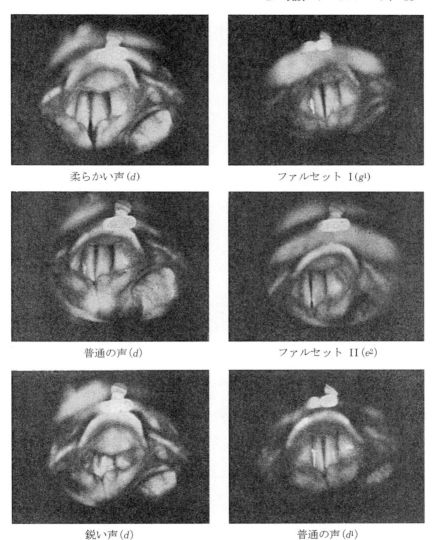

図10 喉頭（I）——持続照明による撮影
（白く光る部分は喉頭鏡の縁と柄による反射）

ストロボ喉頭映画撮影に用いた装置の模式図を図9に示す．500 W電球の照明光を回転するストロボスコープ円盤により断続させ，二つの収束レンズで集光した後に，喉頭鏡で反射させて声帯を照らし出す仕組みになっている．喉頭

14／第 2 章　観測方法

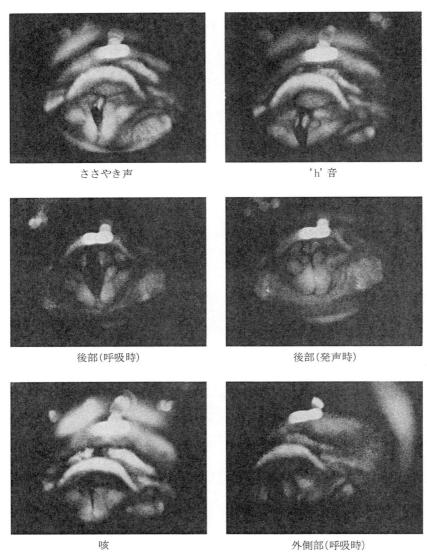

ささやき声　　　　　　　　　　　'h' 音

後部(呼吸時)　　　　　　　　　後部(発声時)

咳　　　　　　　　　　　外側部(呼吸時)

図 11　喉頭(II)——持続照明による撮影

鏡に映った声帯はプリズムを介して側方から撮影される(実物の 1/3 の大きさになる)．集光には凹面鏡の代わりに収束レンズを使用しているので撮影が容易である．図 10 と図 11 は持続的な照明光により(ストロボスコープ円盤を回転

普通の声

ファルセット

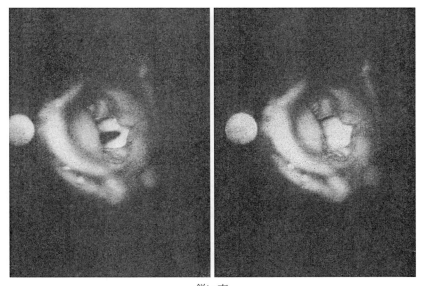

鋭い声

図12 声門の開放期と閉鎖期(I)——ストロボ映画撮影

させずに)撮影した写真であり,ほぼ実物大に拡大してある.図12と図13は,ストロボスコープ法によって記録した写真である.

16／第2章　観測方法

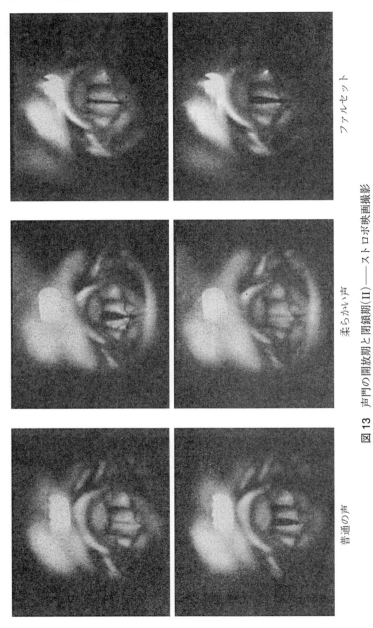

図13　声門の開放期と閉鎖期(II)——ストロボ映画撮影

第3章

声 区

5. 声区の種類

　人間の声には二つの声区(注18)，つまり胸声と頭声(ファルセット)がある．この声区は，声帯の状態と振動様式の点で異なるが，同じ声区の中でも声質にはかなりの違いがある．声帯の運動は，ガルシア Garcia の時代から喉頭鏡によって，またオルテル Oertel の時代からはストロボスコープによって観測されてきたが，いまだに一致する結果は得られていない．

　結果が食い違う理由としては，声帯の状態の相違，構造の個人差，観測の困難さなどがあげられる．ここでは便宜上，胸声を音色の違いによって「鋭い声」「普通の声」「柔らかい声」の3種に分ける．また，ファルセット声区はファルセットIとファルセットIIに分けることができる．図14と図15は，上記の声種とささやき声によりア(a)を発音したときの音声波形と音響スペクトル(注19)を示している．

(1) 柔らかい声(音域：$G \sim c^1$)[11](注20)

　この声は，一般に，鈍い，喉の奥からでる，こもった音などと表現される．若干の雑音があり，相対的に基本波が強く，高調波成分(注21)が弱い．この声を最も容易に出すには，頭を上向きに傾けるか，あるいは頭部を通常の位置に置いて喉頭を引き下げればよい．

---

　[11]　括弧内にあるそれぞれの声のピッチ音域は平均値ではなく，1人の男性話者より得たものである．

18／第3章　声区

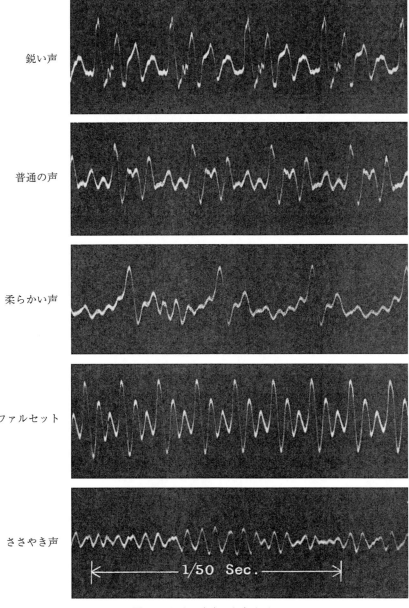

図14　母音ア(a)の音声波形

5. 声区の種類／19

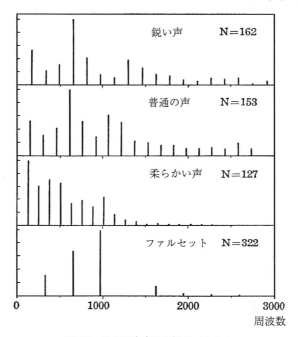

図15　母音ア(a)の音響スペクトル

（2）**鋭い声**（音域：$B\sim a^1$）

　この声は，硬い，響きのある，生き生きとした，力強く通る声などと記述される．この声は，頭を前に倒した状態で後ろに引くことによって発声しやすくなる．

（3）**普通の声**（音域：$B\sim a^1$）

　この声は男性が普通に話をするときに用いられる．前述の2種類の声の中間の性質をもつといえるだろう．

　上記三つの胸声に属する声種の間に明らかな境界があるわけではない．同じ話者で，一つの声種から他の声種へ連続的に変化させることができる．また，声域の上限と下限では，声種を区別することがほとんど困難になる．これは，喉頭筋が過度に緊張ないし弛緩するため，上述の三つの声種それぞれの生成条件を満たすことが難しくなるためである．

(4) ファルセット（音域：I, $g\sim d^2$; II, $d^2\sim g^2$）

この声は胸声とはまったく異なり，高い声で歌をうたうときなどに用いられる．フルートに似た音色で，高調波成分に乏しい．声の高さが d^2 を超えると，きしんだ性質を帯びて鋭い音になる．これは，声帯がわずかな変化にも影響を受けやすくなるためである．この新たな条件で，g^2 まで声の高さを上げることができる（ファルセット II）．

6. 胸声区

胸声区ではファルセットと異なり声帯筋の収縮が必要である．左右の声帯が内転して強く圧迫されると声は鋭くなり，声帯の内転が弱くなると声が柔らかくなる．この内転の圧力が強いほど声門開放時の気流が速くなり，声の鋭さが著しくなる．

「柔らかい声」では（図 10, 13, 16），左右の披裂軟骨にある声帯突起は互いに離れ，軟骨部声門は常にわずかに開いている．発声時には，靭帯部声門は周期的に開閉する．声門は紡錘形に開いた後に完全に閉じるが，この発声では，開放時間が長く閉鎖時間が短い（図 8）．したがって突発的な呼気の流出は生じにくい．この結果，他の声種に比べて，低い方の調波成分が増強され，高い方の成分が減弱する（図 15）．

「鋭い声」では（図 10, 12），軟骨部声門は完全に閉鎖し，声帯の上方で仮声帯と喉頭蓋とが互いに接近して，上から見たときの声帯像はかなりの部分が覆われる．この声種（鋭い声）で最も低い声をだすと，喉頭蓋が後方（頸椎の方向）に移動して声帯を広く覆うため，声帯を上から見ることが困難になる．しかし，声を高くすれば，仮声帯は左右のもとの位置に戻り，喉頭蓋は前方（舌の方向）に移動する．その結果，声帯の大部分が見えるようになる．

ストロボスコープにより観測すると，声帯は軟らかい二つの肉塊のように見える．声帯振動は声帯縁とその外側部分で観測される（図 18）．声門はやや長い閉鎖の後にすばやく開放する．「普通の声」では，発声を始めようとする瞬間，すなわち声帯振動を引き起こす呼気流がないときには，声門はわずかに開いている．しかし，「鋭い声」では，この時点においても声門は完全に閉鎖している．これは「鋭い声」をつくるために左右の声帯が内転して強く圧迫されることを

6. 胸声区／21

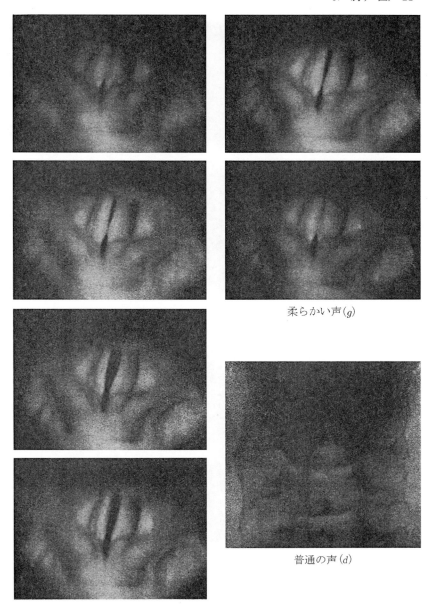

柔らかい声 (g)

普通の声 (d)

図16 胸声の発声における声帯像：発声におけるストロボ写真（声帯を上方から撮影）とX線写真（前方から撮影）

22／第3章 声区

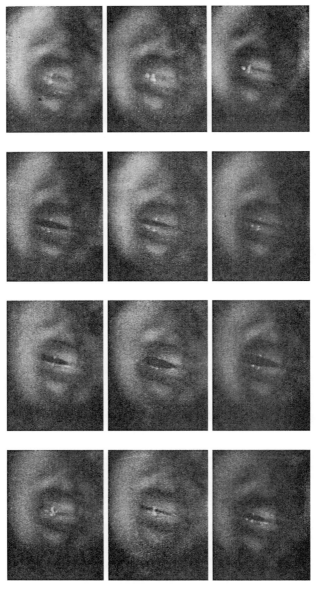

図17 胸声の発声における声帯のストロボ写真(普通の声の高さ g♯)
(声帯の振動様式は声帯縁に白い点として認められる粘液塊の位置により推察することができる。)(注22)

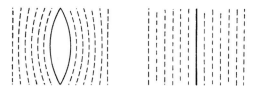

図18 開放期と閉鎖期における声帯の模式図

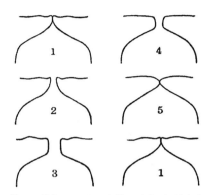

図19 種々の位相における声帯の垂直断面(胸声の発声)

意味している.この場合には,弾性緩衝体作用[12](注23)のみによって振動が生じる.また,このような状態でいわゆる声門閉鎖音(注24)がつくられる.

「柔らかい声」では,低い声を出すときに声帯は弛緩して長さが短くなり,声帯縁は丸みをおびる.しかし,声が高くなるにつれて声帯は長くなって強く緊張し,声帯縁を形成する声帯靭帯も引き伸ばされ白い帯のように見え,残りの部分,つまり声帯筋に相当する部位が明らかに識別できるようになる.声の高さが極端に高い場合には,「鋭い声」と「普通の声」でも同じことがいえる.

次に,胸声区における声帯振動機構の説明に移ろう.低い声の発声では,声帯振動は主に弾性緩衝体作用により引き起こされる.しかし,高い声では,声帯縁を形成する左右の声帯靭帯はバイオリンの弦のように振動し,声門の閉鎖に際して左右の声帯が衝突するように見える.このときの振動の方向は気流の方向に対してほぼ垂直である.高く大きい声では,声門は大きく開き,声帯筋

---

[12] E. W. Scripture: *Elements of Experimental Phonetics*, 1902, p.257; Panconcelli-Calzia: *Die experimentelle Phonetik*, 1924, p.39.

は声帯靱帯とともに振動に加わる．この場合，声門の開閉は二つの要因，つまり声帯靱帯と声帯筋の緊張（弦振動）および声帯筋の内転圧（弾性緩衝体作用）によって生じるように見える．この弾性緩衝体作用は，声が低く鋭いときに顕著になるが，声が高く，柔らかく，弱くなるにつれて，弦振動の作用が優勢になる．胸声区に属する声種ではいずれも，気流が力強く呼出されれば，声門はより大きく開き，声の大きさが増す(注25)．

ストロボ写真（特に図20にある写真）からわかるように，声門は，中央部のやや前方から開き始め，続いてその前後の部分が徐々に開く．一方，閉鎖は声帯後部の下方から始まり，前方へ向かって徐々に閉じる．したがって，声門が開放している時間は，声門の中央部で最も長く，声門の最後部付近で最も短い．つまり，声帯を形成する各部分は，垂直断面において部位ごとに位相が異なるような楕円運動(注26)を呈する．このように，声帯は全体として波動運動を生じ，その結果，声帯の各断面はそれぞれに固有の形と運動様式を示す．しかし，たとえば，ある高さの「普通の声」では，図19に示すように，声帯の中央を通る断面において，声帯の形は図19のような周期内変動を行うと考えられる．

図22は，「鋭い声」と「柔らかい声」の発声時に撮影したストロボ写真より計測した声門の開放度（最も幅の広い部分）と気管から咽頭へ流れる気流の2～3周期分を示している．「柔らかい声」では閉鎖期間は短く，一方，中等度の高さの「鋭い声」では，1周期の約半分の区間で声門が閉じている．

話しことばに用いられる「普通の声」（図10, 12, 13, 16, 17, 20）では，喉頭筋が均等に収縮した状態をとる．このときに，左右の声帯突起は軽く接触し，軟骨部声門はほぼ完全に閉じ（高い声），あるいはわずかに開く（低い声）．声帯はむしろ「柔らかい声」に近い状態をとるが，左右の声帯突起が接触することにより声門の閉鎖時間が長くなり，開放時には突発的な呼気流が生じる．

7．ファルセット声区

胸声区では「鋭い声」と「普通の声」で左右の声帯突起が接触するが，「柔らかい声」では接触しない．この状態はファルセット声区と似ている[13]（図10,

---

[13] ファルセットと胸声の音質の違いについては次の論文を参照のこと：J. Obata & C. Satta: Proc. Phys-Math. Soc. Japan, **3**, 14, 1932, p.341.

7. ファルセット声区 / 25

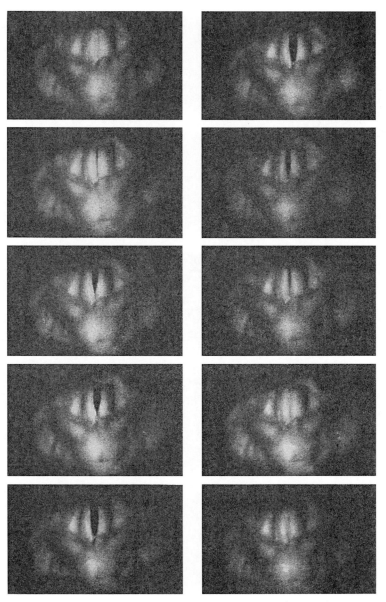

図 20 声帯のストロボ写真(胸声，普通の声，$f^{\#}$ の高さ)

26／第3章 声区

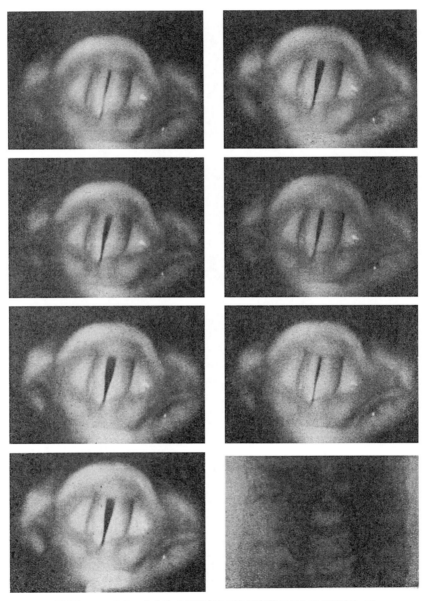

図21 ファルセット(f^1の高さ)における声帯のストロボ写真とX線写真(前後方向)

7. ファルセット声区／27

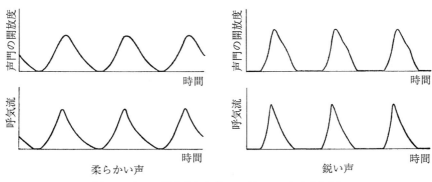

図22　声門の開放度と気管から咽頭への気流（胸声）

12, 13, 21)．ここでは，声帯突起の接触を必要としないものをファルセットI
とよび，接触を要するものをファルセットIIとよぶことにする．ファルセット
Iはより広く用いられ，音域は g から d^2 に及ぶ．d^2 を超えるとファルセット
IIに移行する．声帯突起を接触させた状態では低い声で発声することが困難に
なる．これは，声の高さを下げる動作と声帯突起を接近させる動作とが互いに
拮抗するためであろうと思われる（これは胸声についても同様である）．ファ
ルセットIとファルセットIIとは声質が若干異なるが，この相違は，胸声におけ
る「鋭い声」と「柔らかい声」ほど著しいものではない．ファルセットの発声
では，低い声をだすと胸声の場合と同様に喉頭蓋が後方へ突出する．そのため
上から見える声帯の範囲が狭くなる．声を高くするにつれて，喉頭蓋と仮声帯
はもとの位置に戻り，声帯の見える範囲が広くなる．声の高さがさらに高くな
ると（d^2 以上），仮声帯は再び近寄り，声帯の見える範囲が狭くなる．声帯突起
と声帯縁は左右が接触し，振動部分は短縮する（図10）．

　発声中の声帯に持続的な照明光をあてると，ファルセットIでは，音域の上
限近くで発声するときを除いて，声門が暗い紡錘状の像として見える（図10）．
（胸声においても同様に声門は暗い像として見えるが，あまり明瞭ではない.）
これは，声門がかなり長い時間にわたり広く開いた状態であることを意味して
いる．声門像の中で明瞭に見える黒い線は，声門の閉鎖が不完全であることを
裏付けている．さらに，声帯縁には粘液塊の付着が見られ，呼気の突発的な流
出がないことを示している．（胸声では，特に「鋭い声」の場合，声帯縁に付着
したわずかな粘液塊は，発声の開始とともにすぐ吹き飛ばされる．）図8に見ら

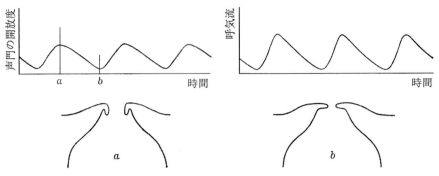

図23 声門の開放度と気管から咽頭への呼気流および開放期と閉鎖期における声帯の垂直断面(ファルセット)

れるように，声門の開放がかなり急激であるにもかかわらず，ファルセットにおいて高調波成分が弱いのはこのような理由による．

ストロボスコープによって次のような現象が観測できる．すなわち，ファルセットでは呼気の送出に伴って声門は広く開放し，声帯縁(図10に見られるファルセットIの写真の暗い部分)が薄くなって蝶番のような運動を生じ，その他の部分は静止した状態を保つ．一方，胸声では，声帯は形を変えながら大きく振動する．これは上述した声帯縁に乗った小さい粘液塊の動きによって裏付けることができる．この説明は，ファルセットで声域の上限と下限近くで発声する場合には必ずしも当てはまらないが，最も典型的な運動は図23(注27)のようになると考えられる．奇異に思えるかもしれないが，声帯縁は気流の方向と逆方向に動くのである．つまり，声帯が内向きに(気管側へ)曲がるときに声門は広く開き，声帯が外向きに曲がるときに声門は狭くなる．声帯の振動にかかわる厚さの薄い部分は，高い音域では狭く，中等度または低い音域で広くなる．声の高さが低くなるにつれて，声帯振動の最も幅広い部分は，声帯の中央部から声帯突起の方向に移動する．

ファルセットにおける声帯振動は，弦振動(または膜振動)に類するものであり，弾性緩衝体作用ではない．したがって，振動周波数は，声帯の緊張度と声帯の振動部分の長さによって決まる．しかし，声帯縁は薄く軽くなり，声帯の振動の方向は気流に垂直ではないので，口腔内の圧力は声帯振動に影響を及ぼすことになる．つまり，口腔内圧は少なからず呼気流に影響する．いいかえるならば，声帯と声道との間には相互作用が生じ，声道の共鳴周波数に近い周波

数の調和部分音が強まる[14]．しかし，ファルセットの声域の上限に近い高さで発声するときには，声帯縁は薄くも柔軟にもならず，調和部分音が強まることもない．

8. ささやき声とh音

　ささやき母音の発声では，左右の声帯突起は接触し，軟骨部声門は開き，靭帯部声門もわずかに開く（図11参照）．また，仮声帯が左右から接近して声帯の大部分を覆い隠す．続いて，喉頭蓋が後方に倒れて声帯の上を覆うため，声帯はほとんど隠される．空気が軟骨部声門を通るときにつくられる摩擦音や笛に似た音が「ささやき声」とよばれる．このときには，いうまでもなく声帯は振動していない．

　'h' 音（図11）の発声では，声帯突起は互いに離れ，靭帯部声門が開く．仮声帯はささやき声の場合ほどは接近しない．この初期状態から通常の有声母音を発声する状態（つまり，左右の声帯突起の接触）に移行すると，'ha'，'hi'，'hu'，'he'，'ho' となる．また，同じ初期状態から，ささやき母音の発声に移行するときには，'hḁ'，'hi̥'，'hu̥'，'he̥'，'ho̥' となる(注28)．ささやき声と 'h' 音との相違は，声門直上の喉頭腔の形と大きさや，声門の軟骨部と膜様部の大きさの相違によるものと思われる．

　後述するように，喉頭の構造とその状態は，母音の韻質にはほとんど影響しないが，男声，女声，子供の声を特徴づける上で最も重要な役割を果たしている．ささやき声においては，喉頭腔の形態のわずかな変化によって，深みのある声と子供らしい声との違いが生じる．

---

[14] R. L. Wegel: *Theory of Vibration of the Larynx*, Bell. Sys. Tech. Journ., **9**, 1930, pp.207-227.

第4章

声帯の状態

9．X線による観測

　図24と図25は，図5のようなX線写真をトレースした喉頭の図を示している．図25は，「柔らかい声」，「普通の声」，「鋭い声」，およびファルセットによりそれぞれ B, d, g^1 の高さでイ（i）を発音しているときの喉頭の状態を表している．はじめに，dの高さの発音について，それぞれを比較しよう．「柔らかい声」では，舌の移動によって奥舌と喉頭蓋の上部湾曲との間隙が広がり，仮声帯は上向きに湾曲し，喉頭は全体に引き下げられる．これに対して「鋭い声」では，舌は後方に移動して披裂部と喉頭蓋との空間を狭めるように喉頭蓋を押し倒す一方，喉頭は挙上する．また，声帯の長さ[注29]は，同じ声の高さでは「柔らかい声」より「鋭い声」の方が短くなる．

　ファルセットIでは，中等度の高さ g^1 の発声のときに声帯は長くなり，喉頭室裂が広がる．胸声を最高音 g^1 で発声すると，声帯は同じ高さのファルセットとほぼ同じ長さになる．胸声では，喉頭室裂が狭くなり，舌骨は前方に移動して声帯の緊張を高める．

10．喉頭蓋

　上述のように，喉頭蓋[注30]は，同じ母音の発音でも，声の性質によって異なる位置をとり（図26），喉頭蓋や披裂部，披裂喉頭蓋間膜に囲まれる喉頭腔にも変化が生じる．そのような動きの理由として，喉頭蓋による音波の吸収や喉頭腔の共鳴の強さなどを変えて声の鋭さを調整するためとする憶測があるが，実際には正しくない．これは，内喉頭筋と外喉頭筋が声帯振動を調節するときに

10. 喉頭蓋／31

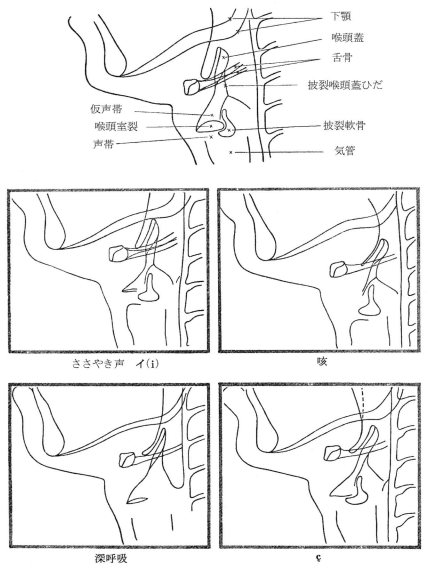

図 24　喉頭（I）——X線写真のトレース
　　（深呼吸の場合，披裂軟骨は X 線写真では明瞭ではない）

32／第4章　声帯の状態

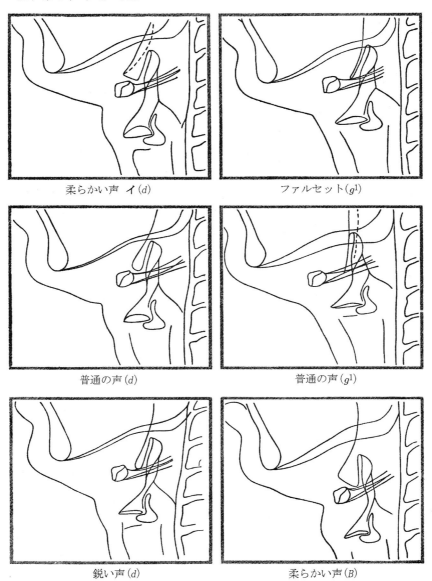

図25　喉頭(II)——各種の発声条件における母音イ(i)

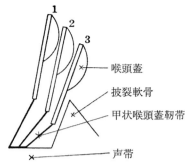

図 26　喉頭蓋の位置変化
(1)柔らかい声，(2)鋭い声，(3)咳

生じる単なる付随現象にすぎない．図 25 の各図からわかるように，非常に低い声の高さ B で発声した「柔らかい声」では，声帯筋(外側甲状披裂筋)は「鋭い声」の場合と同様に収縮する．これは喉頭腔と喉頭蓋の壁が声の鋭さにほとんど関与しないことを示している．

　喉頭蓋の機能は，嚥下時に気管を覆い，食物の通過を補助することである．咳をするときには，仮声帯が左右から近寄って声帯の広い範囲を覆い隠し，喉頭蓋の下部がその仮声帯の上にのる．破裂の瞬間には，声門は喉頭蓋をはねのけて急激に開放する．

11. 仮声帯

　発声時の仮声帯の機能についてはさまざまな説が提案されてきた[注31]．しかし，仮声帯の 1 次的機能は，嚥下に際しては，左右から接近することにより，あるいは，披裂部とともに喉頭蓋のための台座となることにより，声帯を覆う密閉装置の役目を果たし，また，通常時には，声帯を保護し，その表面を湿潤にすることにある．したがって，仮声帯が 2 次的機能として発声に影響を及ぼすかどうかはしばしば取り上げられる問題ではあるが，基本的には仮声帯は発声器官の一部とはいえない．

　仮声帯が声帯と同様に振動して非常に低い音をつくることがあるといわれてきたが，これは単なる異常現象にすぎない．発声時に持続照明により撮影した写真(図 10)をみると明らかなように，通常の母音発声では仮声帯が振動するこ

とはない．子音発声時においても仮声帯は何らの特別な機能をもたないことが内視鏡により観測できる．

仮声帯が下降して声帯上面を圧迫し，一種のダンパーあるいは負荷や波節の支点となって声帯振動を修飾するという説がある．しかし，通常の発話や発音においては仮声帯が声帯と接触しないことは，声帯に映る仮声帯の影やX線写真のトレース（図25）上のモルガーニ氏腔の開口部（喉頭室裂）を観測すれば十分に明らかである．

「柔らかい声」では，仮声帯縁は上に湾曲してモルガーニ氏腔が広くなるが，「鋭い声」では，他の声種に比べてモルガーニ氏腔が狭くなる．ファルセットにおいても仮声帯縁は上向きに湾曲している．これは，仮声帯が披裂喉頭蓋間膜の下端を形成するため，仮声帯は喉頭蓋の挙上とともに引き上げられ円弧状を呈し，また，喉頭蓋の低下とともに押し下げられ直線状になることにより説明できるだろう．したがって，仮声帯が声帯に力の作用を及ぼすことはない．

左右の仮声帯は胸声でまれに接触するが，ファルセットでは接触することがない．「鋭い声」では，ほとんどすべての内喉頭筋が強く収縮するので，喉頭蓋が下降してモルガーニ氏腔が狭くなる．「柔らかい声」では喉頭蓋を下降させる筋肉は収縮しない．

要約するならば，声の変化にともなう仮声帯の動きは（「鋭い声」，「普通の声」，「柔らかい声」における）声帯の調整によってもたらされ，モルガーニ氏腔における喉頭音の共鳴を変化させる仕組みはなく，たとえ何らかの変化があってもその効果はわずかである．

ささやき声や 'h' 音をつくるときの喉頭腔の振舞いは有声音の場合とは少なからず異なっている．ささやき声の生成機構は仮声帯の動作によって影響をうけるようである．

12． 母音と喉頭の状態との関係

ケニヨン Kenyon[15]（注32）が指摘しているように，喉頭は単独で存在するものではなく，喉頭の調節は喉頭を構成する内喉頭筋だけでなく，喉頭を取り巻

---

[15]　G. O. Russell: *Speech and Voice*, 1931, pp.218, 222.

く周囲の筋肉（外喉頭筋）によっても行われる．内喉頭筋は舌骨と喉頭軟骨を介して外喉頭筋との調和を保っており，声帯の緊張と内転圧の程度にも外喉頭筋の作用が反映される．これらの外的要因は，声帯振動を決定する上で重要な役割を果たしている．

「鋭い声」では内喉頭筋は十分強く収縮して声帯に内転圧を加える．一方，「柔らかい声」では，声帯に加わる内転圧はわずかである．

さらに，声種の違いは体の姿勢にも密接に関係する．（図27は，母音イ(i)をdの高さで「鋭い声」と「柔らかい声」で発声したときの頸椎の姿勢を示している．）「柔らかい声」では頭をやや前方に突き出しているが，「鋭い声」では顎を引いて姿勢を後方へ傾けている．つまり，「柔らかい声」では喉頭を引き伸ばすために下顎と頸椎との間の十分な空間が必要となる．顎を引くことによりこの空間が狭くなると，声帯へ圧力が加わることになり，「鋭い声」の発声を助ける．「柔らかい声」では喉頭は引き下げられ，舌骨と声帯との間の空間が広くなる．

図28は，母音ア(a)を「柔らかい声」と「鋭い声」で発声したときの舌の位置を示している．ア(a)の発音では，奥舌が全体に後方に移動して，舌と咽頭後壁との間隙を狭くする．このため，喉頭が圧迫されて声が「鋭く」なる傾向が生じる．「柔らかい声」でア(a)を発音するときには，舌の中央部にくぼみができる．つまり，舌は図28の上図で左側の矢印の方向に収縮して，喉頭への圧迫が和らげられる．したがって，喉頭を圧迫するような舌の位置をとる母音では「鋭い声」が生じやすく，一方，喉頭を拡張するような舌の位置で発声される母音では「柔らかい声」になる傾向がある．uは後者の代表であり，英語のæが

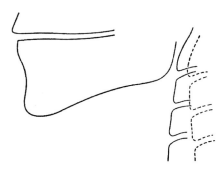

図27　頸椎の二つの位置
　　　実線は「鋭い声」，破線は「柔らかい声」

36／第 4 章　声帯の状態

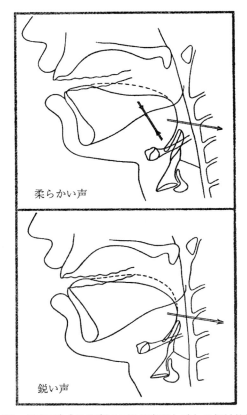

図 28　母音ア(a)の発声における喉頭と舌との相対的位置

前者の最も特徴的な例である．

　普通の会話に用いられる母音では「普通の声」が使われることが多いが，「鋭い声」や「柔らかい声」も使われる．しかし，これらの声を特に意識して発声すると，喉頭の状態に若干の変化が生じる．たとえば，エ(e)を大声で発声すると，内視鏡観測では仮声帯が接近するので「鋭い声」が使われていることがわかる．ウ(ɯ)ではそのようなことはないが，意識して発声すれば「鋭い声」をだすこともできる．これは，母音の韻質を決める要因が特徴周波数だけではなく，声質もまた母音の韻質的要因であることを意味している．同時に，喉頭の状態の変化は声道（口腔と咽腔）にもある種の変化をもたらして音質に影響を及ぼす．喉頭音の変化のみで生じる効果は種々の人工声帯を用いた実験で調べる

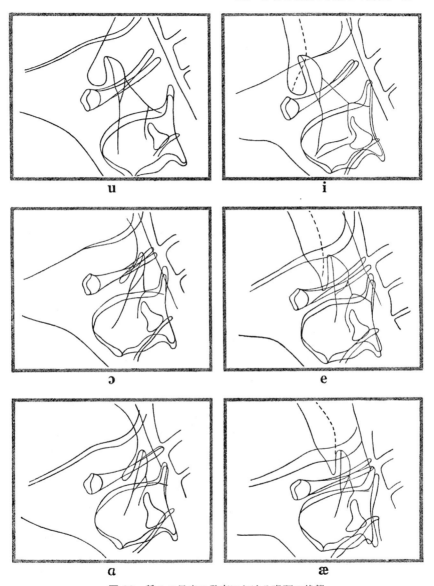

図29 種々の母音の発声における喉頭の状態

ことができる．

　図 29 は，H. E. パルマー Palmer 氏[注33]が英語の母音を発音したときの喉頭の X 線写真をトレースした図を示している．喉頭蓋と披裂軟骨との距離および舌骨と甲状軟骨との間の距離に注目すべき相違がみられる．声は，u と i のときに最も「柔らかく」，ɔ, ɑ, e, æ の順に「鋭く」なる．ə は，この図では省かれているが，一般に ɔ と同程度に鋭い．

　「柔らかい声」では声門の開放時間が長いため，呼気流量[注34]は声門下圧[注35]に対して相対的に大きい．東京聾唖学校講師である石井 Ishii[注36]は，ある実験の結果，呼気流量はイ(i)で最も大きく，ウ(ɯ), ア(a), オ(o), エ(e)の順に減少することを指摘している．この現象は声帯の状態に密接に関係している．

第二部

母音の生成機構

はじめに

　母音の基本的な特徴を説明する前に，従来の母音理論を見直し，母音の生成機構を再検討するための手助けとして，音声波形の写真に基づいて2, 3の点を指摘しておこう．

　図30は，ダイナミック・マイクロフォン(注1)によって録音した日本語の5母音，イ(i)，エ(e)，ア(a)，オ(o)，ウ(ɯ)，およびドイツ語のüの音声波形を示している．使用したマイクロフォンの周波数特性は100 Hz～6000 Hzの範囲でほぼ平坦であり（1.5 dB以内），2000 Hz付近で約3 dB上昇している(注2)．

　図31は，音声波形の分析より得られた音響スペクトルであり，マイクロフォンの周波数特性を考慮して補正を加えてある．図中の音声波形は複雑な形状ではあるが完全に周期的であることがわかる．

　ア(a)，オ(o)，ウ(ɯ)（図30）は，減衰型[1]の波形を示している．ア(a)の波形には1周期に5つの起伏があり，オ(o)とウ(ɯ)には3つの起伏がある．母音を高い声で発音すると周期は短くなり，1周期あたりの起伏の数は，たとえば5から3へ，あるいは3から2へと減少する．このように母音はそれぞれに特有の音（固有音）(注3)の周波数により特徴づけられる．各母音の固有音の周波数は，次のとおりである．

イ(i)	250;	3100
エ(e)	450;	2000
ア(a)	750	
オ(o)	500	
ウ(ɯ)	350;	900

（図31の音響スペクトルを参照）

　この表からわかるように，ア(a)とオ(o)には固有音が一つだけあるのに対し，

---

　[1]　減衰(damping)とは一般に振動波形の振幅が減少することを意味する．

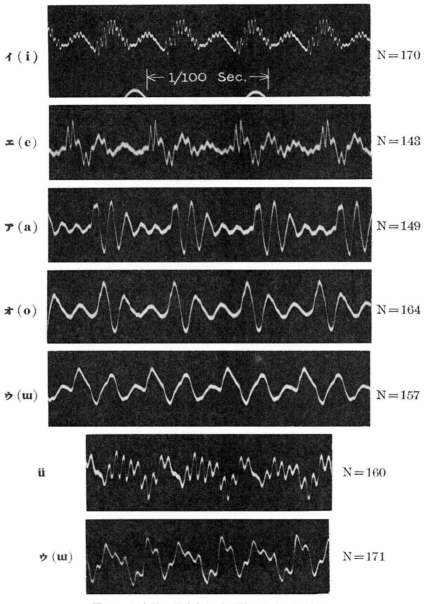

図30　日本語5母音とドイツ語üのオシログラム

はじめに／43

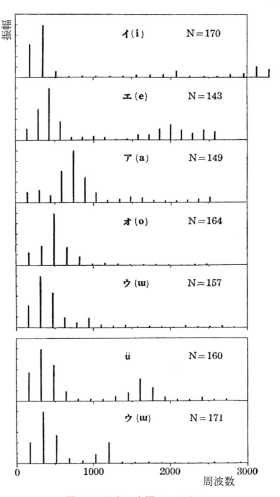

図31　母音の音響スペクトル

イ(i)，エ(e)，ウ(ɯ)には二つの固有音がある．しかし，ア(a)とオ(o)には上記の固有音に極めて近いもう一つの固有音があることがある．

　イ(i)の音声波形の写真は，1周期の中に2回起伏する波と細かく刻む波とが重なった波形を示している．この図からわかるように，前者の波は250 Hz，後者の波は3100 Hzの固有音である．5母音のそれぞれには，上記のほかに約3000 Hzの周辺に弱い固有音がみられる[2]．しかし，イ(i)では，二つの周波数がほ

ぼ一致しているため，イ(i)の高い方の固有音では両者を区別することが困難である．原則として，固有音の周波数は必ずしも一定ではなく，限られた範囲の中で変化する．

個々の母音において，二つの固有音の周波数の差はイ(i)で最大であり，エ(e)からア(a)に向かって減少し，さらにオ(o)からウ(ɯ)に向かうにつれて再び拡大する[3]．

エ(e)とオ(o)，およびイ(i)とウ(ɯ)において，低い方の固有音は，それぞれほぼ同じ周波数であるが，高い方の固有音については，エ(e)とオ(o)，およびイ(i)とウ(ɯ)との間にそれぞれ大きな隔たりがある．

---

[2] この弱い固有音は図 31 の音響スペクトルの中には現れていない．図 31 は，単に第 18 倍音までの分析を数値計算によって行った結果である．

[3] 図 30 にある上下二つのウ(ɯ)のオシログラムの間にはわずかな違いがみられる．これは，上図のウ(ɯ)は，普通の日本語のウ(ɯ)よりも大きな唇の丸めをともなう英語の(u)とほとんど同じ方法で発音されているからである．二つの固有音のうちの高い方の周波数は，上図のウ(ɯ)では 900 Hz であるのに対して，下図の方のウ(ɯ)では 1200 Hz である．一方，低い方の固有音については，二つのウ(ɯ)の周波数は等しく 350 Hz である．

第5章

母音理論の歴史的考察

13. ウィリスの理論

　ドダール Dodart(1700)，フェルラン Ferrein(1741)，クラッツェンシュタイン Kratzenstein(1780)，ケンペレン de Kempelen(1791)らの先行研究[4]にしたがい，ウィリス Willis は母音の体系的研究を手がけた．そして，後に有名になった実験に基づいて，1829年に母音の性質と母音生成機構に関する理論を発表した(注4)．この理論は，ホイートストン Wheatstone(1837)，グラスマン Grassmann(1854)，ヘルムホルツ Helmholtz(1862)，アウエルバッハ Auerbach(1876, 1909)，ヘルマン Hermann(1889)，ロイド Lloyd(1890)，スクリプチャ Scripture(1902–)，シュトュンプ Stumpf(1914–)，ミラー Miller(1922)，その他の研究者らによって提案され論議された諸説(注5)の出発点となったといってよい．

　母音の理論には心理学的側面と物理学的側面とがあり，前者は聴覚との関連において母音を扱い，後者は母音生成の過程を扱う．二つの異なる側面は「共鳴理論(resonance theory)」や「調和理論(harmonic theory)」などの用語を使って表現されるのが常であった．しかし，母音がどのように生成されるかの問題は，母音がどのようにして聴取され知覚されるかという問題とはまったく別であり，この種の用語の混乱を取り除き二つの側面の間に明瞭な境界線を引くべきである．以下に挙げる理論を参照するに際し，両者の区別はぜひとも明らかにしておく必要がある．

　ウィリスは，片開き管の閉鎖端にリードを接続し，ふいごからの空気で振動

---

[4] Dodart と Ferrein は人間における音声の生成機構を研究した．一方，Kratzenstein と de Kempelen は人工母音の実験を行った．

させて音を出す実験を行った．このようにして作られた音の母音的な韻質は管の長さに応じて変化するが，リードの種類には影響されないことを明らかにした(注6)．

　この実験で，母音の韻質は，管が長くなるにつれて，iからeへ，さらにaからoへと徐々に変化し，最後にはuとなる．リードの周波数は，母音のピッチに影響を与えるに過ぎない．ここで，ウィリスの理論をまとめておこう．

　管の底(閉鎖端)に接続したリードが振動するたびに気流パルス波(注7)が管内に送り込まれると，そのパルス波は通常の音速で伝播し管の開放端に至り，波の一部は音となって放射される．残りの波は管の底に向かって反射し，ふたたび管の底で反射して開放端へ戻る．パルス波の振幅は，次のパルス波がリードから送り出されるまで，管の中を数回往復しながら次第に減少する．そして，この過程が周期的に繰り返される．このように，ウィリスは，人工母音はリードの振動により作られる気流パルス波のために管内の空気が自然の減衰振動(注8)を生じた結果であるとみなした．このような周期的に繰り返される減衰振動は「くぼみ音」(注9)とよばれる．母音の韻質を決定するのは，このくぼみ音の周波数(つまりこの場合は管の自然周波数または共鳴周波数)である．

　管の自然周波数は，管の長さが増すにつれて低くなる．ウィリスの実験は，個々の母音に特有なくぼみ音の周波数が，i→e→a→o→uの順に低くなることを示している．

　リードと管は，人間の発話器官において声帯と声道にそれぞれ対応する．舌と唇の位置や顎の開きの程度により声道の大きさと形が決まるならば，声道はその形状に固有の周波数をもち，そして，声道の形が変わることのない限り，声の高さとは無関係に，常に同じ母音を作り出す．声道の自然周波数の研究は，ライヘル Reyher(1679)(注10)が初めて行い，その後，他の研究者らが共鳴，吹鳴，鍵打などのさまざまな方法を用いて続けた．しかし，この研究に初めて成功したのはヘルムホルツ Helmholtz(1862)であった．

　リードは周期的に管の中にパルス波を送り込み，一方，管内の空気は管に固有の自然周波数で減衰振動をひきおこす．したがって，リードと管の自然周波数の間に調和的な関係が存在する必要はない．このようにして「非調和理論(inharmonic theory)」あるいは「過渡理論(transient theory)」という名称が与えられたのである．

14. ホイートストンの理論

ホイートストン Wheatstone(1837)は，ウィリスの実験を追試して，母音の性質についてウィリスと同様の結論に達した．しかし，母音の生成機構に関するウィリスの見方に対し，次の点を指摘している．

「『…接続した管の両端でリードの原音が反復反射して励起される現象にともなう音』とする考え方は，母音の諸現象がホイートストン教授が解明した多重共鳴の現象に他ならないことを示唆している．」[5]

ホイートストンはさらに，振動体を気柱共鳴器に近づけたときに，共鳴器の自然周波数が振動体の倍音(注11)の中の一つの周波数に一致すると，振動体の音は有意に増強されるとしている．そして，次のように述べている．

「喉頭音そのものはリードの振動音にたとえることができよう．…個々の多重共鳴が一つの明確な母音であると主張するわけではない．しかし，振動体であるリードに管を接続するならば，管の長さにかかわらず原音にある種の音色が加わり，その音色は接続された管内に生じるかすかな空気振動に依存すると考えられる．このときの振動数は管が短くなれば増加する．もし，励起された振動の周波数がリードの振動の倍数に一致すると，共鳴のエネルギーが増大し，超加楽音(superadded musical sound)の効果が付与されるのである．」

しかし，ホイートストンの説明は，聴覚的側面には言及せず，いわゆる多重共鳴の考え方だけを論じた点で，母音の生成機構としては不完全であったといえる．

15. ヘルムホルツの理論

ヘルムホルツは，ホイートストンの扱った問題にやや異なる見解を表し，リード管の動作については次のように述べている．

「この管内の音は，リード弁でさえぎられた通路から振動のたびに放出される間歇的な空気パルスにより作られる．自由振動をするリード弁は表面積が小さいため周囲の空気に対して十分な波動を伝えることができず，管内の空気を振

---

[5] G. O. Russell の "The Vowel" (1928), pp.36, 41, 42 より引用．二重括弧内は著者らが加えたものである．

動させることはできない．したがって，現実には，空気パルスによって音が作り出されるとみなすべきである．これは，ちょうどサイレン(注12)において空気通路を開閉する金属板自体がまったく振動しないことに等しい．通路の開閉が繰り返されることによって，連続的な空気の流入は周期運動となって空気に対して作用する．このようにして作られた運動も，その他の空気の周期的運動と同じように，一連の単振動に分解することができる．」[6]

「共鳴管は管の固有音に対応する倍音を増強させて共鳴のピークを作るので，リード弁の音は共鳴管を付加することにより必然的に変化する．この場合，共鳴管はリード弁の位置で閉鎖していると考えなければならない．」

「球体(すなわち共鳴器)内の空気振動に関する理論によれば，リード弁が開いた瞬間に球体内に最大の圧力が生じなければならない．したがって，球体内の圧力上昇に打ち勝つためにはふいご内の強い圧力が必要となるが，実際に通過する気流はわずかである．」

ヘルムホルツは，母音について次の点を指摘している．「口腔の共鳴が声の質に作用するときの振動モードは，人工的なリード管において見出された振動モードとまったく同じである．口腔の固有音に一致あるいは近在する倍音は増強され，それ以外の倍音は減弱する．」[7]

ウィリスの「非調和理論」ないし「過渡理論」とは反対に，このヘルムホルツとホイートストンの理論は，「調和理論(harmonic theory)」，「強制振動(共鳴)理論(forced vibration (resonance) theory)」，「定常状態理論(steady state theory)」など，さまざまな名称で知られている．

ヘルムホルツは，別の箇所ではウィリスの理論を次のように批判している．

「ウィリスによる母音における音の波動の記述は，たしかに真実からかけ離れているものではないが，空気の波動が生じるときの振動モードのみを扱い，聴覚器官にもたらす連鎖反応について触れていない．この種の波動も，またその他すべての波動も，呼応共鳴の法則に従い，現実には聴覚器官において一連の倍音に分解される．これは，耳と共鳴器による母音の韻質分析が互いに一致することによって裏付けられる．」

---

[6] H. L. F. v. Helmholtz (translated by Ellis): *Sensations of Tone*, 4th ed., 1912 (1st German ed., 1862), pp.101, 102.
[7] Helmholtz: *Sensations of Tone*, pp.110, 118.

16. ヘルマンの理論

ヘルマンは，母音の音声波形を分析し，レコード盤の速度を変えることによって生じる音色の変化を観測した．しかし，彼の研究(1890)は，主に母音の心理的側面を扱ったものである．ヘルマンは母音の性質について次のように述べている．「母音の特徴は，喉頭音の1周期中に振幅が変化する口音にある．」[8] 彼の学説は，明らかに非調和理論ないし過渡理論に属し，自らの見解をヘルムホルツと対比させているようである．母音の生成機構については，ウィリスとほぼ同じ見解をもっていたといってよいであろう．

17. レイリーとトレンデレンブルグの理論

レイリー Rayleigh[9](注13)は，ヘルムホルツとウィリスにより提案された二つの母音理論について次のように述べている．「この『ヘルムホルツの』共鳴器の動作についての見解はもちろん正当である．しかし，一見すると，ウィリスの説とは本質的に異なり，あるいは矛盾しているように見える．」レイリーはさらに，完全に連続する過渡的振動は，フーリエ Fourier の定理(注14)により単振動に分解されるであろうと述べ，したがって「これらの考察からわかるように，この問題に関する二つの見方はどちらも正しく，互いに矛盾するものではない」としている．レイリーと等しい見解をとるトレンデレンブルグ Trendelenburg は，個々の衝撃波(声門噴流)はそれぞれ同一であり周期的であるから，フーリエ級数に展開できるはずであると述べ，さらに次のように説明している．

「したがって，ヘルムホルツの見方は正しく一般論として妥当といえる．また，ヘルマンは，特別な場合として，喉頭音がインパルス的性質をもつことを仮定している．この仮定に従えば，たとえば母音 'A' における減衰波形のような音のもつ性質を説明することができる．」[10] フレッチャー Fletcher も同じ見解を示している[11]．

---

[8] Rayleigh の "Theory of Sound" II (1926), p.474 より引用．原著は入手できなかった．
[9] Rayleigh: Theory of Sound, II, pp.472, 473.
[10] F. Trendelenburg: Objektive Klangaufzeichnung mittels des Kondensatormikrophons, Zeits. f. Techn. Physik, 5, 1924, p.236.
[11] H. Fletcher: Speech and Hearing, 1929, pp.46-50.

18. スクリプチャの理論

スクリプチャは上述の説とは異なる立場をとり，次のように述べている．
「母音は母音波の経時的連鎖からなる．
$$V = P_1 + P_2 + P_3 + \cdots = \sum P$$
ここで，V は母音全体を，$P_1, P_2, P_3, \cdots$ は個々の母音波を表す．$\sum$ は総和を示す．母音曲線は1個の波状線ではなく，1個の波動を代表するものでもない．」[12]

スクリプチャはまた，母音波($Vokalprofil$)は波形と持続時間が徐々に変化するものであると主張し，さらに，次のように述べている．「母音の生成において，母音周期に等しい間隔で衝撃力が声道の弾性系を励振することにより，1周期の母音波形が決定される．」

19. 母音に関する諸理論の要約

ウィリス-ヘルマン-スクリプチャ理論では，母音の生成を次のように説明する．声門が開くたびに一定量の空気が声道に流れ込み，声道内の空気を励振させて自由減衰振動を引き起こす．この振動が周期的に繰り返され，声道から音として放射されたものが，われわれが「母音」とよぶものである．くぼみ音は喉頭音に対して調和的関係をもつ必要はなく，この限りにおいて，くぼみ音の連続でしかない母音は，一種の雑音とみなすことができる．

一方，ホイートストン-ヘルムホルツ理論では次のように説明する．すなわち，喉頭音は声道と共鳴し，調和部分音[注15]のうち声道の自然周波数と一致あるいは近在するものは強められ，その他の倍音は弱められる．この結果，母音が作られる．したがって，このようにして作られた母音には調和的ではない部分音は存在しないことになる．

これら二つの理論の主な相違点は，次のようにまとめることができよう．

（1）一方の理論では，母音を周期的な自由減衰振動であると考えるが，他方の理論では，強制振動つまり共鳴と考える．見方を変えるならば，前者は，母

---

[12] E. W. Scripture: *Die Natur der Vokale — I & II*, Zeits. f. Exp.-Phonetik, **1**, 1930, pp.16-33; pp.115-146.

音を過渡的現象とみなし，後者は，一様の定常状態にあるものとみなしている．

(2)「非調和」対「調和」

この対立する理論は，生成機構および聴覚機構に関する母音理論を説明する際に論議されている．しかし，音のみについていえば，レイリーやトレンデレンブルグらが主張するように，声帯の振動数と声道の自然周波数との間に調和的な関係があるか否かにかかわらず，くぼみ音は，周期的に繰り返されるかぎり，調和部分音によって置き換えることができるので，二つの理論は相互に矛盾することはない．しかし，実際には，著者らの観測結果では，ヘルムホルツ[13]およびパジェット Paget[14]の主張する調和的関係は必ずしも支持されない．くぼみ音の周波数はしばしば二つの倍音周波数の中間に観察されるからである．

これらとは別に二つの理論がある(注16)．一方は，母音を声帯の発音運動により声道が励振された結果とみなし，他方は，声門開閉の交代で生じる声門噴流の励振により生じるとみなす．いわゆる共鳴理論は，しばしば前者の分類に入ると考えられている．しかし，共鳴(強制振動)は，必ずしも声帯の発音運動によってもたらされるとはかぎらない．たとえば，ヘルムホルツ[15]は，強制振動は声門噴流によっても引き起こされるという見方をとっている．

第二部では，母音の生成機構のみを扱い，聴覚に関連する事項は第四部で説明する．

[13] Helmholtz: *Sensations of Tone*, p.113.
[14] Paget: *Human Speech*, 1930, p.49.
[15] 47〜48 ページ参照.

第6章

共鳴器の作用

20. さまざまな共鳴の種類

　前章において展望した母音の諸理論における不一致は,「共鳴」という用語[注17]の意味する内容が不明確である点に主な理由がある.
　「共鳴」は,次の3つの場合に分けることができる.
　(1) ヘルムホルツ共鳴器[注18]を耳に当てて母音を聞くときのように,音源と共鳴器との間にかなりの距離がある場合.
　(2) 共鳴器に音叉を近づけて共振させたときのように,音源と共鳴器とが近い位置にある場合. この場合には,両者の周波数が一致すると,音は顕著に増強される.
　(3) 共鳴器の壁自体が音源として働く場合. たとえば,共鳴器の壁の一部が可動性の膜となって振動し,内部の空気が圧縮と膨張を繰り返して強い共鳴音を作り出すエーデルマン共鳴器[注19],あるいは振動板にホーンを取り付けたホーン型スピーカーの場合である.
　最後の項目にはもう一つのタイプを加えることができる. これは,共鳴器の壁に小さい開口部があり,そこから空気が交互に出入りする場合であり,その結果,内部に空気の圧力変化が生じて音が放射される.
　母音の生成過程は上記とはやや異なり,加圧された呼気が声門の開閉により周期的に声道に送り込まれることによるが,大別するならばこの過程も最後の項目に分類することができる. 変動する空気圧が一定の大きさの開口部を通して作用する場合であっても,あるいは反対に,周期的に大きさが変化する開口部(たとえば声門)を通して一定の空気圧が作用する場合であっても,開口部が共鳴器に比べて十分に小さいならば,開口部を通過する気流は圧力の変動ない

し開口部の大きさの変化のみに関係し，共鳴器の内部状態には関係しない．つまり，開口部の大きさが変化するかわりに空気の作動圧が変化しても，共鳴器内部の空気運動には何らの相違を生じない．したがって，一定のピッチで発音された母音は，第3項目の共鳴とよぶことができるであろう．

21. 共鳴器の作用

　声道共鳴器の作用を検討するための準備として，単純な形をした共鳴器について短く触れておこう．ヘルムホルツ共鳴器(図32)は，平坦な開口部ないし首のようにくびれた開口部をもつ容器である．いずれの形状であっても，共鳴器内部にはほとんど均一に空気の圧縮と膨張が生じ，開口部の大きさが十分に小さければ，開口部の空気はピストンのような往復運動を行う．このような共鳴器内の空気の作用は，バネの先からつり下げられた振り子の運動に大変よく似ている．振り子の自然周波数がおもりの重さとバネのスティフネス[注20]によって決まるのと同様に，共鳴器の自然周波数は開口部の大きさと形および共鳴器の容積によって決まる．共鳴器の容積が大きくなるほどスティフネスは減少し，自然周波数が低下する．また，首の部分が長くかつ狭くなれば，イナータンス[注21]が増大し，自然周波数はさらに低下する(イナータンスは首や開口部の「伝導率」[注22]に反比例する)．

　はじめに，ヘルムホルツ共鳴器を受音器として用いる場合を考えよう．ある音，すなわち周期的な力が，開口部Aにある空気に作用して(図32)ピストンのような往復運動を引き起こす際に，共鳴器内の空気は圧縮と膨張とを繰り返すので圧力の変動が生じる．もし作動力の振動数が共鳴器の自然周波数と等しい場合には開口部の空気はより激しく運動し，共鳴器内には著しく大きな圧力

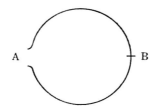

図32　ヘルムホルツ共鳴器

54／第6章　共鳴器の作用

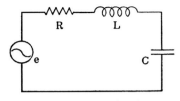

図33　直列共鳴回路

変動が生じる．これが(狭い意味での)共鳴とよばれる現象である．圧力の増幅率(P/P_0)つまり，作動圧(P_0)に対する共鳴器内の超過圧(P)(注23)の比は，この場合，開口部からの音の放射というエネルギーの散逸によって決定される．これにより，音の放射が少ないほど共鳴は鋭くなり増幅率が増すと考えられる．

　ヘルムホルツ共鳴器には普通(図32Bのような)小さな孔がある．この共鳴器を耳に押し当てると，小孔を通して増幅された超過圧を知覚することができる．
　このような共鳴器の作用は，電気回路(図33)において「直列共鳴」(注24)にたとえることができる．同様に，一連の対応関係(注25)が，作動圧と交流起電力(e)，放射抵抗と電気抵抗(R)[16]，開口部のイナータンスとインダクタンス(L)，そして共鳴器の容積とコンデンサーの容量(C)の間にみられる．共鳴器内の超過圧はコンデンサーの両端に発生する電圧に相当する．
　次にヘルムホルツ共鳴器を発音器として用いる場合を考えよう．
　外界から周期的に作用する力により気流が作られ，図32の小孔Bを通して共鳴器を出入りする場合，内部の空気は加圧と減圧を交互に繰り返して共鳴器内に圧力変動をもたらす．さらに，この圧力変動が開口部Aにある空気に作用して運動を引き起こすと，この開口部から音が放射される．
　Bにおける作動力の振動数が共鳴器の自然周波数に等しい場合，開口部における空気の振動(往復運動)は最大に達し，内部の空気は最大の圧力変動を受ける．したがって，この作動力は共鳴器のもつ最大の抵抗を受けて，最大のエネルギーを与えることになる．しかし，共鳴器内の圧力は，小孔Bを通る作動力によって相殺され，それ以上に増すことがない．つまり，この場合，共鳴による増強のみが起こり，圧力の増強は生じないのである．この現象は，電気回路の並列共鳴(注26)にたとえることができる(図40参照)．

---

　　[16]　放射抵抗は周波数の関数であるが，共鳴器の性質を説明する際には便宜上，定数Rで表される．(69〜70ページ参照)

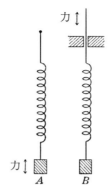

図 34　らせんバネより懸架される振り子

　以上の現象を一つの例により説明しよう．共鳴器が音の受容器として用いられる場合，固定点よりつり下げられたバネの先にある振り子に周期的な力を加えることに等しい（図 34A）．一方，共鳴器が音の発信器として用いられる場合は，バネの上端に力を作用させることに等しい（図 34B）．

　前者，つまり振り子に力を加える場合（図 34A），もし作動力の振動数が振り子の自然周波数と一致するならば，わずかな力で振り子を上下に大きく動かすことが可能であり，バネには作動力自体よりも大きい張力が発生する．一方，バネを小さな穴を通る軽い棒にとりつけ（図 34B），バネの張力および穴と棒の間の摩擦に抗して力を加えるならば，この棒を上下に動かして振り子の上下運動が生じる場合，バネに生じる張力変動は作動力より大きくなることはない．

22.「過渡」と「定常」

　実例として振り子振動の初期状態を観察し，「過渡」と「定常」との相違について考察しよう．
　（1）振り子の「**直列共鳴**」（受音器としてのヘルムホルツ共鳴器に対応する）
　図 34A の振り子に上向きの周期的な衝撃力を加えるならば，これにより生じる振り子の運動は図 35A のようになる．もし，運動の減衰が小さく，作動力の周期と振り子の周期との間に調和的な関係があれば，振り子運動は 1-A に示すように 1 周期内のエネルギー損失が 1 周期内のエネルギー付与とつりあう点ま

56／第6章　共鳴器の作用

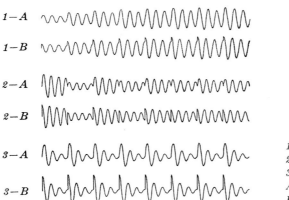

1. 弱い減衰, 調和的
2. 弱い減衰, 非調和的
3. 強い減衰, 調和的
A. 振り子の変位
B. 振り子の速度

図35　振り子の運動（直列共鳴）

で, 徐々に振幅が増大する. この図では, 最終的な振幅が初期振幅の3倍であることを示している. 一方, もし減衰係数[注27]が上記と等しく, 振り子の周期と作動力の周期とが調和的な関係にない場合には, 振り子運動は初期段階では振幅の増減を繰り返すが, 最終的には一定の振幅に達する（2-A 参照）. ここでは最終的な振幅が初期振幅の 0.6 倍であることが示されている.

減衰が大きい場合（3-A）, 振動が始まって間もなく振幅が最終的な値に達する. このときの増幅度は小さいので, 最終的な振幅は初期振幅をわずかに上回るに過ぎない.

減衰が小さい場合には, 振動の開始から「定常状態」に到達するまでにかなりの時間を要する. そして, 振幅は, 作動力の周期と振り子の周期との間に調和的な関係があるかどうか, つまり, 共鳴が存在するか否かによって大きく左右される. 反対に, 減衰が大きい場合には, 振動はすぐに「定常状態」に達し, 初期の自由振動波形の振幅は「定常状態」における強制振動波形の振幅とあまり変わらない. したがって, 周期が互いに調和的であるか否かによって生じる振幅の差も大きくはなりえない.

（2）**振り子の「並列共鳴」**（発音器としてのヘルムホルツ共鳴器に対応する）

バネの上端にとりつけられた棒に上向きの衝撃力を周期的に加えると仮定しよう（図34B）. もし, 棒の受ける摩擦力が振り子の振動による反発力よりもはるかに大きいならば, 棒は振り子の振動に関係なく1周期の間に一定距離だけ

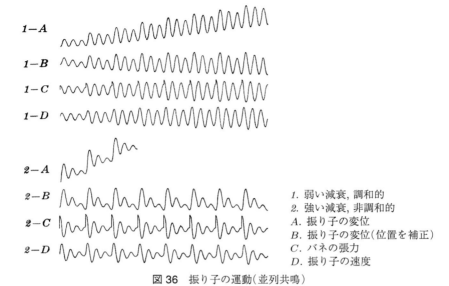

図36 振り子の運動(並列共鳴)

1. 弱い減衰, 調和的
2. 強い減衰, 非調和的
A. 振り子の変位
B. 振り子の変位(位置を補正)
C. バネの張力
D. 振り子の速度

上昇する.(図32の共鳴器の場合では,小孔Bが十分に小さいならば,共鳴器内の状態にかかわりなく,ある一定量の空気が1周期ごとに共鳴器に注入される.)図36の1-Aと2-Aは,作動力の周期と振り子の周期との間に調和的な関係がある場合における振り子の位置変化を示したものである.摩擦抵抗が十分に大きいという条件が満たされるならば,振り子の振幅は「直列共鳴」の場合と同様に次第に増大する.1-Bと2-Bには,各周期における振り子の段階的な上昇に対して,振り子を一定速度で徐々に下降させることにより補正した位置を示してある.この一定速度の下降は振り子の速度変化に影響を及ぼすことはない.ヘルムホルツ共鳴器による音の放射は,開口部における空気の運動に依存し,この振り子運動と対比することができる.

23. 音響スペクトル

前節では,強制振動の作動力が周期的なパルス波であるならば,周期的な減衰振動が維持されることを振り子の例を用いて説明した.共鳴理論の立場からこの問題を扱った場合にも同じ結果が得られることをこれから説明する.その

前に，前提となる周期波形の音響スペクトルについて説明しよう．

フーリエ Fourier は，任意の周期運動は，その運動（基本波あるいは第 1 部分波）と同じ周期をもつ正弦運動と $1/2, 1/3, 1/4, \cdots$ の周期（$2, 3, 4, \cdots$ 倍の周波数）をもつ正弦運動からなり，固有の振幅と位相をもつ調和的な部分波に分解できることを示した（注 28）．これは，周期運動だけでなく，あらゆる周期的な現象に当てはめることができる．いま，ある周期現象を y とすれば，

$$y = a_0 + a_1 \sin\left(2\pi \frac{t}{T} + \varphi_1\right) + a_2 \sin\left(2\pi \frac{2t}{T} + \varphi_2\right)$$
$$\qquad + a_3 \sin\left(2\pi \frac{3t}{T} + \varphi_3\right) + \cdots$$
$$= a_0 + a_1 \sin(\omega t + \varphi_1) + a_2 \sin(2\omega t + \varphi_2) + a_3 \sin(3\omega t + \varphi_3) + \cdots$$

が得られる．上式において，t は時間を，T は周期を，$a_1, a_2, a_3, \cdots$ は部分波のそれぞれの振幅を，$\varphi_1, \varphi_2, \varphi_3, \cdots$ は時間軸原点における位相角を表す．$\omega = 2\pi f$，f は周波数である．

もし，周期的な現象が非常に短いパルス波の繰り返しである場合，構成要素である調和部分波の振幅はすべて等しく，位相角も等しく $\pi/2$ である．したがって，

$$a_0 = 0 \text{ および } a_1 = a_2 = a_3 = \cdots \equiv a$$
$$\varphi_1 = \varphi_2 = \varphi_3 = \cdots = \frac{\pi}{2}$$

それゆえ，

$$y = a \sin\left(2\pi \frac{t}{T} + \frac{\pi}{2}\right) + a \sin\left(2\pi \frac{2t}{T} + \frac{\pi}{2}\right) + a \sin\left(2\pi \frac{3t}{T} + \frac{\pi}{2}\right) + \cdots$$

となる．

図 37 は，この波形における部分波の振幅と位相角との関係を示している．左上は 1 周期のパルス波，左下はパルス波を構成するいくつかの調和部分波（基本波から第 7 高調波まで）[17]，右上は部分波の周波数と振幅を表す音響スペクトル，右下は位相角である．

図 38 の左はさまざまな周期波動の 1 周期を，右はこれらの波動を構成する

---

[17] 楽音を構成する倍音の数はその種類と音の高さによって異なる．もし 100 Hz の楽音が 10000 Hz までの倍音をもつなら，それは 100 個の倍音（100, 200, 300, $\cdots$, 9800, 9900, 10000）に分析できる．実際的には多くても第 40 倍音まで（通常は第 25 倍音まで）分析すれば十分である．

23. 音響スペクトル／59

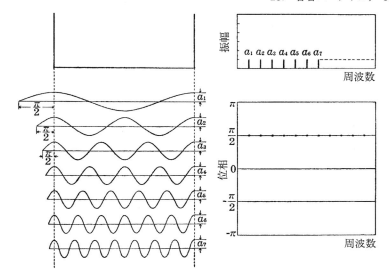

図 37　パルス波とその部分波

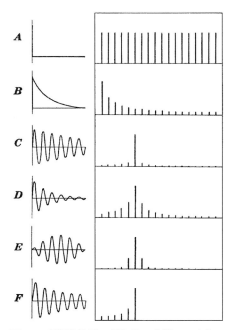

図 38　理想的波形の例とその音響スペクトル

部分波の音響スペクトルを示している．

B の波のもつ部分波は，周波数が高くなるにつれて弱くなる．

C と D は 1 周期中に 6 回の起伏をもつ減衰振動波形の周期的な繰り返しであり，ともに第 6 部分波の振幅が最も大きい．その他の部分波は，減衰の大きい波形 D よりも減衰の少ない波形 C で振幅が小さい．つまり，C は D よりも純音に近いといってよい．減衰の少ない波形は，その「固有音」[18]の周波数と基本音の周波数との間に調和的な関係が成り立つか否かによって，驚くほど異なる音響スペクトル（図 59 参照）を呈するが，減衰の大きい波形の場合には大きな相違はみられない．

E は，増幅の後に減衰する波形をもつが，C や D のような減衰波形と非常によく似たスペクトルを呈する．両者の波形の違いは主に部分波の位相差によって生じる．

F は，C と D との中間の減衰度をもつ波形で，第 7 部分波以上のすべての部分波を取り除いてある．この波形は見かけ上 C の波形に似ている．しかし，第 7 部分波以上のすべての部分波をこの波形に加えると D に近い波形となる．

24. 波形と部分波の位相

前節では波形と音響スペクトルの関係を説明するいくつかの例を示した．ここでは，波形の音響スペクトルが同じとき，つまり，それぞれの部分波の振幅が等しいときに，位相差のみによって生じる波形の違いをいくつかの特殊な例を使って説明しよう．図 39 の最上段の図は，すべての波形に共通な音響スペクトルを示している．第 6 部分波が最も強く，隔たるにつれて他の部分波は減弱している．B と C の縦列に並べた図は，それぞれ A と D の縦列に並べた波形のもつ部分波の位相を表している．

まず，図 39–1・A に示した減衰波形の場合，1・B よりわかるように，$\varphi_1, \varphi_2,$ $\cdots, \varphi_5$ は 0 から $\pi/2$ の間にあり，$\varphi_7, \varphi_8, \cdots$ は 0 から $-\pi/2$ の間にある．つまり，第 6 部分波より低い部分波は「先行」し，高い部分波は「遅延」している．部分波の位相は，第 6 部分波より離れるほど，また減衰が少ないほど，$\pi/2$ に

---

[18] 図 38 の C と D では，固有音は減衰振動型の波形で，基本波の 6 倍の周波数をもつ．

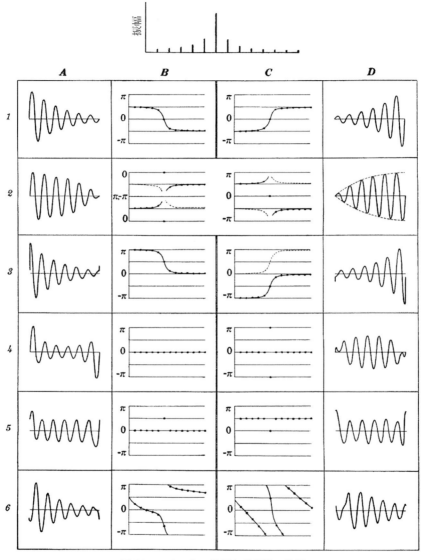

図39　いくつかの波形と部分波の位相

近づく.

　$1 \cdot D$ に示す漸増型の波形は，$1 \cdot A$ の波形の時間軸と振動方向とを逆にしたものであるが，位相の符号も逆であり，x 軸に対して折り返した形になっている．すなわち，低次の部分波が遅延し，高次の部分波が先行している（$1 \cdot C$ 参照）．

　$1 \cdot A$ に示す波形の包絡線は $e^{-\lambda t}$ のような減衰形で表すことができる．しかし，一定値に漸近するように増大する $1 - e^{-\lambda t}$ の包絡線をもつ波形（$2 \cdot D$）の場合，位相は，φ_6 を除いて，$1 \cdot B$ に対し π だけ移動している（$2 \cdot B, C$ の点線部分を参照）．もし，時間軸を反転して減衰の形をとるならば（$2 \cdot A$），位相は $2 \cdot B, C$ の実線のようになる．φ_6 を中心として，$2 \cdot B$ を $2 \cdot C$ のように変換するならば，$1 \cdot B$ と同等になる．このようにして，第6部分波以外の部分波は，$1 \cdot A$ の場合 $\pi/2$ より小さく，$2 \cdot A$ の場合 $\pi/2$ より大きい．これが二つの減衰波形の相違をもたらしている．

　$1 \cdot A$ に示した波形は，すべての部分波の位相を $\pi/2$ だけ移動すると，$3 \cdot A$ の形になる．後者の波形の開始部分には急峻な変化がみられるが，その減衰の形は変わらない．位相が π だけ移動すると（たとえば $3 \cdot C$ の実線から点線へ），上下が逆転した波形となる．$3 \cdot C$ の点線と $3 \cdot B$ の実線は，互いに時間が逆で移動の方向が等しい波形の位相関係を表している．

　すべての部分波の位相が等しく 0 であるならば，$4 \cdot A$ となる．φ_6 が π に等しくその他が 0 ならば，$4 \cdot D$ が得られる．φ_6 が $\pi/2$ でありその他が 0 ならば，$5 \cdot A$ となる．φ_6 がそれぞれ 0 と $\pi/2$ と π なので，$4 \cdot A$ と $5 \cdot A$ と $4 \cdot D$ はそれぞれ互いに異なっている．

　もし，倍音が高くなるにつれて[19]，位相の遅延が $1 \cdot A$ を超えるならば，遅延の程度や位相軸上の位置などにしたがって，$6 \cdot A$ および $6 \cdot D$ が得られる．

25．共鳴により生じる波形の変化

　発音器としてのヘルムホルツ共鳴器の作用を説明するにあたり，図40に示す電気回路の働きと比較しよう．（ただし，この場合，共鳴器は 56～57 ページですでに述べた条件，すなわち，内部の空気運動と関係なく，各周期ごとに一

---

　[19]　すべての倍音の位相が周波数に比例して先行あるいは遅延するならば波形は変化しないが，この比例関係がくずれると波形の変化となって現れる．

25. 共鳴により生じる波形の変化 / 63

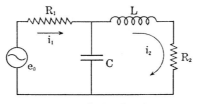

図 40 並列共鳴回路

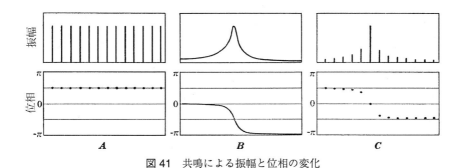

図 41 共鳴による振幅と位相の変化

定量の空気が共鳴器の中へ送り込まれるという条件を満たすと仮定する．) 図中で，R_1 は，図 32 において B で示した共鳴器の小孔における抵抗，C は共鳴器のキャパシタンス，L は開口部におけるイナータンス，R_2 は開口部の放射抵抗(注29)である．R_2 は，厳密には周波数の関数である（この解釈に従い後述の声道共鳴器を扱うことにする）．しかし，ここでは便宜上，定数と仮定する．この場合，$R_1 \gg (L/C)^{1/2}$ および $R_1 \gg R_2$ を条件としてよい．

共鳴器の後ろにある小孔から周期的な噴流が流入する場合，開口部における空気の粒子速度を計算する過程は，R_1 を通る電流 i_1 が周期的パルス波であるときに，R_2 を通る電流 i_2 を求める過程と等しい．

この問題を解くには，まず i_1 を部分正弦波に分解する．次に，共鳴理論にしたがってそれぞれの部分波の振幅と位相について i_2 と i_1 の関係を計算したのち，部分波を合成することによって i_2 の波形を求めることができる．図 41B に示した共鳴曲線は，振幅の増幅率（上図）と位相変化（下図）を示している．i_1 が周期的なパルス波ならば，部分波の振幅と位相は図 41A のようであり，i_2 の部分波の振幅と位相は図 41C のようである．後者の波形は，図 39-1・A ですでに

64／第6章　共鳴器の作用

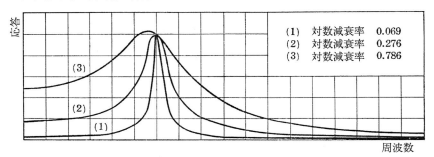

図42　減衰の大きさが異なる場合の共鳴特性

示したような減衰形であることがわかる．このようにして，減衰波形は自由振動だけではなく，強制振動によっても引き起こされることが共鳴理論に基づいて示されたわけである．

　図42の中の(1)，(2)，(3)は，(減衰が小さい場合)等しい自然周波数をもち，減衰係数が1:4:11の比率をとる3種類の電気回路の共鳴曲線を表している．この図からわかるように，減衰が小さくなるにつれて曲線のピークが鋭くなる．(1)と(2)は，図38のCとDの包絡線と同じ減衰係数(対数減衰率[注30])をもつそれぞれの回路について計算したものである．これらの共鳴曲線が，それぞれの波形の音響スペクトルの輪郭線と一致するのは，理論上当然のことである．

第7章

共鳴器としての声道

26. 二重共鳴器としての声道

巻頭の図1は，uの発音時に撮影したX線写真である．uの声道は，音響学的には，つまり内部の空気の動きを考慮すると，二重共鳴器（図43）として扱うことができる．唇の丸めは共鳴器の開口部に相当し，口腔は第1の容器に，軟口蓋と奥舌との間の狭い部位は共鳴器中央の狭窄部（C）に，咽頭腔は第2の容器に対応する[20]．

図43 二重共鳴器

母音uの声道が二重共鳴器にほぼ等価であることを述べたが，これはア(a)，オ(o)，ウ(ɯ)の声道にも同様にあてはまる．ただし，奥舌が咽頭後壁あるいは軟口蓋との間に作る声道の狭窄部は，多くの場合，典型的なヘルムホルツ共鳴器ほどには狭くないことに注意しなければならない．つまり，二つの容器内の空気のみが均一に圧縮・膨張し，狭窄部と開口部にある空気だけが運動するという現象は必ずしも生じない．したがって，二つの容器の容積と狭窄部および開口部における伝導率に従って二重共鳴器とみなして計算したときの自然周波数は，実際よりも若干高い値をとる．しかし，これらの母音の声道を二重共鳴器とみなすならば，声道内のすべての場所における空気の圧力と運動を計算

---

[20] 図43に示す二重共鳴器は直線の軸をもつが，口腔と咽頭腔からなる声道共鳴器の軸はほぼ直角に曲がっている．しかし，この声道の屈曲は共鳴器としての性質に影響することはほとんどない．

し，喉頭音波形を既知として与えられた声道から母音の波形を推測することは比較的容易である．このようにして計算した母音の波形と強さが実際の母音に近いことからみて，声道内部の状態を調べる際には，上述のように声道を二重共鳴器とみなすことが有効であることがわかる．

母音発声時の声道を二重共鳴器とみなす例は過去にもあり，二重共鳴器を使った人工母音の合成に成功したという報告もある．しかし，母音の二つの特徴周波数(注31)と声道の形状および大きさとの関係を二重共鳴器の理論に基づいて初めて理論的に説明したのはクランダール Crandall[21]であった．彼はまず，声道の二つの自然周波数(母音の二つの特徴周波数)と口唇開口部の伝導率を求めた．次に，全体の容積(つまり口腔と咽頭腔の容積)と2箇所の伝導率の比とを求めて，二重共鳴器に関するレイリー Rayleigh の方程式[22]に従い，二つの伝導率と二つの容積の推定値を計算した．その結果は，奥舌母音については 43～45 節に述べるわれわれの測定結果にほぼ等しい．しかし，i, e, æ などの前母音の声道を二重共鳴器とみなした点に関しては誤りといわなければならない．

以上，自然周波数をどのように解釈し計算するかを簡単に述べた．声道内の空気の圧力と運動を計算するには特別な方程式が必要である．もちろん，この方程式は，レイリーが自然周波数を求める方程式を得る際に行ったように，純粋に音響物理学的な分析によって求めることができる．しかし，声道を電気回路と比較することによってこれらの解釈と計算が容易になるであろう．

27．発話器官の電気的アナログ

図 44A は，発話器官を模擬する電気回路[23]を示したものであり，便宜的には図 44B のような簡単な回路に変更することができる．C_1 と C_2 のコンデン

---

[21] I. B. Crandall: *Dynamical Study of the Vowel Sounds* - II, Bell Sys. Tech. Journ., **6**, 1927, pp.100-116.
[22] Rayleigh: *Theory of Sound*, II, p.189.
[23] Stewart は自然な周期的減衰振動を起こすためにブザーやモーターで動く回路遮断器を駆動源に用い，電気回路の自然周波数と減衰定数を変化させて種々の母音や子音を生成することに成功した(J. Q. Stewart: *An Electrical Analogue of the Vocal Organs*, Nature, **110**, 1922, p.312)．それ以降，多くの研究者が機械的遮断器の代わりに真空管を用いた電気回路で同様の実験を行った．しかし，使用した電気回路はいずれも声道を忠実に模擬したものではなかったようである．

27. 発話器官の電気的アナログ / 67

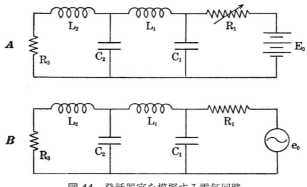

図44 発話器官を模擬する電気回路

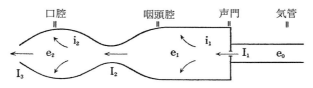

図45 声道の模式図および声道内空気圧と体積流

サーはそれぞれ咽頭腔と口腔に対応し，L_1 と L_2 のインダクタンスは二つの容器の間の狭窄部および口唇開口部における空気のイナータンスにそれぞれ対応する．R_3[24]は放射抵抗とよばれ，口唇開口部における空気の振動に呼応する外界の空気により与えられる音響抵抗である．放射抵抗は，振動エネルギーを音響エネルギーとして外界に放射することによって，共鳴器のもつ振動エネルギーを失わせる．咽頭腔と気管の間の狭い通路（すなわち声門）における抵抗は R_1 で表すことができ，その値は声門の開閉にともない周期的に変動する．E_0 は気管内の定常空気圧に相当する．

　音声の生成において，気管内の気圧は定常であり，咽頭腔へ流入する気流（声門気流）は声門の開閉によって調節される．そのため，図44A に示す一定電圧（直流電圧）と可変抵抗をもつ電気回路が，声道の模擬回路として最も適している．しかし，この回路の計算は非常に難しいため，ここでは B に示す回路で代用す

---

[24] R_3 は，69〜72ページに述べるとおり，周波数の関数であり，電気回路の場合，一定の抵抗と一定のインダクタンスを並列接続することによってその近似値が得られる（巻末の付録A参照）．

68／第7章　共鳴器としての声道

る．声門における抵抗が十分に大きいことから，この代用回路はおおむね妥当である．声道内の空気の運動は気管から咽頭腔への気流によって生じ，その気流が定常であるかぎり，どのような方法で気流が調節されるかは大きな問題とはならないからである．

図 45 は声道のそれぞれの場所における空気圧(e)および体積流(I または i)を模式的に示したものである．これらは，図 44B の電気回路においてコンデンサー C_1 と C_2 に加わる電圧およびそれぞれの回路を流れる電流を計算する場合と同一の方法で計算することができる．図 45 において，$i_1 = I_1 - I_2$ かつ $i_2 = I_2 - I_3$ であり，それぞれ，咽頭腔と口腔内にある空気量の 1 秒当りの増加率を表している．ここで「体積流」という用語は，体積の移動速度を意味する．圧力と体積流を求める式は次のとおりである．

$$I_1 = e_0/K \cdot [(x_5{}^2 - x_2 x_3) + jR_3 x_2]$$
$$I_2 = e_0/K \cdot [-x_3 x_4 + jR_3 x_4]$$
$$I_3 = -e_0/K \cdot x_4 x_5$$
$$i_1 = e_0/K \cdot [(x_5{}^2 - x_2 x_3) + x_3 x_4 + jR_3(x_2 - x_4)], \quad e_1 = jx_4 i_1$$
$$i_2 = e_0/K \cdot [x_4(x_5 - x_3) + jR_3 x_4], \quad e_2 = jx_5 i_2$$

ここで，

$$K = R_1(x_5{}^2 - x_2 x_3) + R_3(x_4{}^2 - x_1 x_2) + j[(x_5{}^2 - x_2 x_3)x_1 + x_3 x_4{}^2 + R_1 R_3 x_2]$$

$$x_1 = x_4 = -\frac{1}{\omega C_1}, \quad x_2 = \omega L_1 - \frac{1}{\omega C_1} - \frac{1}{\omega C_2}$$
$$x_3 = \omega L_2 - \frac{1}{\omega C_2}, \quad x_5 = -\frac{1}{\omega C_2}$$

上記の式から e, I および i を求めるためには，$R_1, R_3, L_1, L_2, C_1, C_2$ の値と声門気流波形を得る必要がある．

28．声道の音響学的要因の測定と計算

グッツマン Gutzmann[25] によれば，母音 **u** が中等度の強さおよび 144 Hz の

---

[25] H. Gutzmann: *Physiologie der Stimme und Sprache*, p.40.

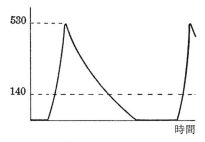

図 46 声門気流(声道の影響を考慮に入れない場合)

高さで生成されるとき，声門下圧[注32]は 16 cmH$_2$O であり，5 秒間で吐き出される空気量は 700 cm^3 である．これらの値から，声門における体積流[注33]は 700/5 = 140 cm^3/sec と推測される．これは，声門の閉鎖時間を考慮したときの平均値である．実際には，声門気流の波形は声の種類，強さ，高さによって変動する．しかし，前述の条件下において(つまり中等度の強さで 144 Hz の高さの男性の声では)，声道の反動効果[注34]を考慮しないならば，声門気流は図 46[26]に示すとおりである．すなわち，体積流の平均値が 140 cm^3/sec であれば，最大瞬時値は 530 cm^3/sec となる．もし声門における抵抗が体積流の瞬時値と反比例の関係にあれば，抵抗の最小瞬時値は，

$$R_1 = \frac{圧力}{体積流} = \frac{16 \times 980}{530} = 29 (\text{g/cm}^4 \text{ sec})$$

のようになる．したがって，圧力を $16 \times 980 = 15680$ bar (bar は dynes/cm^2) の値に固定し，R_1 を無限大から 29 までの間で変動する値とする代わりに，R_1 の値を 29 に定めて，圧力を 0 から 15680 の間で変動する値とみなすことができる．このようにして R_1 を既知数とすることができる．

もしバッフルフランジ[注35]をもつ共鳴器の開口部が円形で，a を半径とすると，放射抵抗は，

$$R_a = \frac{\rho c}{\pi a^2} \left[1 - \frac{J_1(2ka)}{ka} \right] \quad [27]$$

---

[26] Ferdinand および Wilhelm Trendelenburg によれば，母音における声門の閉鎖時間の決定については，ロシア科学アカデミー委員会の特別報告がある(Phys.-math. Klasse, 1937, XX)．われわれが調べたところでは，中等度の高さの胸声区では，声門は閉鎖時間より開放時間の方がやや長い．

[27] Rayleigh: *Theory of Sound*, II, §302.

$$= \frac{\rho c}{\pi a^2} \left[\frac{k^2 a^2}{2} - \frac{k^4 a^4}{2^2 \cdot 3} + \frac{k^6 a^6}{2^2 \cdot 3^2 \cdot 4} - \cdots \right]$$

$$= \frac{\rho c}{\pi a^2} \cdot \frac{k^2 a^2}{2} \left[1 - \frac{k^2 a^2}{6} + \frac{k^4 a^4}{72} - \cdots \right]$$

と表される．ここで，$k = 2\pi f/c$ であり，ρ は空気の密度，c は音速を示している．

ア(a)，オ(o)，ウ(ɯ)の声道を二重共鳴器とするならば，自然周波数は 1400 Hz 以下となる．より高い周波数帯域では，共鳴曲線は周波数が上昇するにつれて 0 に近づく．しかし，高い周波数ではこれらの声道には別の自然周波数が現れるので，二重共鳴器とみなすことはできない．しかしながら，高い周波数における声道の共鳴は 1400 Hz 以下の二つの共鳴に比べてきわめて弱いので，声道の概略的な特性を調べるためには 2000 Hz 以下の共鳴曲線を計算すれば十分である．

この周波数帯域において ka は十分に小さく，括弧内の展開式は第 1 項を除いてすべて省略することができるので，近似的には，

$$R_a = \frac{\rho c}{\pi a^2} \cdot \frac{k^2 a^2}{2} = \frac{\rho}{c} \cdot 2\pi f^2$$

が成り立つ．放射抵抗 R_a は周波数のみの関数であり，口唇開口部の大きさにはまったく関係しない．人間の体温に等しい湿った空気の場合，$\rho = 0.00112$ g/cm^3 および $c = 35600$ cm/sec である．したがって，

$$R_a \fallingdotseq 1.97 \times 10^{-7} f^2$$

となる．

次に，放射損失だけではなく，声道におけるエネルギー散逸[注36]の総量を測らなければならない．このため，指で頰をはじいて得られた減衰振動波形をオシログラムに記録し，声道共鳴器の減衰定数[注37]を測定した．

この測定では，声道が次の二つの条件を満たすようにした．
(a) 軟口蓋が下がり奥舌に触れた状態で，口腔が咽頭腔および鼻腔から遮断されている．
(b) 通常の母音の発音のように軟口蓋が挙上し，鼻腔が口腔および咽頭腔から遮断されている．

ここで，(a)の場合，減衰が小さいので測定が容易であるが，(b)の場合，o

と **w**$^{(注38)}$で測定が可能であったが，**a** では不可能であった．

(a)では，口腔の大きさをほぼ一定に保ち，唇の開きのみを調整することによって，いろいろな高さの減衰振動音を発生させた．このときのくぼみ音の周波数(f)と減衰定数(λ)は次のとおりである．

	f	λ
(1)	382	89
(2)	508	85
(3)	646	70
(4)	866	164

唇の開きは(1)(2)(3)(4)の順に大きくなる．

上の表は，中等度の唇の開き(3)のときに減衰定数が最小になることを示している．これからわかるように，唇の開きが大きくあるいは小さくなるにつれて減衰が増大する．

そこで，この声道をヘルムホルツ共鳴器であるとみなすことにする．声道の開口部のイナータンスと音響キャパシタンスがそれぞれ L と C で表されるとき，自然周波数 f は，

$$f = \frac{1}{2\pi\sqrt{LC}}$$

の関係をもつ．声道の容積(V)を 80 cm^3 とすると，

$$C = V/\rho c^2 = 5.64 \times 10^{-5} \, [28]$$

である．C の値を f を求める式に適用すると，

$$L = 1/(2\pi f)^2 \cdot C = 450/f^2$$

となる．上式により，L の値は，唇の開きの程度に従って，0.00309, 0.00174, 0.00108, 0.00060 となる．

ヘルムホルツ共鳴器のような単純な振動体の場合には，抵抗とイナータンスとの間には，

$$\lambda = \frac{R}{2L}$$

の関係がある．λ と L の値を適用すると，

---

[28] G. W. Stewart and R. B. Lindsay: *Acoustics*, 1930, p.50.

(1) $\quad R = 2\lambda L = 2 \times 89 \times 0.00309 = 0.550$
(2) $\quad R = 2\lambda L = 2 \times 85 \times 0.00174 = 0.296$
(3) $\quad R = 2\lambda L = 2 \times 70 \times 0.00108 = 0.151$
(4) $\quad R = 2\lambda L = 2 \times 164 \times 0.00060 = 0.197$

が得られる．

$R_a = 1.97 \times 10^{-7} f^2$ なので，上記の4種類の場合，R_a はそれぞれ 0.0287, 0.0510, 0.0822, 0.148 となる．したがって，放射抵抗(R_a)は，第4式を除くすべての場合において，観測された減衰抵抗(R)よりもはるかに小さい．第4式では両者がほぼ等しく，エネルギーの散逸が主に放射によって生じることを示している．R と R_a との差は，口の開きが小さいほど，つまり L が大きいほど，大きくなる．両者の間には，次の表のような関数的関係が存在する．

	L	$R - R_a$
(1)	0.00309	0.521
(2)	0.00174	0.245
(3)	0.00108	0.069
(4)	0.00060	0.049

ア(a)，オ(o)，ウ(ɯ)を発声するときの口の開きにおける L は，後に述べるように，それぞれ，0.00045，0.00160，0.00219 と計算できるので，これらの3つの母音に対する $R - R_a$ の値は，上の表に基づいて補完すれば，それぞれ 0.04，0.20，0.33 と推定される．もし $R - R_a$ の値が周波数にかかわらず，口の開きの大きさのみによって決まるのであれば，ア(a)，オ(o)，ウ(ɯ)に対する R_3(図44)の値は，それぞれ $R_a + 0.04$，$R_a + 0.20$，$R_a + 0.33$ となるはずである．しかし，現実には $R - R_a$ の値は，口の開きが一定であっても，周波数が低くなるにつれて大きくなるため，おそらく，同じ周波数では，$R - R_a$ の値における母音ごとの差は上述の数値より小さいと考えられる．したがって，ア(a)，オ(o)，ウ(ɯ)に対する R_3 の値はそれぞれ $R_a + 0.1$，$R_a + 0.15$，$R_a + 0.25$ に等しいという結論に達する．ただし，これらの値はオ(o)とウ(ɯ)についてはやや小さすぎる可能性がある．

母音をささやき声で発声したときと同じ声道の状態でくぼみ音の周波数と減衰定数を測定すると，f と λ は ɯ(注38)ではそれぞれ 380 と 121 であり，o ではそれぞれ 461 と 145 である．つまり，λ は前述の場合よりはるかに大きい．こ

の場合，音響エネルギーは声門においても失われ(R_1)，また声道は単純な共鳴器とみなすには長すぎるため，L と R を前述と同じ方法で計算することは不可能である．

バッフルフランジのついた共鳴器の場合，開口部が半径 a で表される円形であるならば，開口部で振動する空気に呼応する外界の空気によって表される音響リアクタンス[注39]，つまり，放射リアクタンス(X_a)は，

$$X_a = \frac{\rho c}{\pi a^2} \cdot M(2ka)^{[29]} = \frac{\rho c}{\pi a^2}\left[\frac{8}{3\pi}ka - \frac{32}{3^2 \cdot 5\pi}k^3 a^3 + \frac{128}{3^2 \cdot 5^2 \cdot 7\pi}k^5 a^5 - \cdots\right]$$

となる．ここで，

$$X_a = \omega L_a$$

を上に与えると，

$$L_a = \frac{8}{3\pi^2} \cdot \frac{\rho}{a}\left[1 - \frac{4}{15}k^2 a^2 + \frac{16}{525}k^4 a^4 - \cdots\right]$$

が得られる．

この式の高次の項は，L_2(つまり開口部のイナータンス)と比べた場合，この研究に要する精度と計算の対象となる周波数帯域を考慮するならば，無視することができる．第1項は周波数に依存せず無視することができないので，L_2 の一部として扱う．L_a の値は開口部の大きさと反比例するので，最小の開口部をもつ声道は，最大の L_a の値をもつことがわかる．そこで，たとえばオ(o)の場合，$a = 1.0$ cm ならば，

$$L_a \fallingdotseq \frac{8}{3\pi^2} \cdot \frac{\rho}{a} = 0.27\rho = 0.30 \times 10^{-3} \text{ g/cm}^4$$

が得られる．この値は以下に述べる L_2 の値よりかなり小さい．

声道の狭窄部と口唇開口部における空気のイナータンス(L)に関しては，K_1 と K_2 をそれぞれ声道の狭窄部と口唇開口部における伝導率とするならば，$L_1 = \rho/K_1$[30]，$L_2 = \rho/K_2$ となる．咽頭腔の容積が V_1，口腔の容積が V_2 で表されるとするとき，それぞれのキャパシタンス(C)は $V_1/\rho c^2$ および $V_2/\rho c^2$ に等しい．

第三部で述べる V と K とに関する観測結果を利用すれば，

---

[29] P. M. Morse, *Vibration and Sound*, 1936, pp.202, 259.
[30] Stewart and Lindsay: *Acoustics*, 1930, p.50.

ア(a) $\begin{cases} C_1 = 1.06 \times 10^{-5} & L_1 = 2.67 \times 10^{-3} \\ C_2 = 5.40 \times 10^{-5} & L_2 = 0.45 \times 10^{-3} \end{cases}$

オ(o) $\begin{cases} C_1 = 1.32 \times 10^{-5} & L_1 = 2.04 \times 10^{-3} \\ C_2 = 4.20 \times 10^{-5} & L_2 = 1.60 \times 10^{-3} \end{cases}$

ウ(ɯ) $\begin{cases} C_1 = 3.12 \times 10^{-5} & L_1 = 1.72 \times 10^{-3} \\ C_2 = 1.62 \times 10^{-5} & L_2 = 2.19 \times 10^{-3} \end{cases}$

となる．上式において，C と L の単位はそれぞれ，$cm^4 sec^2/g$ および g/cm^4 である．

29．ア(a)，オ(o)，ウ(ɯ)の生成過程

図47, 48, 49は，上述の方法(69, 72, 74ページ)で求めた $R_1, R_3, L_1, L_2, C_1, C_2$ の値を68ページの式に与え，ア(a)，オ(o)，ウ(ɯ)における圧力と体積流を計算した結果を示している．これらの図で，太い実線は体積流，太い点線は圧力，細い点線は体積流の位相(θ)である．圧力の位相を示す曲線は，$\theta_{e_1} = \theta_{i_1} - 90°$ および $\theta_{e_2} = \theta_{i_2} - 90°$ の式から求まるので，図中では省略してある．圧力と体積流を表す縦軸は声門下圧(e_0)を1，圧力の単位を dyne/cm^2，体積流の単位を cm^3/sec としたときのそれぞれの値を示している．これらの位相は，声門下圧の位相を原点として求めたものである．

図に示すように，ア(a)，オ(o)，ウ(ɯ)にはそれぞれ，805 Hz と 1220 Hz，510 Hz と 1160 Hz，420 Hz と 1390 Hz の，二つずつの共鳴周波数がある．これらの周波数では，圧力と体積流がともに最大で，声門気流(I_1)が最小になる．これは，咽頭腔内の圧力(e_1)が共鳴周波数で最大になるために声門気流が最大の抵抗を受けるという事実により説明できる．

もし圧力と体積流が時間の調和関数(注40)であり，e_1 と I_1 との間の位相差($\theta_{e_1} - \theta_{I_1}$)が θ_1 で表されるならば，単位時間内に気管内の空気が声道共鳴器に与えるエネルギーは，

$$W = \frac{1}{2} e_1 I_1 \cos \theta_1$$

と表すことができる．ここで，e_1 と I_1 はそれぞれ圧力と体積流の最大瞬時値を表している．声道内では，エネルギー(W)の一部は声道壁により吸収され，そ

29. ア(a), オ(o), ウ(ɯ)の生成過程 / 75

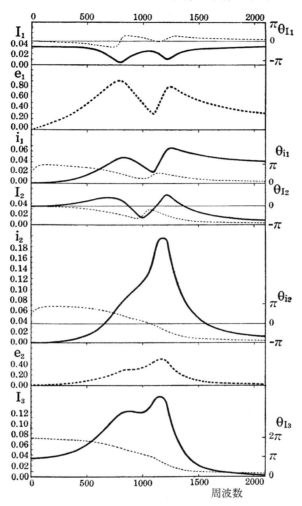

図 47 「ア(a)」における声道の共鳴曲線

の残りは開口部を通して音響エネルギーとして放射される．

上記の結果を使って母音の放射波形を計算するためには，まず第 1 に声門下圧波形[31]を知ることが必要である．声門下圧波形は図 50 の左上に示す波形の

---

[31] 声門下圧はほぼ一定であるが周期的に変化するとみなされる．

76／第 7 章　共鳴器としての声道

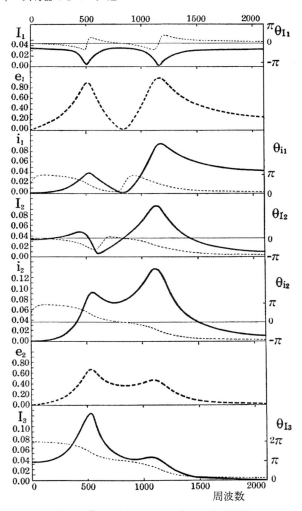

図 48　「オ(o)」における声道の共鳴曲線

ようであり，最大瞬時値を 15680 bar と仮定することができる．右上の図は，この波形の部分音の振幅（$e_{0n}; n = 1, 2, 3, \cdots$）と位相（$\theta_e$）を示している．

　図 47, 48, 49 の I_3 は，声門下圧が 1 bar のときの開口部における体積流を表すので，実際の発音時の体積流は，I_3 にその時の声門下圧を掛けたものとみなすことができる．したがって，I_{3n} を体積流の第 n 成分の振幅とするならば，

29. ア(a)，オ(o)，ウ(ɯ)の生成過程／77

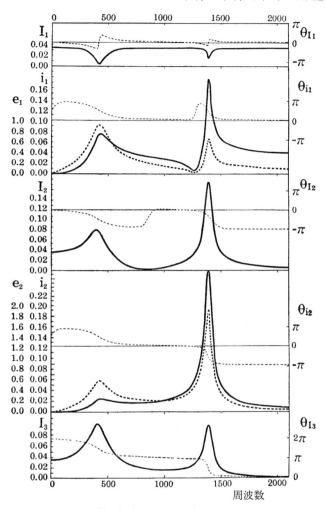

図49 「ウ(ɯ)」における声道の共鳴曲線

$I_{3n} = e_{0n}I_3$ である．I_{3n} の値が決まると，1秒間における口唇開口部からの放射音の第 n 部分音のエネルギーは，

$$W_n = \frac{1}{2}R_a I_{3n}{}^2$$

となる．口唇開口部からかなり離れたところでは，放射音圧の振幅はエネルギー

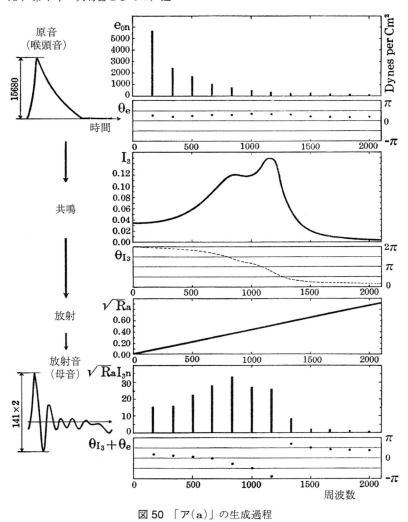

図50 「ア(a)」の生成過程

の平方根に正比例する．そこで，
$$A_n \propto R_a^{\frac{1}{2}} I_{3n}$$
が成立する．ここで，A_n は第 n 部分音の振幅を表している．放射音の波形は調和部分波を合成することによって得られる．それゆえ，

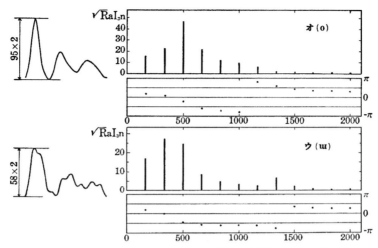

図 51 二重共鳴器に基づいて計算した「オ(o)」と「ウ(ɯ)」の波形と音響スペクトル

$$y = \sum^n R_a^{\frac{1}{2}} I_{3n} \sin(n\omega t + \theta_{I_3} + \theta_e)$$

が得られる．

　図 50 の右図は，上から順に，声門下圧の音響スペクトル，ア(a)の I_3 曲線，$R_a^{\frac{1}{2}}$ 曲線，放射音の音響スペクトルを示している．左下の図は，声の高さを 167 Hz に固定したときに成分音から合成した母音ア(a)の音声波形である．図 51 は，同じ方法で計算したオ(o)とウ(ɯ)の音響スペクトルと音声波形である．

30. イ(i)とエ(e)の生成過程

　イ(i)とエ(e)の場合，声道を二重共鳴器とみなすことができないので，便宜上，これらの母音の声道形状に類似し，単純化した形の管を用いて，その動作を検討した．このようにして単純な音響管の理論に基づいて計算した共鳴曲線は，実際の母音波形と比較して，声道の共鳴曲線とほぼ一致することが判明した．これは，このように単純化した場合のみならず，単純化した管から得られる波形，強さ，共鳴曲線などの種々の結果が妥当であることを意味している．

　イ(i)とエ(e)の発音では，口蓋と前舌の間に太さのほぼ均一な通路があり，咽

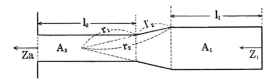

図52 「エ(e)」の声道模型

頭腔は広く均一な太さである．したがって，口腔と咽頭腔にそれぞれ相当する細い管と太い管を円錐形の管で接続すれば，イ(i)またはエ(e)の声道模型が得られる．

図52は，エ(e)の声道模型を示したものである．左端は口唇開口部に対応し，右端は咽頭腔の底部に相当する．イ(i)の場合は，エ(e)と比較して，前室(口腔)が狭くて短く，後室(咽頭腔)は広くて長い．

もし前室の断面積が A_3 で，開口部が半径 a_3 の円ならば，放射インピーダンスは，

$$Z_a = R_a + jX_a = \rho c/A_3 \cdot (r_a + jx_a)$$

となる．r_a と x_a は前節(69〜70, 73ページ)の式から算出される．開口部は十分に小さいので，イ(i)やエ(e)の場合，3000 Hz 以下では展開式の最初の2項を用いて，

$$r_a = \frac{k^2 a_3^2}{2} - \frac{k^4 a_3^4}{2^2 \cdot 3} \quad および \quad x_a = \frac{8}{3\pi} ka_3 - \frac{32}{3^2 \cdot 5\pi} k^3 a_3^3$$

とすれば十分である．しかし，実際の口腔は厳密には太さの均一な管とみなすことはできず，開口部の近くで左右の外側に広がっている．この形状は減衰定数に影響を与えるため，r_a と x_a には若干の修正を加える必要がある．ここでは便宜上，管は面積 A_3'，半径 a_3' の円形の開口端に向けて急に広がっているものとみなすことにする．この外向きに広がる管では，開口端(半径 a_3')とその付近(半径 a_3)におけるインピーダンスはほぼ等しいと仮定するので，

$$Z_a = \rho c/A_3' \cdot (r_a' + jx_a') = \rho c/A_3 \cdot (r_a + jx_a)$$

である．このようにして，外向きに広がる管の r_a と x_a は，半径 a_3 の均一な太さの管の r_a や x_a と比較することができる．したがって，

$$r_a = \frac{A_3}{A_3'} r_a' = \frac{\pi a_3^2}{\pi a_3'^2} \left[\frac{k^2 a_3'^2}{2} - \frac{k^4 a_3'^4}{2^2 \cdot 3} \right] = \frac{k^2 a_3^2}{2} - \frac{k^4 a_3'^2 \cdot a_3^2}{2^2 \cdot 3}$$

同様に，

$$x_a = \frac{8}{3\pi} k\left(\frac{a_3}{a'_3}\right)a_3 - \frac{32}{3^2 \cdot 5\pi} k^3 a_3{}^2 a'_3$$

となる．つまり，管の端が外向きに広がっていれば，r_a の値はほとんど変わらないが，x_a はおよそ a_3/a'_3 の比率で減少することになる．

l_1 と l_3 はそれぞれ，咽頭腔と口腔に相当する 2 本の管の長さを表すこととする．r_1 と r_2 は円錐管の頂点から二つの端までの距離を示し，$r_2 - r_1$ は l'_2 で表される．

もし，

$$P = -\frac{\sin kl_1 \sin kl'_2}{kr_2} + \sin k(l_1 + l'_2)$$

$$Q = -\frac{\sin kl_1 \sin kl'_2}{k^2 r_1 r_2} + \frac{\sin k(l_1 + l'_2)}{kr_1} - \frac{\sin kl_1 \cos kl'_2}{kr_2} + \cos k(l_1 + l'_2)$$

$$P' = -\frac{\cos kl_1 \sin kl'_2}{kr_2} + \cos k(l_1 + l'_2)$$

$$Q' = \frac{\cos kl_1 \sin kl'_2}{k^2 r_1 r_2} - \frac{\cos k(l_1 + l'_2)}{kr_1} + \frac{\cos kl_1 \cos kl'_2}{kr_2} + \sin k(l_1 + l'_2)$$

とすれば，管の右端（咽頭腔の底部に相当）における音響インピーダンス（Z）は，

$$\frac{\rho c}{A_1} \frac{r_a(\cos kl_3 Q - \sin kl_3 P) + j\{x_a(\cos kl_3 Q - \sin kl_3 P) + (\cos kl_3 P + \sin kl_3 Q)\}}{(\cos kl_3 P' - \sin kl_3 Q') - x_a(\cos kl_3 Q' + \sin kl_3 P') + jr_a(\cos kl_3 Q' + \sin kl_3 P')}$$

となる．さらに，式を簡単にするために，

$$C = \cos kl_3 Q - \sin kl_3 P$$

$$S = \cos kl_3 P + \sin kl_3 Q$$

$$C' = \cos kl_3 P' - \sin kl_3 Q'$$

$$S' = \cos kl_3 Q' + \sin kl_3 P'$$

とする．R と X がそれぞれ抵抗とリアクタンスとすれば，

$$Z = R + jX = \frac{\rho c}{A_1} \cdot \frac{r_a C + j(x_a C + S)}{(C' - x_a S') + jr_a S'}$$

$$R = \frac{\rho c}{A_1} \cdot \frac{r_a}{(C' - x_a S')^2 + r_a{}^2 S'^2}$$

$$X = \frac{\rho c}{A_1} \cdot \frac{C'S + x_a(CC' - SS') - (x_a{}^2 + r_a{}^2)CS'}{(C' - x_a S')^2 + r_a{}^2 S'^2}$$

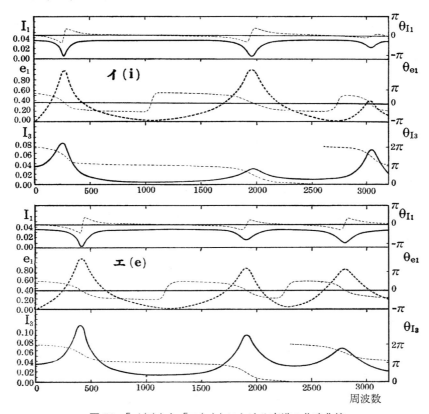

図 53 「イ(i)」と「エ(e)」における声道の共鳴曲線

を得る．R_1 を声門における抵抗，e_0 を気管内の圧力とする．これより声門流は，

$$I_1 = \frac{e_0}{\sqrt{(R+R_1)^2 + X^2}}, \quad \theta_{I_1} = \tan^{-1}\frac{-X}{R_1+R}$$

と表される．共鳴器の基部における圧力(e_1)と開口部における体積流(I_3)は I_1 から，次の関係によって得られる．

$$e_1 = I_1\sqrt{R^2 + X^2}, \quad \theta_{e_1} = \theta_{I_1} + \tan^{-1}(X/R);$$

$$I_3 = I_1\frac{1}{\sqrt{(C' - x_aS')^2 + r_a^2S'^2}} = I_1\sqrt{\frac{R}{R_a}},$$

$$\theta_{I_3} = \theta_{I_1} - \tan^{-1}\frac{r_aS'}{C' - x_aS'}$$

30. イ(i)とエ(e)の生成過程

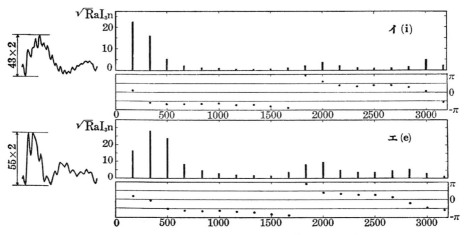

図 54 複合音響管の理論に基づいて計算した「イ(i)」と「エ(e)」の音声波形と音響スペクトル

ただし，
$$R_a = \rho c / A_3 \cdot r_a$$
である．

図 53 は，
$$\rho = 0.00112 \text{ g/cm}^3, \quad c = 35600 \text{ cm/sec}, \quad R_1 = 29 \text{ g/cm}^4 \text{ sec}$$
の条件において，上記の式から I_1 と e_1 と I_3 の値を計算して得られた結果を表している．

声道の大きさは以下のとおりである．

イ(i): $l_1 = 7.7$ cm, $l_3 = 4.8$ cm, $r_1 = 1.32$ cm,
$r_2 = 3.84$ cm, $l'_2 = 2.52$ cm, $A_1 = 8.03$ cm^2, $A_3 = 0.95$ cm^2,
$a_3 = 0.55$ cm, $a'_3 = 0.88$ cm

エ(e): $l_1 = 6.0$ cm, $l_3 = 6.5$ cm, $r_1 = 3.87$ cm,
$r_2 = 6.24$ cm, $l'_2 = 2.37$ cm, $A_1 = 6.6$ cm^2, $A_3 = 2.55$ cm^2,
$a_3 = 0.90$ cm, $a'_3 = 1.26$ cm

I_3 曲線についてイ(i)とエ(e)を比べると，共鳴周波数はイ(i)では 250 Hz，1950 Hz，3040 Hz であり，エ(e)では 410 Hz，1910 Hz，2780 Hz である．一方，イ(i)では，第 3 共鳴が第 2 共鳴より強いが，エ(e)ではこの関係が逆になる．このように，図 53 の曲線は，この二つの母音の特性を表している．

図54は，声門下圧がア($\mathbf{a}$)，オ($\mathbf{o}$)，ウ($\mathbf{u}$)と同じであるという条件のもとで I_3 曲線と θ_{I_3} 曲線から算出したイ($\mathbf{i}$)とエ($\mathbf{e}$)の音声波形と音響スペクトルである．

31. 母音の音声勢力

上記の理論の厳密さを検証するもう一つの方法は，実際の母音のエネルギーとこの理論に基づいて計算した母音のエネルギーを比較することである．

開口部から放射される母音の第 n 部分音(W_n)のエネルギーは1秒あたり $\frac{1}{2} R_a I_{3n}^2$ であり，母音の波形の計算について定めた $R_a^{\frac{1}{2}} I_{3n}$ から直接求めることができる．表 I は，イ($\mathbf{i}$)とエ($\mathbf{e}$)については第19番目までの W_n の値を示したものである．母音のエネルギーは，これらの部分音のもつ総エネルギーである．したがって，イ($\mathbf{i}$)，エ($\mathbf{e}$)，ア($\mathbf{a}$)，オ($\mathbf{o}$)，ウ($\mathbf{u}$)のエネルギーの値はそれぞれ，44.1, 106.6, 219.0, 186.4, 93.3 μW[32]（10 erg/sec = 1 μW）となる．表 II は，1人の話者が発音した英語母音の音声勢力[33]（注41）をサシアとベック Sacia-Beck が測定[34]した結果である．計算値が 44.1〜219 であったのに対し，サシアとベックの観測では，母音の平均値は 20〜45 で，最大値は 50〜120 である．したがって，計算値は，観測値よりやや大きい．しかし，計算に使われた声門下圧の値と音声勢力の測定時に使われた声門下圧の値の違いや，計算に使われた声門抵抗が比較的小さいことなどを考慮に入れると，上記の二つの値はかなり近いといってよいであろう．

32. 声道共鳴器のいくつかの特性

図55は，5母音の声道を模式的に示したものである．それぞれの図において，左端は口の開口部に相当し，右端は咽頭の底部に相当する．イ($\mathbf{i}$)とエ($\mathbf{e}$)の声道形状についてはすでに述べたので，ここではその他の3母音について説明する．

---

[32] 話者の口から1m離れた場所における，r.m.s. で表した母音の音圧は，これらの値からそれぞれ，0.38, 0.59, 0.84, 0.80, 0.55 dynes/cm^2 と計算される．
[33] 勢力(power)という用語は，時間あたりのエネルギーの移動量を意味し，一般に W(watt) の単位で表されている．
[34] 彼らは，普通の会話時あるいは単独の発音において，これらの音の強さを測定した．
[35] H. Fletcher: *Speech and Hearing*, p.71.

表 I 日本語母音における音声勢力の計算値 (erg/sec)

部分音番号	周波数	イ(i)	エ(e)	ア(a)	オ(o)	ウ(ɯ)
1	167	258.5	138	117	135	146.8
2	333	126	414	129	249	382.5
3	500	16.05	295	258	1110	314.5
4	667	3.03	40.0	387	237	38.0
5	833	1.31	11.9	555	68.0	12.25
6	1000	0.61	5.03	365	43.3	5.75
7	1167	0.34	2.83	338	19.2	4.56
8	1333	0.26	2.22	36.4	1.95	26.3
9	1500	0.32	2.25	3.18	0.26	1.87
10	1667	0.87	8.43	1.10	0.09	0.25
11	1833	2.45	37.2	0.27	0.04	0.05
12	2000	8.15	46.1	0.15	0.02	0.02
13	2167	2.15	13.1			
14	2333	0.99	7.73			
15	2500	0.74	8.20			
16	2667	0.63	12.15			
17	2833	1.63	15.55			
18	3000	14.05	4.37			
19	3167	2.98	1.68			
合計		441.06	1065.74	2190.1	1863.86	932.85

表 II 英語母音の音声勢力 (μW)

(サシアとベックより)[35]

音韻	語例	音声勢力 平均	音声勢力 最大
ē	team	20	80
i	tip	20	50
a	tape	23	60
e	ten	22	90
á	tap	25	90
a	top	41	120
o	ton	24	110
ó	talk	45	120
ō	tone	25	80
u	took	26	100
ū	tool	23	60

86／第 7 章　共鳴器としての声道

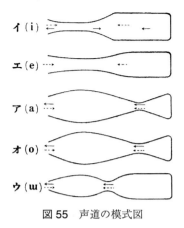

図 55　声道の模式図

ア(a)は，大きい口腔と小さい咽頭腔，大きな口の開きと細い狭窄部によって特徴づけられる．オ(o)では，口腔は大きく，唇の丸めがあり，咽頭腔はア(a)の形に近く，口の開きは小さい．ウ(ɯ)では，口腔は小さく，咽頭腔は若干大きく，開口部も狭窄部もあまり広くない．

ア(a)とオ(o)とウ(ɯ)では，1400 Hz 以下に二つの共鳴周波数があり，イ(i)とエ(e)では，2000 Hz 以下に二つの共鳴周波数がある(注42)．この二つのうち，第 1 共鳴は，ア(a)やオ(o)やウ(ɯ)の図で実線の矢印で示されるように，開口部と狭窄部にある空気が同じ方向に往復し，二つの容器の中の空気がほとんど同時に圧縮・膨張するときに生じる．（図 55 中の矢印は，空気が流出する方向のみを示し，逆向きの流れを示す矢印はこの図からは省略している．）

イ(i)においても，第 1 共鳴周波数では，口腔に相当する細管内の空気はピストンのように左右に動き，咽頭腔内の空気はほぼ均一に圧縮・膨張する．エ(e)の場合には，空気が運動する部分と，そうでない部分との間に明瞭な境界線を引くことはできないが，イ(i)の場合と同様に，空気は開口部に近づくにつれて顕著に運動するので，この結果，圧力は咽頭腔の底に近づくほど高くなる．ウ(ɯ)の場合，i_2(図 49 参照)が第 1 共鳴において極めて小さいという事実からわかるように，口腔内の空気量はわずかしか変化しない．つまり，口腔内の空気は，一体となってピストン運動を行うのである．

ア(a)，オ(o)，ウ(ɯ)の場合，第 2 共鳴周波数は，開口部と狭窄部で空気が点線の矢印のように逆方向に動いて，口腔および咽頭腔内の空気が交互に圧

縮・膨張するときに生じる．同様の現象がエ(e)についてもあてはまる．イ(i)の場合には，声道内の空気は点線の矢印の方向，つまり逆方向に動き，口腔の後端(口腔が急に広がる部分)と咽頭腔の下部の空気が圧縮・膨張する．

第3共鳴周波数については，イ(i)では，空気は実線の矢印の方向，すなわち逆方向に動く．口腔内の中央にある空気は圧縮・膨張し，その部分を挟んだ両側の空気は互いに逆方向に動く．

つぎに，前室と後室の長さがそれぞれ 2:1, 1:2, 1:1.5, 1.5:1 の比率をもつ複合管共鳴器(1), (2), (3), (4)について考える(図56)．(1)と(2)の共鳴器では，第2共鳴における最大の圧力と最大の体積流の位置は，それぞれPの文字と矢印で示すとおりである．まず，共鳴器(1)の場合，P_1 の位置での圧力が定まれば，Cにおける体積流も決まり，したがって P_2 の圧力を求めることができる．しかし，前室は後室に比べて細く，Cにおける体積流は二つの部屋に共通なので，P_1 の圧力に比べて P_2 の圧力が高くなる．一方，共鳴器(2)の場合は，P_1 と P_2 における圧力は等しい．したがって，共鳴器(1)と(2)の底(P_1)[36]における圧力が等しいならば，共鳴器(1)の P_2 の圧力は，共鳴器(2)の P_2 の圧力より大きく，さらに共鳴器(1)は共鳴器(2)に比べて口唇開口部における体積流も大きい．第2共鳴がエ(e)では強くイ(i)では弱いのは，エ(e)とイ(i)の声道がそれぞれ共鳴器(1)と(2)に似ているからである．

共鳴器(3)と(4)では，第3共鳴において圧力および体積流が最大になる位置をPの記号と矢印で示している．いずれの場合も，P_2 の圧力は P_1 の圧力に等しいが，共鳴器(3)のDにおける体積流は共鳴器(4)に比べて大きい．したがって，P_3 における圧力および開口部における体積流は，共鳴器(3)の方がより大きいといえる．第3共鳴がイ(i)で強くエ(e)で弱いのは，イ(i)とエ(e)の声道がそれぞれ共鳴器(3)と(4)に似ているからである．

図55から明らかなように，ウ(ɯ)の咽頭腔は，ア(a)やオ(o)の咽頭腔に比べて大きい．したがって，仮に口腔の相違を考慮しないならば，これらの三つの母音で咽頭腔内の圧力が等しい場合，狭窄部における体積流(図45中の I_2)

---

[36] 咽頭腔の底における圧力は e_1 で表され，この場所での(開口部に向けての)インピーダンスは Z，声門における抵抗は R_1，声門下圧は e_0 によりそれぞれ表される．したがって，

$$e_1 = \frac{Z}{Z + R_1} e_0$$

となる．共鳴が生じている間，Z は多くの場合 R_1 より十分に大きいので，e_1 は e_0 に近づく．したがって，声道共鳴器に関するかぎり，e_0 の値が固定ならば，e_1 はほとんど変化しないと考えられる．

88／第7章　共鳴器としての声道

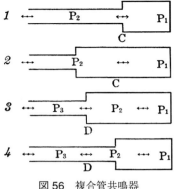

図 56　複合管共鳴器

はウ(u)で最大となる．したがって，口腔の共鳴周波数の近くでは，口腔内の圧力も開口部における体積流も大きいといえる．これより，ウ(u)において第2共鳴が大きい理由を説明できる（図47, 48, 49 参照）．

　この母音では口腔の前方開口部は後方開口部（狭窄部分）よりも若干狭いので，前室（口腔）を後ろから励振する咽頭腔内の圧力によって一種の直列共鳴が生じ，咽頭腔の圧力が比較的低いにもかかわらず体積流 I_2 は大きくなる．

　一方，オ(o)の第2共鳴についてみると，口腔が大きいために，狭窄部における I_2 がかなり大きくても，口腔内の圧力 e_2 はあまり大きくない．さらに，口の開きが小さいので，開口部における体積流（I_3）は，圧力に比べて小さいことがわかる．したがって，オ(o)の第2共鳴は弱まる．咽頭腔が小さいため，e_1 が最大であるとき（つまり，声門下圧 e_0 に等しいとき）でも，I_2 は大きくなることがない．

　ア(a)では，口の開きが大きいので，開口部における体積流（I_3）は，狭窄部における体積流（I_2）よりもはるかに大きい．したがって，たとえ I_2 が小さくても，ヘルムホルツ共鳴器を音の発信器として用いる際と同様に I_3 は大きくなる．ア(a)の第2共鳴が強い理由は，このためである．

　ア(a)，オ(o)，ウ(u)の場合，それぞれの第2共鳴周波数が 1100 Hz，830 Hz，1260 Hz であるときには，i_1 と e_1 は最小値をとる（図47, 48, 49）．つまり，咽頭腔内の圧力はほとんど0まで下がる．これは，咽頭腔内の圧力変化に対し，口腔は何ら応答しないことを意味している．上記の周波数は，口腔が咽頭腔から分離しているとみなしうる場合に生じる「直列共鳴」の周波数である．口腔と

咽頭腔とを含めた声道共鳴器については，第 2 共鳴は咽頭腔の壁の硬さによる影響をうけるため，その共鳴周波数は口腔の「直列共鳴」周波数より高くなる．すなわち，前述のように，ア(a)では 1220 Hz，オ(o)では 1160 Hz，ウ(ɯ)では 1390 Hz となる．

ア(a)，オ(o)，ウ(ɯ)における I_2 は，それぞれの周波数が 1000 Hz, 600 Hz, 850 Hz であるときに最小となる．これは，狭窄部における口腔内インピーダンスが最大であることを意味している．上記の周波数は，口腔の「並列共鳴」周波数に相当する．

母音の二つの共鳴は，それぞれ咽頭と口腔に起因するといわれることがある．しかし，共鳴曲線から明らかなように，咽頭腔と口腔の内部圧力は，二つの共鳴周波数でかならず同時に最大になる．したがって，口腔がある周波数で共鳴し，咽頭腔が別の周波数で共鳴するということは決してなく，そのような部分共鳴は起こりえないのである．しかし，ある周波数で共鳴が生じるには，ある特定の管腔を要することも事実である．たとえば，ア(a)とウ(ɯ)の第 2 共鳴およびイ(i)の第 3 共鳴は，「口腔の共鳴」とみなすことができる．同様に，オ(o)の第 1 共鳴には広い口腔と小さい開口部が必要であることも指摘しておかなくてはならない．

図 47, 48, 49, 53 の θ_{I_3} 曲線から明らかなように，第 2 共鳴における I_3 の位相は，第 1，第 3 共鳴の位相に比べ，π だけ移動している．したがって，母音にみられる第 2 共鳴周波数の減衰振動波形は，第 1 または第 3 共鳴周波数の波形とは逆向きに増減することがわかる．

二つの隣り合う共鳴周波数が，図 57 の F_2 と F_3 のように互いに近づく場合，共鳴周波数をもつ部分音(第 10 番目と第 12 番目)の位相は互いに π だけ移動しており，これらの部分音は他の弱い部分音とともに，増強し減衰する紡錘型の波形として合成される．図 57 の左下は，第 7 番目から第 15 番目までの部分音を合成した波形を示している．この波形は増強と減衰を 2 回繰り返しているが，これは F_2 と F_3 との差が，基本音の周波数の 2 倍であることを意味している．もしこの差が基本音の周波数と等しいかそれ以下の場合には，波形には増強と減衰が 1 回だけ生じる．高い周波数の波が増幅と減衰を 2 回繰り返す波形は特にイ(i)とエ(e)でしばしば見られる．富田 Tomita[注43]は，振動の方向が反対で周波数がわずかに異なる二つの減衰波形は，紡錘型の波形として合成さ

90／第 7 章　共鳴器としての声道

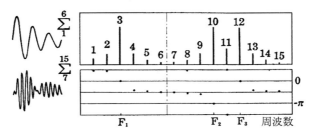

図 57　二つの隣り合う共鳴によるうなり振動の例

れ，その波形は単なる減衰波形よりもイ(i)に見られる高い周波数の波形の特徴をよく表すことを指摘した．さらに，もし構成成分の減衰振動が同じ方向をもつならば，このようにして生じるうなり振動(注44)は，減衰ののちに増強し，再び減衰する波形となることを示した．

図 57 では，第 10 および第 12 部分音で振幅が大きい．これらの部分音によるうなり振動は，増強し減衰する紡錘型波形を作る上で不可欠である．したがって，たとえ第 11 部分音の振幅がこれらの部分音の振幅より 2 倍以上大きくなったとしても，位相的関係が変わらないかぎり，波形には極端な変化を生じない．その場合は，第 11 部分音の振幅が小さい場合に比べて，波形の後半部分の振幅が前半部分より小さくなるだけである．

33．壁の影響

母音の韻質が共鳴器としての声道の壁の軟らかさによって何らかの影響を受けるか否かという問題はこれまでしばしば論じられてきた．ラッセル Russell[37]のような極端な見解，つまり喉頭から唇に至る通路の壁の軟らかさが母音の質を決める上で最も本質的であるという主張は別として，壁の軟らかさが(1)自然周波数，(2)減衰係数，および(3)音色に何らかの影響を及ぼすか否かについては，いまだに意見の一致をみていない．

まず，壁の性質と自然周波数との関係については，ミラー Miller[38]の実験が知られている．この実験では，亜鉛板(厚さ 0.5 mm)でできた二重の壁をもつオ

---

[37]　G. O. Russell: *Speech and Voice*, 1931, p.52.
[38]　D. C. Miller: *Science of Musical Sounds*, 1926, p.180.

ルガンパイプを用い，壁のすき間に少しずつ水を注入した．水が満たされるにつれて，パイプのピッチは徐々に上昇し，その後下降することが確認され，壁が水で完全に満たされたときのピッチは，二重壁が空だったときのピッチに比べて半音だけ低くなることが判明した．

　J. C. コットン Cotton[39]は一つの実験を行い，肉片または湿った綿布でできた円筒（長さ 14 cm，内径 1.9 cm，壁の厚さ 1.8 cm）の共鳴曲線と，同じ大きさの粘土でできた円筒の共鳴曲線が大きく異なることを見出した．

　しかし，この実験には，次の三つの欠陥があったといえる．
　(1) 音源に使われた音自体に強い共鳴があったこと．
　(2) 円筒共鳴器と音源との結合が強かったこと．
　(3) 軟らかい壁の円筒は形が変化しやすかったこと．

　したがって，コットンの実験は，壁の軟らかさによる効果に関する基礎検討としては十分ではない．

　われわれは，寒天，厚紙，および粘土でできた 3 種類の円筒を用いて同じ方法で実験を行った．しかし，コットンの実験結果とは異なり，これらの三つの円筒の間には壁の効果による著しい相違は認められなかった．

　われわれの実験で用いた音源は，円筒形の鉛の箱に似たもので，その上部に音を放射するための小孔を設けてある[40]．この鉛の箱に取り付けた円筒の開口部から出る音の振幅と，鉛の箱の小孔から出る音の振幅との比率，つまり円筒の増幅率を，種々の高さの純音で測定した．このときに，音源あるいは音源に接続した円筒の開口部からマイクロフォンまでの距離を一定に保った．図 58 は，このようにして得られた共鳴曲線を示している．3 種類の円筒は，いずれも内径は 2.9 cm，壁の厚さは 1.3 cm であった．粘土，寒天，厚紙の円筒の長さはそれぞれ，10.0 cm，9.9 cm，10.0 cm で，これらの円筒を測定したときの室内の温度はそれぞれ 14.5°，13.5° および 13.5°C であった．

　図 58 に共鳴曲線を示した寒天の円筒は，5.0 g の寒天と 165 g の水からできている．円筒の形がくずれない程度の硬さがある場合には，ほとんど同じ結果が得られた．

---

[39] J. C. Cotton: *Resonance in Soft-Walled Cylinders*, J. Acoust. Soc. Am., **5**, 1934, p.208.
[40] 124 ページの「喉頭音発生器」を参照のこと．

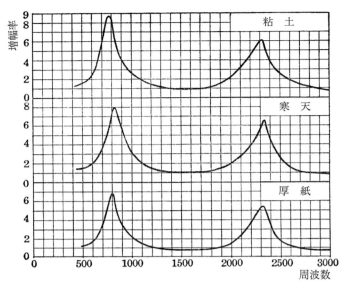

図58　3種類の共鳴器の共鳴曲線

厚紙の円筒の壁は，他の厚い壁の円筒と同じ形になるように二重にした．内側の壁は厚さ 0.080 cm，重さ 0.0524 g/cm² の厚紙で，外側の壁は厚さ 0.092 cm，重さ 0.0627 g/cm² の厚紙でできている．この円筒の総重量は 21.2 g である．

第 1 自然周波数と第 2 自然周波数の理論値および実験値をそれぞれ次の表に示してある．N_{E1} および N_{E2} は図 58 の共鳴曲線から測定した実験値である．N_{T1} と N_{T2} は，理想的な硬性円筒の理論値を示している．これらのうち低い方は，半径の 0.82 倍の開口端補正[注45]を施して(つまりフランジがとりつけられている状態で)計算したもの，高い方は半径の 0.6 倍の開口端補正を施して(つまりフランジがない状態で)計算したものである．

円筒の材質	N_{E1}	N_{T1}	N_{E2}	N_{T2}
粘土	770	762　785	2320	2280　2350
寒天	830	768　791	2340	2300　2370
厚紙	800	762　784	2320	2280　2350

この表は，粘土の場合，第 1 自然周波数の実験値(N_{E1})が理論値(N_{T1})とほぼ一致し，厚紙の場合ではわずかに高く，寒天の場合ではさらに高いことを示している．第 2 自然周波数については，開口端補正を半径の 0.69 倍と仮定する

と，理論値と実験値はいずれの場合にも一致する．これより，軟らかい壁をもつ円筒の第 1 自然周波数は，形と大きさの等しい硬い壁をもつ円筒の第 1 自然周波数よりもやや高いが，第 2 自然周波数については，いずれの壁の場合でもほぼ等しいという結論が得られる．

寒天の円筒のもつ第 1 自然周波数が硬い壁の円筒のものよりも若干高くなることは，寒天の円筒壁自体が低い周波数で振動し，開口部が広がることと等しい効果をもたらすという事実によって説明できる．これに反して，高い周波数では，振動する空気量は著しく減少する．つまり，空気は壁の質量に比べて軽くなり，壁の振幅は減少し，その結果，寒天の円筒の自然周波数は硬い壁をもつ円筒の自然周波数に近くなるのである．

共鳴器の壁が壁として機能するには，まず第 1 に，共鳴器内の圧力変化に逆らって静止しつづけるだけの十分な剛性がなければならない．しかし，高い周波数では，壁の剛性が十分でなくても，その質量効果が十分に大きい．寒天の円筒がこの場合にあてはまる．厚紙の円筒壁は，軽いにもかかわらず，（円筒内の空気に比べて）剛性が高いために，厚紙の円筒の自然周波数は剛壁をもつ円筒の自然周波数に近いからである．

声道壁には硬い部分もあるが（硬口蓋と咽頭の後壁），寒天より軟らかい部分もある．しかし，そのような声道壁の軟らかい部分は，密度と質量（壁の厚みに比例する面積あたりの質量）がともに大きい．したがって，上述した寒天の円筒の実験から判断して，声道共鳴器の第 1 自然周波数は，形の等しい硬性共鳴器のものよりもやや高く，第 2 自然周波数は硬性共鳴器の自然周波数に等しいとみなして間違いはない．

ミラーの行った二重オルガンパイプの実験では，管の壁が軽いときの放射音が壁が重い場合よりも半音高くなることが示されたが，これはわれわれの実験結果と一致しているといえよう．

粘土でできた円筒の開口部から放射される音響エネルギーは，第 1 共鳴周波数では寒天でできた円筒の開口部から放射される音響エネルギーよりも大きい．しかし，第 2 共鳴周波数では，寒天の円筒から放射されるエネルギーは，粘土の円筒から放射されるエネルギーよりもわずかに大きく，厚紙から放射される音響エネルギーは，いずれの共鳴周波数においても，他の二つの円筒より小さい．寒天の円筒壁は，厚紙の円筒壁と比べて，吸収される音響エネルギーが少

ない．これは，「剛性と抵抗をもつ壁は，質量と抵抗をもつ壁よりも多くのエネルギーを吸収する」ことを指摘したモース Morse の研究[41]と一致する．したがって，声道壁は，開口部が極端に小さくないかぎり，わずかの音響エネルギーしか吸収しないと考えられる．

発話器官の壁の軟らかさについては，次の結論を導くことができる．

1. 声道の第1自然周波数は，形と大きさの等しい剛壁の共鳴器の第1自然周波数よりもやや高い．
2. 声道の壁の軟らかさのため，低い周波数では剛壁の共鳴器よりも放射音響パワーがわずかに弱い．
3. 開口部が極端に小さくないかぎり，壁による音響エネルギーの吸収に起因する減衰係数の増大はわずかである．
4. 要約するならば，声道壁の軟らかさは母音の韻質には大きな影響を及ぼさない．壁の軟らかさは声道の周波数特性にわずかに影響するのみであって，音色への影響もわずかである．母音の韻質を決定する上で重要な役割を果たすのは，声道の形と大きさである．

---

[41] P. M. Morse: *The Transmission of Sound inside Pipes*, J. Acoust. Soc. Am., **11**, 1939, p.205.

第8章

母音理論に関する2, 3の説明

34. 発音器および受音器としてのヘルムホルツ共鳴器

声門気流はパルス波と考えられるので,母音の放射波形は減衰振動の形をとる.このため,完全な誤りとはいわないまでも,母音は自由振動によって生じたものと受けとられやすい.しかし,振り子や電気回路を例として,この種の振動が強制振動の場合でも起こることを述べ,基本的には,共鳴すなわち強制振動が,共鳴器と音源が結合している場合でも,そうでない場合と同様に生じることを説明した.

しかし,この点について,たとえば図40に示すような並列共鳴回路の場合に R_1 の値が十分に大きく,回路 L-C-R_2 の状態にかかわらず電流 i_1 は不変であると仮定してきた.ところが,いくつかの声道の実験データに基づいて計算した声門気流 i_1 の結果にみられるように,この仮定は現実には適用できない.そこで,R_1 の値が十分に大きいとはいえない単純な共鳴器をとりあげることにしよう.

共鳴器の開口部のイナータンスを L,声道のキャパシティーを C,開口部と小孔における抵抗をそれぞれ R_2 と R_1,小孔にかかる圧力を e_0,開口部と小孔における電流をそれぞれ i_2 と i_1 で表すこととする.

図40の回路について計算する場合,共鳴器を音の発信器に用いるときに,開口部における電流 (i_2) は,

$$i_2 = \frac{e_0}{j\omega C R_1} \cdot \frac{1}{\left(R_2 + \dfrac{L}{CR_1}\right) + j\left(\omega L - \dfrac{1}{\omega C}\right) - \dfrac{j}{\omega C} \cdot \dfrac{R_2}{R_1}} \quad [42]$$

で表される.

開口部から放射される音圧(e)は$R_a^{\frac{1}{2}} i_2$に比例する．因数i_2は係数$1/f(\omega = 2\pi f)$を含んではいるが，$R_a^{\frac{1}{2}}$はおおむねfに比例するので，eは係数$1/f$を含まない．

次に，同じ共鳴器を音の受容器として用いる場合について考えよう．外界の音圧がe_0で表されるとき，$R_1(i_1')$を通る電流は前述のi_2と同じ式で表すことができる．すなわち，共鳴器を音の発信器として用いるときに小孔に加わる圧力と開口部における電流との関係は，共鳴器を音の受容器として用いるときの外界の音圧と小孔における電流との関係に等しい．

共鳴器を音の受容器として用いる場合，声道内の圧力は，

$$e_c = i_1' R_1 = \frac{e_0}{j\omega C} \cdot \frac{1}{\left(R + \dfrac{L}{CR_1}\right) + j\left(\omega L - \dfrac{1}{\omega C}\right) - \dfrac{j}{\omega C} \cdot \dfrac{R_2}{R_1}}$$

のように表される．したがって，e_c曲線はi_2と等しい形をとる．

これまでの単純な共鳴器に関する説明は，声道共鳴器にも適用することができる．これは次の実験から証明される．

声道の模型を喉頭音発生器にとりつけると，その声道の形に応じた母音が聞こえる．この場合，喉頭音がe_0，放射される母音がeである．一方，同じ共鳴器の底(声門に相当する位置)に耳を当てて喉頭音発生器から放射される音を聞くと，やはり同じ母音に聞こえる．この場合，喉頭音(e_0)は同一であるが，耳に加わる音圧はe_cであってeではない．eとe_cはよく似た周波数特性をもっているため，同じ母音として十分に知覚されうる．しかしながら，e_cは係数$1/f$を含んでおり，ピッチの上昇につれて弱まる．したがってe_cの場合，若干柔らかい音に聞こえる．

共鳴器の減衰定数は，R_1が十分に大きくない場合，R_2のみでなくR_1にも関連する．この減衰定数をλとすると，

$$\lambda = \frac{1}{2L}\left(R_2 + \frac{L}{CR_1}\right)$$

のようになる．声道についての推定値は，次のとおりである．

$$L = 1.74 \times 10^{-3}, \quad C = 5.64 \times 10^{-5}$$

---

[42] $R_2 \ll R_1$なので，$\dfrac{j}{\omega C} \cdot \dfrac{R_2}{R_1}$の項は通常無視することができる．

$$R_2 = 0.051, \quad R_1 = 100$$

これより，$\dfrac{R_2}{2L} = 14.7$ および $\dfrac{1}{2CR_1} = 88.6$ となり，R_1 を含む後の項は R_2 を含む前の項よりはるかに大きくなる．

R_1 によって生じる共鳴の鈍化は次の理由による．共鳴器が音の受容器として使われる場合，声道内の空気は R_1 を通って漏洩する．一方，共鳴器が音の発信器として使われる場合，声道内の圧力は共鳴周波数の近くで増大してその作動圧に近づく．その結果，R_1 より流出する電流 (i_1) が減少して i_2 のピークを低下させ，その結果，共鳴の鋭さが減少する．

後者，つまり音の発信器の場合には，

$$i_1 = \frac{e_0}{R_1} \cdot \frac{R_2 + j\left(\omega L - \dfrac{1}{\omega C}\right)}{\left(R_2 + \dfrac{L}{CR_1}\right) + j\left(\omega L - \dfrac{1}{\omega C}\right) - \dfrac{j}{\omega C} \cdot \dfrac{R_2}{R_1}}$$

となる．この共鳴周波数において，上記の L, C, R_1, R_2 の値を代入すると，

$$i_1 \fallingdotseq \frac{e_0}{R_1} \cdot \frac{R_2}{R_2 + \dfrac{L}{CR_1}} = \frac{e_0}{R_1} \cdot \frac{0.051}{0.051 + 0.309} = 0.142 \frac{e_0}{R_1} \quad \text{(注 46)}$$

となる．この $i_1 = \dfrac{e_0}{R_1}$ を共鳴周波数よりかなり離れた周波数で求めると，i_2 の共鳴のピークの高さは 0.142 倍に低下する．減衰が R_1 か R_2 のいずれによって引き起こされても本質的な相違は生じない．

35. 「調和」と「非調和」

母音がどのような部分音で構成されるかという問題について，期待される結果は，測定の方法と使用する装置の性質に大きく依存する．

たとえば，共鳴法によって音を検出する場合を仮定しよう．ある周期的な力 (音) が，少しずつ異なる自然周波数をもち，周波数の順に並んだ無数の振動体からなる音の検出器に作用したとする．いくつかの振動体に共鳴による振幅の増大が生じるならば，その作動力は，音に応答する振動体の自然周波数と同じ周波数の単弦力[注47]をもつと結論できる．

作動力に対する振動体の応答は，その振動体の共鳴の鋭さによって異なる．極めて鋭い共鳴をもつ振動体は，周期的な作動力の基本周波数と部分音にのみ応

答し，他の周波数の部分音（非調和的部分音）を含むことはない．たとえば，図 59A に示す周期的な力には 250 Hz の単弦力しか含まれていない．ところが，B に示す周期的な力には，250 Hz の部分音は含まれず，100 Hz の基本周波数のほかに 200, 300, 400, 500, … Hz の部分音をもつのみである[43]．

幅広い共鳴をもつ一連の振動体は，部分音の周波数だけではなく，隣り合う周波数にも応答する（図 60B, C, D）．振動体の共鳴の幅が非常に広いときには，振動体が調和的であるか非調和的であるかによる応答の違いはわずかであり，D に示すように最大の応答は 250 Hz に近づく．250 Hz の単弦力に対するこれら一連の振動体の応答によって作られるパタン[44]は，共鳴の鋭さの順に，図 60 の A', B', C', D' に示されている．

この図からわかるように，振動体の共鳴が鋭い場合，A と A' に示すように振動体の応答が異なる二つの音は，振動体の共振が幅広い場合には，D と D' に示すように互いによく似た応答パタンをもたらす．しかし，ここで，この二つの音は，一方が 100 Hz，他方が 250 Hz という異なる周波数をもっていることに注意しなければならない．

振動体が鋭い共鳴をもつ場合，振動体が力の作用を受けてから安定状態に到

---

[43] 図 34A の振り子のたとえでいえば，この波形は自然周波数が 250 Hz の振り子に 100 Hz の周期的で衝動的な力が加わったときに，バネの張力に生じる変化に相当する．この波形では，減衰は 0 であるので，R も 0 のはずである．したがって，バネの共鳴曲線は，

$$y = \frac{1}{j\omega C} \cdot \frac{e}{j\left(L\omega - \frac{1}{\omega C}\right)}$$

と表すことができる．ここで，$LC = 1/(2\pi \cdot 250)^2$ および $\omega = 2\pi f$ なので，

$$y = \frac{e'}{1 - \left(\frac{f}{250}\right)^2}$$

である．ただし e' は定数である．

部分音（図 60B）の振幅を求めるには，

$$f = 100, 200, 300, \cdots$$

を代入すればよい．

位相に関しては，

$$\varphi_1 = \varphi_2 = \frac{\pi}{2}$$

および，

$$\varphi_3 = \varphi_4 = \cdots = -\frac{\pi}{2}$$

である．

[44] 「パタン」という用語は，Fletcher の定義した意味で使っている．

35.「調和」と「非調和」／99

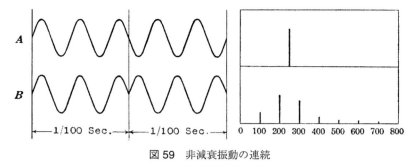

図59 非減衰振動の連続

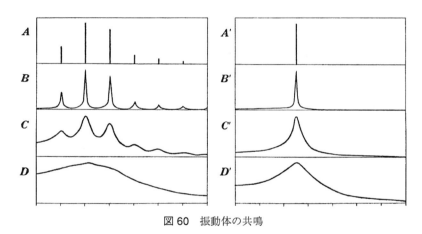

図60 振動体の共鳴

達するまでには相当の時間を要する．しかし，振動体の共鳴が幅広い場合には，振動の減衰が速く，振動体の応答パタンは作動力の変動に応じて変化し，作動力のパタンをほとんどそのまま反映する．

これまで，（ゆるやかに変化する力も含めて）定常状態にある力が振動体に加わる場合だけを扱ってきた．つぎに，作動力が過渡的な場合について例をあげて説明する．250 Hz の周波数をもつ減衰振動型の力（$F = e^{-\lambda t} \sin 2\pi \cdot 250 t$）が鋭い共鳴をもつ振動体に加わったとき，応答パタンは，作用する過渡的な力の減衰の程度に従って（すなわち減衰定数 λ の大きさの順に），図60 の A', B', C', D' に類似することがわかる．作動力の減衰がゆるやかであれば（あるいは，その力が安定した状態に近づくほど）応答パタンはより A' に近くなる．一方，作動力の減衰が速いほど（あるいは，過渡的性質が顕著なほど），応答パタンはより D'

に近くなる．

　ヘルムホルツ Helmholtz によれば，内耳は一連の共鳴器(すなわち振動体)からなり，そこに振動を検出する感覚神経が連絡している．外界からの音刺激があるとき，上述のような応答パタンが内耳の中に現れる．内耳の共鳴器の共鳴の鋭さについては，これまで種々の方法で測定されさまざまな結果が報告されてきたが，一般に，内耳の共鳴は，特に低い音でかなり幅が広いようである．

第三部

声道の計測と自然周波数の計算

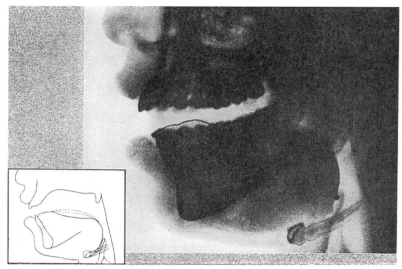

細い金鎖により示した舌の位置
(長さ 10.8 cm, 0.38 g の鎖)

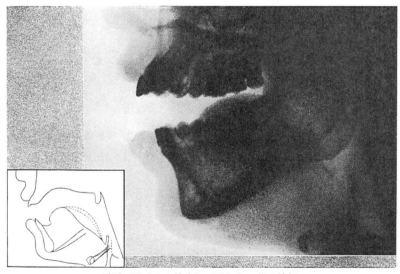

硫酸バリウムを塗布して示した口蓋の輪郭

図 61 声道の X 線写真

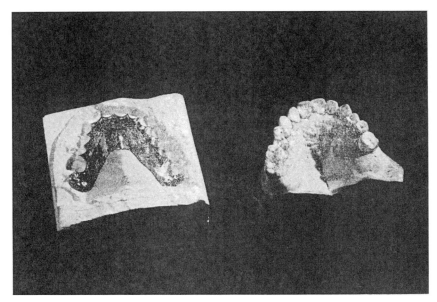

図62 人工口蓋:ポジティブとネガティブ

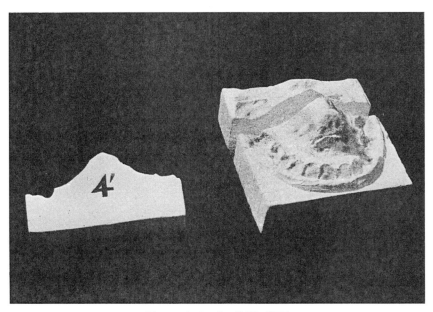

図63 人工口蓋の鋳型の断面

第9章

声道の計測

36. X線写真撮影

声道形状の計測にはX線写真撮影[注1]のデータが最も重要なものである．X線撮影装置の電流と電圧を適切に調整することにより，発音時の発話器官の鮮明な写真を記録することができる．声道の状態は，唇，口蓋，咽頭壁，舌，喉頭蓋，披裂軟骨，声帯などの発話器官の位置によって決定される．

細い金の鎖を舌の表面にのせることにより，舌の正中断面の輪郭が明瞭になる．この方法で，舌の左右の膨らみと正中面に沿う溝とを識別することもできる．図61中(左下)の小さい線画はX線写真のトレースである．この線画では，点線が舌の左右の膨らみの輪郭を表し，実線が舌の正中面の輪郭を示している．実線と点線の重なる箇所は，舌の正中がその左右と一致するかあるいはそれより膨らんでいる箇所である．

前舌母音あるいは前舌が硬口蓋に接近する子音などの音声を調べるには，硬口蓋の輪郭をできるかぎり正確に計測する必要がある．これには，口蓋の表面にスズ箔のリボンを張りつけるか硫酸バリウムを塗布すること(図61)などにより，口蓋表面と口蓋骨との距離を測る方法が最も適している．可動性の軟口蓋の輪郭は，器具の助けを借りずに撮影することができる．

1枚のX線写真から声道の正中断面，舌の左右の膨らみ，歯の輪郭などのトレースが完了したら，その図をもとの写真の約90%に縮小して[注2]実寸大とすればよい．

37. 口蓋図法(パラトグラフィ)

　薄い金属板でできた人工口蓋(図62参照)に粉末を塗布して口腔内に装着する．発音のあとにこの人工口蓋を取り外すと，舌に触れた部分がはっきりと写し出される．口蓋図[注3]はこのようにして記録することができる．しかし，口蓋の中空部分は深さと形にかなりの個人差があるので[1]，同じ音の発音でも，話者が異なれば必ずしも同じ口蓋図とはならない．したがって，異なる話者から求めた口蓋平面図は，音声の比較研究に用いるデータとして十分ではない．満足できる結果を得るためには，立体の口蓋図を作り，口腔の大きさを測る必要があるのである．

　この作業には，まず凹面の代わりに凸面をもった人工口蓋の鋳型を作る．この鋳型の作製には石膏を用いる(図62参照)．図64は，Bに口蓋平面図，CにX線写真による声道の正中断面図を示し，イ(i)の発音における口蓋，舌，咽頭腔の後壁などの輪郭を示している．口蓋に対して一定の角度をもつほぼ水平の「基準線」(図65)を定めたのち，前歯の位置から順に1cm間隔で基準線に直交

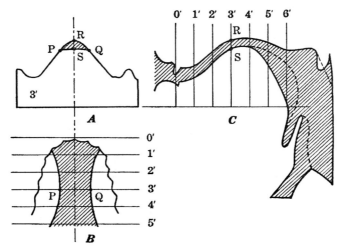

　　A. 人工口蓋鋳型の垂直断面　　B. 口蓋図　　C. 声道の正中断面
　　　　　　　　　　図64　立体口蓋図

---

　[1]　L. Kaiser: *The Shape of the Palate and Its Effect on Speech Sounds*, Proc. Second Intern. Congr. Phon. Sci., London, 1935, pp.22-27.

する声道の横断面を求める．口蓋図（図 64 B）にある水平の平行線は，この横断面が口蓋と交差する線を示しており，数字 1′, 2′, 3′, … はそれぞれの断面の番号である．図 63 は，人工口蓋の鋳型をこのような断面で切断したものの一つである．

声道の断面 3′ では，口腔上縁の輪郭線，つまり口蓋の輪郭線が描かれている．舌と口蓋が接触しない部分（図 64 A, B の P-Q の部分）は口蓋図より，また正中断面上の舌と口蓋との距離（図 64 A, C の R-S）は X 線写真より測定できる．すなわち，P, Q, R, S で囲まれた空間は断面 3′ における声道の大きさと形を表している．

硬口蓋の下方に位置する声道部分は，以上のようにして測定する．軟口蓋や口蓋垂の下方にあるその他の声道部分も同じ方法で計測できる．これは，軟口蓋の少なくとも硬口蓋に近い部分は比較的動きが少なく，口蓋垂も呼気が鼻腔を通過するときを除いてほぼ一定の形状を保っているからである．この軟口蓋の形状については，X 線写真の正中断面と鋳型の断面の計測によって確かめている．軟口蓋の形状は定規とコンパスを使って直接計測することもできる．断面 5′ と 6′ は軟口蓋の下方にある声道部分を示している．

38. 咽喉頭部の内視鏡観測

以上の方法によって口腔の状態が確かめられたので，次の作業は咽頭腔の計測である．発音時の咽頭腔の状態は X 線写真による側面の観察だけでなく，喉頭鏡あるいはフラトー Flatau の内視鏡を使って上方からも観察する必要がある．咽頭腔の後壁は，わずかに湾曲するほぼ平坦な面をなし，横幅はほぼ一定である（図 11）．ア(a)，オ(o)，ウ(ɯ)の発音においては，舌根部の表面は，喉頭蓋の上方では平坦で，下方ではやや湾曲している．そのため，咽頭腔を水平断面で輪切りにすると，ほぼ長方形もしくは長円形の形をした領域が求まり，その大きさと形は X 線によって比較的容易に計測できる．声帯の直上にある短い管腔である喉頭腔も同じ方法で計測できる．

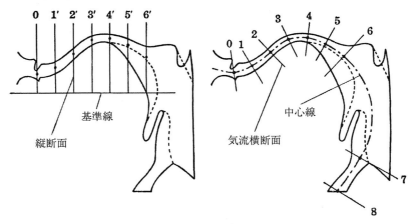

図 65 声道の 2 種類の断面

39. 声道に等価な共鳴器

声道の大きさと形を計測する方法は上述のとおりである.しかし,声道の自然周波数の計算は,声道形状が複雑であるために大変に難しい.この問題を解く一つの方法は,より単純な形状をもちながら実際の声道と音響学的に等価な管に変換することである.それにはまず,それぞれの縦断面の重心を通り,声帯から口腔の開口部へ向かう気流の方向に沿った 1 本の線を引く.これを「中心線」(図 65 参照)とよぶ.次に,重心を通り中心線に直交する平面によって口腔を分割して,別の連続断面を作る.この断面を「気流横断面」(注 4)とよび,「縦断面」と区別する(これらの断面の番号にはダッシュ($'$)をつけない).一つの縦断面の面積 A_C に,縦断面と気流横断面とのなす角度 ψ のコサインをとると,気流横断面,つまり気流に直交する断面の面積 $A_T (A_T = A_C \cos \psi)$ を求めることができる.図 68, 70, 72 などの図(右と下にある図)は,口腔の縦断面と,口唇と前歯とを通る気流横断面および咽頭腔の気流横断面を示している.縦断面の A_C と ψ の値および気流横断面の A_T の値はそれぞれの図の下に記している.

図 66 の左半では,縦軸に中心線に沿って計測した声道の長さを,横軸にはそれぞれの気流横断面の面積 A_T を示してある.この図では,咽頭腔の断面積は断面 6 と断面 7 の間でほぼ一様である.この二つの断面の間の断面積は,必要に応じて X 線写真や喉頭鏡を使って精密に調べることもできるが,等価共鳴器

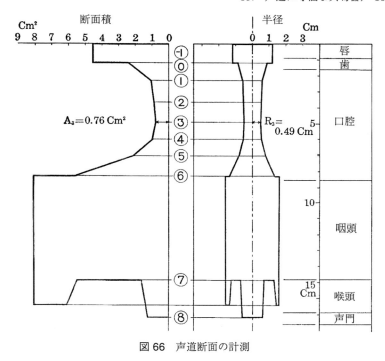

図66 声道断面の計測

を扱う場合にはこれ以上精密に計測する必要はない．断面6と断面7との間では断面積がほぼ一定なので，等価共鳴器の容積と長さは咽頭腔の容積と長さに一致する．図66の右半に示すものは，長さと断面積が声道に等しい丸い瓶の形をした模型の横断面である．このようにして等価の声道腔を作製すれば，声道の自然周波数を計算し，母音の作業モデルを作ることができる．声道を二重共鳴器あるいは複合管共鳴器とみなして5母音の共鳴曲線を計算するためのデータは，以上の方法で求めたものである．

第10章

声道と母音の特徴周波数との対応関係

40. 理想共鳴器の自然周波数

第二部では，共鳴器としての声道の一般的な振舞いについて述べた．ここで，さらに詳しく説明するならば，声道は複雑な形状をもつので，ヘルムホルツ共鳴器と均一な太さの管との中間の形をとることがある．このように，声道と理想共鳴器(ヘルムホルツ共鳴器もしくは均一な太さの管)とは形状が異なるため，声道の自然周波数を厳密な理論計算により求めることができない．したがって，それぞれの母音の声道形状を単純化した共鳴器を用いて近似計算した数値で満足しなければならない[2]．

以下に，声道の一部あるいは全体に対応する理想共鳴器(図67参照)における自然周波数すなわち共鳴周波数について考察する．

(A) 均一な太さの片開き管(「閉管」)の場合

第1(最低)自然振動の波長(λ_1)は，管の有効長(l')，つまり実際の長さlに開口端補正を加えたものの4倍の長さである．開口端補正は，開口端にフランジ[注5]があれば管の半径の0.82倍，フランジがなければ0.6倍である．周波数(n_1)は，音速(c)を波長で割ることにより求まる：

$$n_1 = \frac{c}{\lambda_1} = \frac{c}{4l'}$$

高次の自然周波数は，$n_2 = 3n_1, n_3 = 5n_1, n_4 = 7n_1, \cdots$である．

(B) 両開き管(「開管」)の場合

---

[2] 声道を単一音響管とみなす例(I)は，Helmholtzの *Sensations of Tone*, p.106. およびG. O. Russellの *Vowel*, p.172にみられ，二重共鳴器とみなす例(II)は，I. B. Crandallの *Dynamical Study of the Vowel Sounds*, Bell. Syst. Techn. J., **6**, 1927, pp.100-116にみられる．

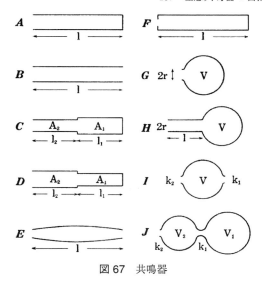

図 67 共鳴器

$$n_1 = \frac{c}{\lambda_1} = \frac{c}{2l'} \quad \text{および} \quad n_2 = 2n_1,\, n_3 = 3n_1,\, n_4 = 4n_1,\, \cdots$$

(C), (D) 太さが不均一な片開き管の場合

自然周波数(n)は次の方程式から計算できる(A_1 と A_2 は管の断面積):

$$\frac{A_2}{A_1} \cot \frac{2\pi}{c} n l_1 \cdot \cot \frac{2\pi}{c} n l'_2 - 1 = 0$$

管の両端,つまり開口端(C)と閉鎖端(D)のどちらが小さいかによって,この管の最低周波数が,同じ長さで均一な太さの管より低いか高いかが決まる:

$$n_{C_1} < \frac{c}{4l'} < n_{D_1}$$

高次の自然周波数については,逆の関係がみられることもある.

自然周波数を求める式において,l_1 と l_2 が互いに入れ替わっても差し支えない.たとえば,図 56 の中で,第 1 の管の l_1 と l_2 はそれぞれ第 2 の管の l_2 と l_1 に等しいので,二つの管は開口端補正の相違を無視すれば,同じ自然周波数をもつことがわかる.同様のことが第 3 と第 4 の管についてもいえる.

(E) 両端が徐々に細くなる管の場合

最も低い自然周波数は,同じ長さの均一な太さの管の場合よりもやや低い:

$$n_1 < \frac{c}{2l'}$$

逆に，両端がラッパ状に広がっている場合には，最低周波数はやや高くなる．

（F）小さい開口部をもつ管の場合

管の一部が他の部分より著しく小さくても，その部分が十分に短ければ，周波数は大きく低下することはない．この場合，n は次の式から計算される（K は開口部の音響的伝導率[注6]である）：

$$\frac{2\pi A}{Kc}n - \cot\frac{2\pi}{c}nl = 0$$

（G），（H），（I）大きな部屋と一つか二つの小さな開口部がある共鳴器の場合

上述の例では，自然振動の波長と共鳴器の（すなわち管の）長さとは同じ程度であった．しかしこの場合，波長は共鳴器の大きさを大幅に上回り，周波数は次の式のようになる：

$$n = \frac{c}{2\pi}\sqrt{\frac{K}{V}}$$

ここで，V は共鳴器の容積である．開口部の大きさと形によって，伝導率は次のようになる：

(G) の場合 $\cdots K = 2r$（r は開口部の半径）

(H) の場合 $\cdots K = \dfrac{\pi r^2}{l + \dfrac{1}{2}\pi r}$（$l$ は導管の長さ）

(I) の場合 $\cdots K = K_1 + K_2$（K_1 と K_2 はそれぞれの開口部の伝導率）

（J）二重共鳴器の場合

管の容積が一つの狭めによって二分されているときには，二つの自然周波数をもつ二重共鳴器とみなすことができる．その周波数は次の式より計算できる．ここで，K_1 と K_2 はそれぞれ狭窄部と開口部における伝導率を表す．V_1 と V_2 はそれぞれ後室と前室の容積を表す：

$$n^4 - n^2\left(\frac{c}{2\pi}\right)^2\left(\frac{K_1 + K_2}{V_2} + \frac{K_1}{V_1}\right) + \left(\frac{c}{2\pi}\right)^4\frac{K_1 K_2}{V_1 V_2} = 0^{[3]}$$

---

[3] Rayleigh: *Theory of Sound*, p.191.

41. イ(i)

イ(i)の発音では，前舌が上昇することにより，舌の左右が硬口蓋に接触して舌の正中にほぼ均一な幅の導管ができる．この導管の一端は口の外に向かって開き，もう一端は広い咽頭腔に向かって開く．図68(左上)はイ(i)の声道の正中断面を示す．この図の鎖線(·—·—·)は「中心線」を，点線は奥舌の左右の膨らみを表している．左中央は，X線写真撮影と同時に録音したイ(i)の音響スペ

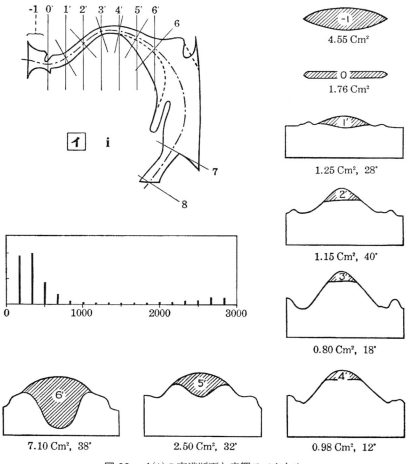

図68 イ(i)の声道断面と音響スペクトル

114／第 10 章　声道と母音の特徴周波数との対応関係

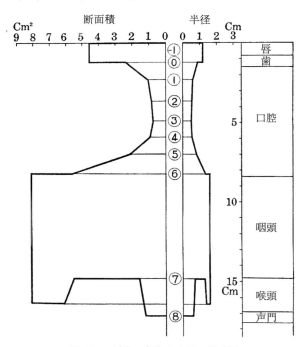

図 69　イ(i)の声道共鳴器の模式図

クトルである．図 69 の左側は，縦軸に「中心線」の長さを，横軸に断面積を示している．しかし，開口部については，実際の面積に形状係数(form factor)[4]を掛けたものが使われている．同図の右側は，等価共鳴器の縦断面の右半分を示している．

この声道のもつ最低自然周波数は，「首をもつ単一共鳴器」(図 67 H)の式で計算できる．人間の体温に等しく湿った空気中における音速は 35600 cm/sec である．導管の伝導率は，その大きさが完全には均一ではないため，レイリー Rayleigh の方程式[5]にしたがって図 69 から計算すると，0.17 cm となる．咽頭腔の容積は 63.5 cm^3 である．これは面積計(注7)を使って図 69 から簡単に求めることができる．

したがって，

---

［4］　楕円の開口部の伝導率は同じ面積をもつ円形の開口部の伝導率より大きい．楕円の離心率が著しく大きくないかぎり，両者の比は 1 に近い．Rayleigh: *Theory of Sound*, II, p.179.

$$n = \frac{c}{2\pi}\sqrt{\frac{K}{V}} = \frac{35600}{2 \times 3.14}\sqrt{\frac{0.17}{63.5}} = 290$$

となる.

口腔の導管の長さを 6.5 cm と仮定すると, 開口端補正を考慮して, 導管の周波数は以下で与えられる:

$$n' = \frac{c}{2l'} = \frac{35600}{2 \times 6.5} = 2700$$

上記の 290 Hz および 2700 Hz という自然周波数の値がこの母音の音響スペクトル (図 68) より求めた 280 Hz と 2800 Hz にかなり近いことは特記すべきである.

42. エ(e)

この母音の発音では, 前舌が硬口蓋に向かって上昇するが, イ(i) ほどは著しくない. 舌の左右は口蓋に触れ, 正中部の導管は比較的長く, 幅が広い. 一方, 咽頭腔の容積は比較的小さい (図 70, 71). この声道をイ(i) の場合と同様に単一共鳴器とみなすと, K と V はそれぞれ 0.29 cm と 43.0 cm^3 なので, 周波数は以下のように計算できる:

$$n = \frac{35600}{2 \times 3.14}\sqrt{\frac{0.29}{43.0}} = 461$$

しかし, エ(e) の発音で, 口腔 (導管) の容積は咽頭腔の容積と比べて十分に小さいとはいえないため, 声道は厳密な意味でのヘルムホルツ共鳴器とみなすことができない. そのため, 上式は自然周波数の最小値を意味する. すなわち,

$$n > 461$$

となる.

一方, 声道共鳴器を実効長 17 cm の閉管 (図 67) とみなせば, 最低自然周波数は,

---

[5] Rayleigh: *Theory of Sound*, II, p.184 の式 (1). A が導管の断面積を表し x の関数であるとき, 導管の伝導率は, $K \leq \dfrac{1}{\int A^{-1} dx}$ で表すことができる. A の逆数は図 69 より求まる. したがって積分値 $\int A^{-1} dx$ も求めることができる.

116／第 10 章　声道と母音の特徴周波数との対応関係

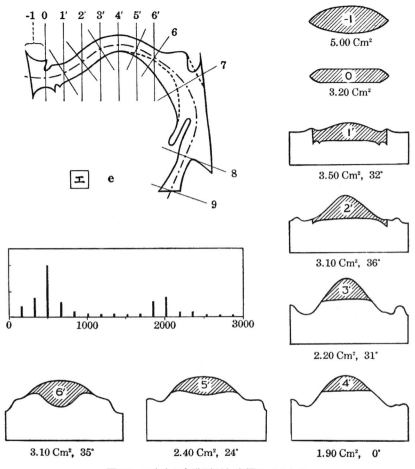

図70　エ(e)の声道断面と音響スペクトル

$$n = \frac{35600}{4 \times 17} = 530$$

となる．この値は n の最大値を表しており，したがってエ(e)の n は 461 Hz～530 Hz の間にある．

次に，イ(i)の場合と同様に，口腔の導管を開管と仮定し，長さを 8.5 cm とした場合，その周波数は，

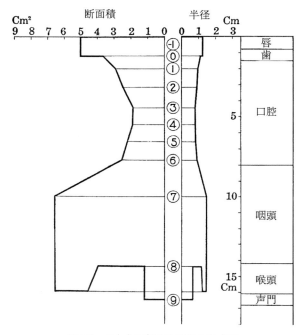

図 71 エ(e)の声道共鳴器の模式図

$$n' = \frac{35600}{2 \times 8.5} = 2100$$

である.一方,長さ 17 cm の閉管の第 2 自然周波数は,530 Hz × 3 = 1590 Hz となる.この値は n' の最小値を表しており,したがって声道の第 2 自然周波数は 2100 Hz と 1590 Hz の間にある.このようにして求めた n と n' の値は,音響スペクトルから得られた 500 Hz と 2000 Hz の値にかなり近い.

エ(e)とイ(i)における自然周波数の相違は,口腔の導管がイ(i)よりもエ(e)で長いことから n' が低くなり,また,エ(e)で咽頭腔の容積が小さく導管が大きいことから n が高くなることに起因している.

43. ア(a)

ア(a)の発音では,舌の上面はほぼ平坦に保たれ,奥舌は咽頭後壁に接近し

118／第 10 章　声道と母音の特徴周波数との対応関係

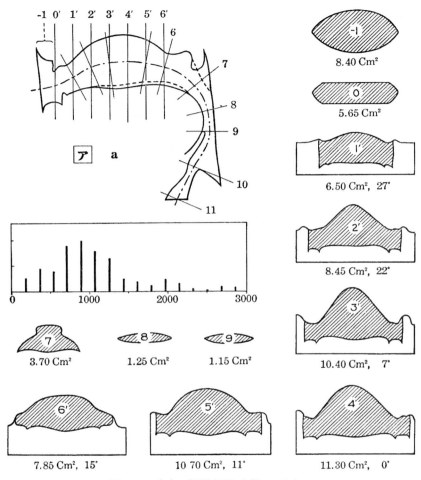

図 72　ア(a)の声道断面と音響スペクトル

て，口腔と声帯直上の小さい咽頭腔とを分離する（図 72, 73）．内視鏡により上方から観察すると，咽頭壁を形成する筋肉が左右から近づき，この狭窄部をさらに狭くしていることがわかる．この筋肉の動きは口の中を見ることによっても観察できる．

二重共鳴器の式で計算すると（$K_1=0.42$ cm，$K_2=2.5$ cm，$V_1=15.0$ cm^3，$V_2=76.6$ cm^3），$n=798$，$n'=1200$ の値が得られる．しかし，この場合 n と n' が互いに接近しており，共鳴はそれほど鋭くはない．その結果，音響スペクトル

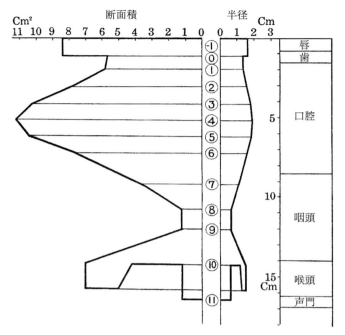

図73 ア(a)の声道共鳴器の模式図

にみられるように，二つの共鳴が重なって最高点が約 900 Hz に現れる．この値は 798 Hz と 1200 Hz の中間に位置する．ここで，$n = 798$ は，開口部と咽頭狭窄部の空気が同方向に動くときに生じる自然周波数であり，$n' = 1200$ はその空気が逆方向に動くときに生じるものである．

口の開きが小さくなると，第 1 共鳴がわずかに低くなるだけではなく，第 2 共鳴も弱くなる．このため，音色が暗くなる．口腔の容積が減少するにともなって伝導率 K_2 も小さくなる．したがって，第 2 自然周波数にはあまり大きな変化は生じない．

44. オ(o)

オ(o)の発音では，唇がかなり丸みを帯び，奥舌が上昇する．そのために，口腔は丸く囲まれた部分と細い入り口をもったヘルムホルツ共鳴器に似てくる（図

120／第 10 章　声道と母音の特徴周波数との対応関係

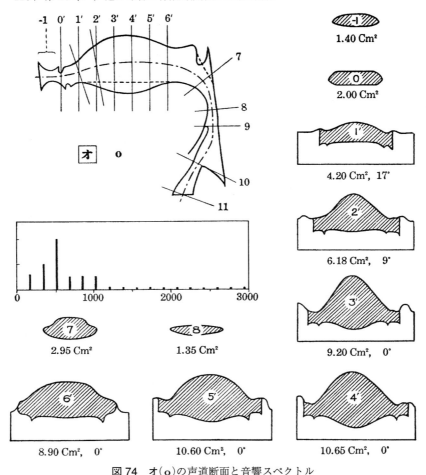

図 74　オ(o)の声道断面と音響スペクトル

74, 75)．奥舌が咽頭後壁に近づく結果，ア(a)よりやや高い位置で狭めが作られ，その通路はア(a)よりやや広くなる．

二重共鳴器の式で計算すると($K_1 = 0.55$ cm, $K_2 = 0.70$ cm, $V_1 = 18.8$ cm^3, $V_2 = 59.7$ cm^3), $n = 506$, $n' = 1150$ であり，音響スペクトルから得られる 500 Hz と 1000 Hz によく一致する．

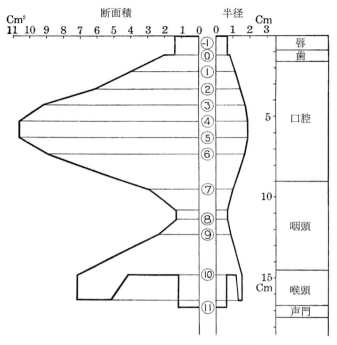

図 75　オ(o)の声道共鳴器の模式図

45. ウ(ɯ)

　日本語のウ(ɯ)は音色は英語の u に似ているが,それよりは明るい.これは,発音方法の違いによるもので,u の発音では,唇は丸みを帯び,奥舌と軟口蓋との間の狭めによって声道がほぼ同じ大きさの二つの部分,つまり口腔と咽頭腔に分かれるが,ウ(ɯ)では,口腔が小さく,顎の開きも小さく,唇は自然の状態(唇の丸めのない状態)に保たれる.

　二重共鳴器の式により計算すると($K_1=0.60$ cm, $K_2=0.51$ cm, $V_1=44.3$ cm^3, $V_2=23.0$ cm^3), n の値は 415 Hz, n' の値は 1380 Hz となり,音響スペクトルから得られる $n=400$, $n'=1200$ の結果にほぼ一致する.

　ウ(ɯ)の第 2 自然周波数 n' が u より高い理由は,唇の丸めが少なく,口腔が小さいためである.

122／第10章　声道と母音の特徴周波数との対応関係

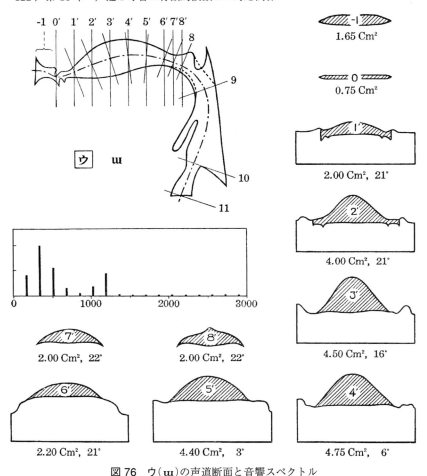

図76　ウ(ɯ)の声道断面と音響スペクトル

46．人工母音

　発話器官の模型を作って人工母音を生成する試み[注8]は，ウィリス Willis が母音に関する自説を出版する以前に，クラッツェンシュタイン Kratzenstein (1780)，およびケンペレン de Kempelen(1791)[6]によって行われ，その後も多くの試みがなされた．しかし，そのほとんどの例が不成功に終わっている．おそらく唯一の例外は，パジェット Paget (1923)[7]がすべての母音の合成に成功

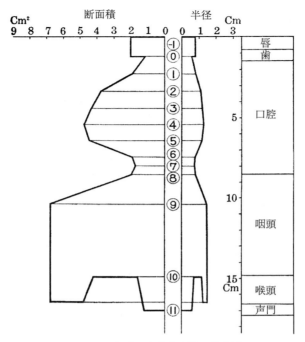

図77 ウ(ɯ)の声道共鳴器の模式図

した例であろう.

　これらすべての実験では，リードかゴムでできた人工声帯を石膏，粘土，厚紙などによって声道を模擬した共鳴器にとりつけたものが使われた．人工母音の合成が成功しなかった理由としては，第1に声道を正確に計測することが困難であったこと，第2に実際の共鳴器や声帯の形と機能を忠実に模擬した人工共鳴器や人工声帯を作ることができなかったことがあげられよう．パジェットは，人工声帯の製作に成功し，また，実際の声道の形を明らかにしてさまざまな形の声道模型が発する音を比較検討することにより，実体に近い模型を作製することができたのである．

[6]　E. Kneisner: *Bericht über den 'Mechanismus der Menschlichen Sprache nebst der Beschreibung seiner Sprechenden Machine' (1791) von Wolfgang von Kempelen*, Vox, 16, 1930, p.41.
[7]　Sir Richard Paget: *The Production of Artificial Vowel Sounds*, Proc. Roy. Soc., **A 102**, 1923, p.752; *Human Speech*, London, 1930.

124／第 10 章　声道と母音の特徴周波数との対応関係

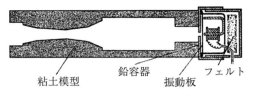

図 78　喉頭音発生器とイ(i)の粘土模型

　われわれは喉頭音発生器を石膏で作った実物と等価の声道にとりつけ母音を合成した．この人工声道の右半分を図 69, 71, 73, 75, 77 に示す．

　実験に用いた喉頭音発生器は，鉛の箱に入れた電話の受話器であり，箱には（受話器の）振動板の直前に小孔があり，後側にはフェルトの吸音材が入っている．このようにして小孔以外から音が漏れることを防いでいる（図 78）．振動板は，ネオン管発振器の出力電流によって磁気的に脈動する仕組みになっている．受話器の振動板は約 900 Hz の自然周波数をもち，パルス状の電流が加わると，減衰波形をもつ音を発する．空気による制動を利用するために，小孔も振動板前方の空気室も小さく作られている（小孔の直径は 2 mm）．

　図 79, 80 は喉頭音発生器から生成される音と，それぞれの母音を模擬した声道粘土模型に喉頭音発生器を接続して得られる音のオシログラムおよび音響スペクトルを示している[8]．図 79 と図 30 を比べるとわかるように，これらの人工母音では原音の特徴がかなりよく再現されている．

　人工母音と自然母音は見かけ上よく似ているが，人の耳では両者を容易に区別することができた．これには次のような理由をあげることができる．第 1 に人工母音はゆらぎに乏しいこと，第 2 に人工的に再現した喉頭音は自然の喉頭音の完璧な複製ではないことである．（人工の喉頭音は，高調波倍音，ことに 3000 Hz 以上の成分が弱く，この成分が驚くほど人間の声を特徴づけている．また人工の喉頭音は，600 Hz 前後の倍音が強い．）[9]

---

[8]　エ(e)の実験については他の母音と同時には行わなかった．このためエ(e)の人工の喉頭音は残念ながら他の母音とはやや異なっている．
[9]　喉頭音発生器の振動板の縁をベルベットの輪で支えると共振周波数が低くなり（600 Hz），固い物で固定すると共振周波数が高くなる（900 Hz）．

46. 人工母音／125

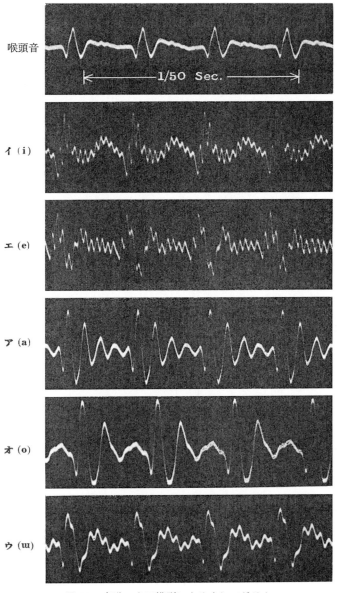

図79 声道の人工模型によるオシログラム

126／第 10 章　声道と母音の特徴周波数との対応関係

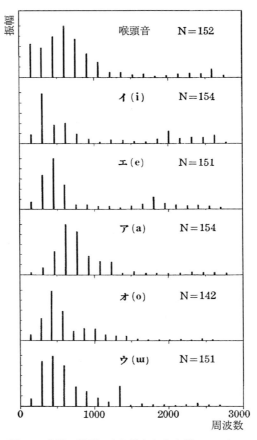

図 80　声道の模型により作られた音響スペクトル

第11章

不均一音響管としての声道

47. 声道内の圧力,粒子速度,体積流の変動

　前節で説明した実験は,声道の計測に用いた方法が極めて信頼性の高いことを示している.次に,声道の計測結果を使って計算した音圧およびその他の計算結果を示す.

　この計算では,ウェブスター Webster の波動方程式[注9]とよばれる不均一音響管[注10]内における空気の粒子運動の方程式を声道に適用した:

$$\frac{\partial^2 \varphi}{\partial x^2} + \frac{\partial(\log A)}{\partial x} \cdot \frac{\partial \varphi}{\partial x} - \frac{1}{c^2} \cdot \frac{\partial^2 \varphi}{\partial t^2} = 0 \tag{1}$$

上式において,φ は速度ポテンシャル[注11]を,A は声道断面積を,c は音速を表す.この方程式を声道の流線(中心線)に沿って積分することによって φ を得るならば,声道内の空気の粒子速度 u[注12]と超過圧 p[注13]は,次の方程式によって φ から決定することができる:

$$u = -\frac{\partial \varphi}{\partial x} \tag{2}$$

$$p = \rho_0 \frac{\partial \varphi}{\partial t} \tag{3}$$

ここで,ρ_0 は空気の平均密度である.

　φ が時間の調和関数[注14]であるという条件下で,図式法を用いて式(1)を x について積分した(付録B参照).これは,A が x の特殊関数[注15]であるときを除いて,一般には理論的に積分不可能だからである.f が共鳴周波数である場合のみについてこの積分を行った.共鳴周波数は声道の粘土模型をもとに共鳴法により計測した.A の値については,図69, 71, 73, 75, 77 で求めた値を適

128／第11章　不均一音響管としての声道

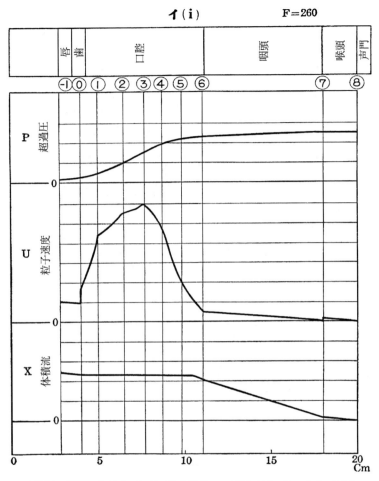

図 81　声道における P, U, X の変異——(I)(イ(i)の第 1 共鳴の場合)

用した．このようにして，各母音の第 1 および第 2 共鳴(注16)における声道内の超過圧 $P(x)$，粒子速度 $U(x)$，体積流 $X(x)$[10]$= U(x)A(x)$ などの変化を計算することができる．その結果を図 81〜90 に示してある．①，②，③などの数

---

[10]　$\varphi(x,t) = e^{j\omega t}\Phi(x)$, $p(x,t) = \rho_0 j\omega e^{j\omega t}P(x)$, $u(x,t) = e^{j\omega t}U(x)$ とすると，方程式(2)と(3)より，$P(x) = \Phi(x)$, $U(x) = -\dfrac{d\Phi}{dx}$ が得られる．

47. 声道内の圧力，粒子速度，体積流の変動／129

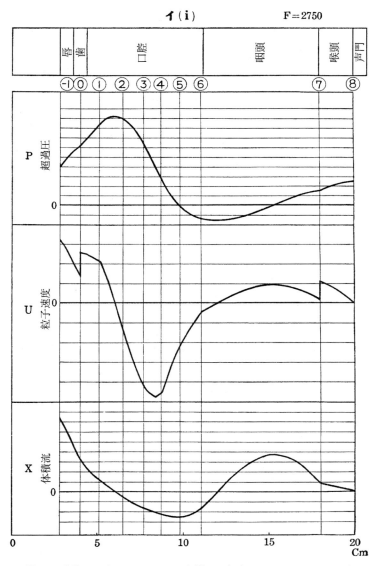

図82 声道における P, U, X の変異——(II)(イ(i)の第2共鳴の場合)

130／第11章　不均一音響管としての声道

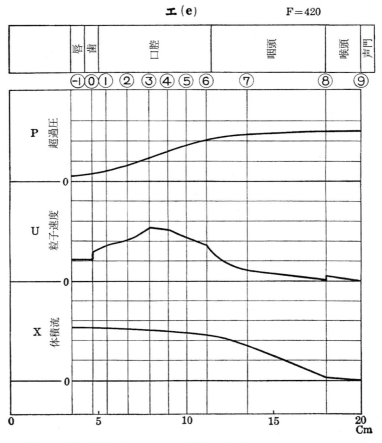

図83　声道における P, U, X の変異——(III)(エ(e)の第1共鳴の場合)

字は声道内の位置を示し，図68～77で用いた記号に対応する．図における P, U, X の縦軸目盛は，母音や共鳴周波数により異なっている．これは単に作図上の便宜のためである．それぞれの図で，P の値は，声門の直上で常に2.5と仮定している．横軸の上下はそれぞれ正と負を表し，P が正のときに圧縮を，負のときに膨張を意味する．U については，声門を正の方向にとれば，口唇開口部は負の方向になる．

図92では，以上の図より得られた P と U の値を声道の内側と外側に数字で示している．括弧内の数値は U を，その他の数値は P を表している．図の左

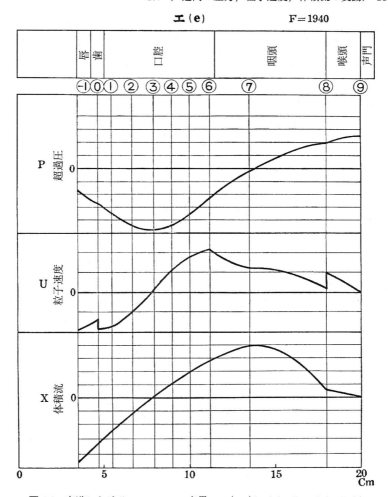

図 84　声道における P, U, X の変異——(IV)(エ(e)の第 2 共鳴の場合)

と右はそれぞれ第 1 共鳴と第 2 共鳴を示している.

　声道は閉管[11]とみなすことができるため, そこには定常波(注17)が生じる. たとえば, 最も低い第 1 共鳴では, 空気粒子は声道内のすべての位置で等位相で振動し, 波の伝播が生じない. しかし $p(x,t)$ と $u(x,t)$ には $\pi/2$ の位相差が

---

[11] 声門の面積は口唇開口部や声道の底部の面積よりもはるかに小さいので, 声道は一端が閉じた管とみなすことができる.

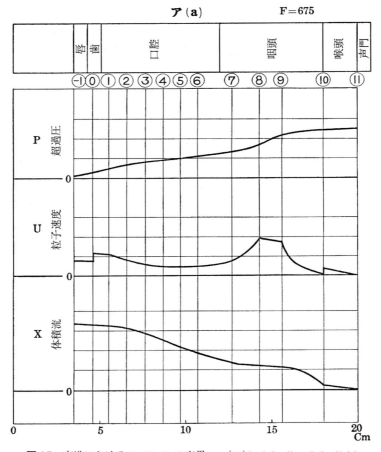

図 85 声道における P, U, X の変異——(V)(ア(a)の第1共鳴の場合)

ある．このため，声道内の超過圧は空気粒子が静止しているときに最大になる．また，空気の粒子速度が最大であるときには，声道内のどの点も同じ圧力となって超過圧が0になる．この現象を図81〜91と関連させて説明すると，もしある瞬間に u の変動が図に示すとおりであり，p が0であるならば，u は1/4周期後には0まで下降して p は図のようになる．1/2周期後に p は0となり，u は図に対し符号が逆転する．u は3/4周期後には0になり，p は図に対し符号が逆転する．最後に1周期が完了すると，それぞれの値は初期値に戻る．それ以外の時点では，p と u はすべて最大値ないし最小値（負の値）と0の間に位置

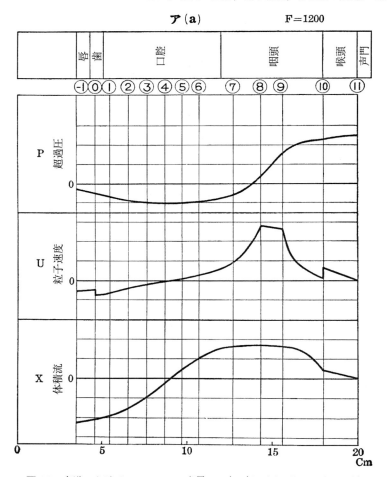

図86　声道における P, U, X の変異——(VI)(ア(a)の第2共鳴の場合)

し，声道内での変動様式が維持される．

　次に，声道内の状態について詳細な検討を加えよう．まず第1共鳴から説明する．イ(i)では，$f = 260$ のとき，声道内の超過圧 P は咽頭腔内ではほぼ一定であるが(図81)，舌と硬口蓋で形成される狭い導管内では一定の割合で減少しはじめ，口唇開口部に達するとほとんど0になる．粒子速度 U は，咽頭腔では非常に小さいが，口腔の導管内で急に増大する．同じ現象が，エ(e)において $f = 420$ のときにもみられるが(図83)，この場合には，声道内で P はさらに広

134／第11章　不均一音響管としての声道

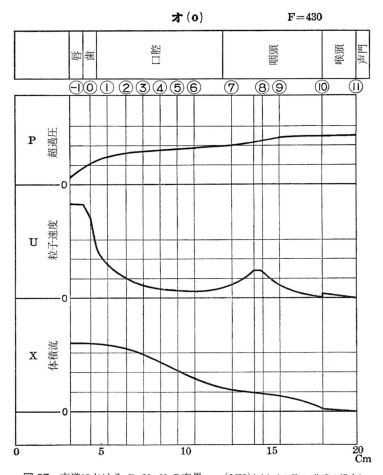

図87　声道における P, U, X の変異――(VII)(オ(o)の第1共鳴の場合)

い範囲にわたって変動する．ア(a)では，$f=675$ のときに(図85)，P が奥舌と咽頭壁で作られる狭い導管内でやや急激に減少し，その後，口唇開口部に到るまで緩やかに一様に減少する．一方，速度 U はこの導管から口唇開口部に到るまでほぼ一定の値を保つ．オ(o)では，$f=430$ のときに(図87)，P の変化と U の大きさが口唇開口部で最大に達する．

　以上の第1共鳴において，P, U, X はいずれも正か負かのどちらか一方の符号をとる．つまり，声道内の空気は同時に同方向に振動し，膨張と圧縮が必ず

47. 声道内の圧力，粒子速度，体積流の変動／135

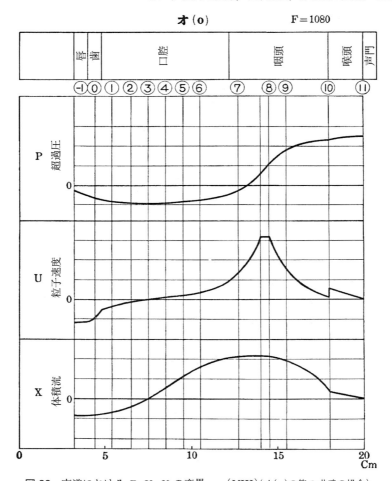

図88 声道における P, U, X の変異——(VIII)(オ(o)の第2共鳴の場合)

同時に生じる．空気通路が狭いときには常に両端に大きな圧力差が生じ，粒子速度 U は増大する．ところが，断面積 A が小さいため空気を溜める余地がなく，このため，$X = UA$ の変化はわずかとなり，X 曲線はほぼ平坦になる．母音によっては X と P はかなり不規則であるが，おおむね正弦波の1/4波長に近似する．圧力 P は喉頭と口唇開口部でそれぞれ最大値と最小値に達する[12]．また，体積流 X は喉頭において0となり，口唇開口部において最大値に達する．

次に第2共鳴に移る．ア(a)では，図86のように $f = 1200$ のとき，P は奥

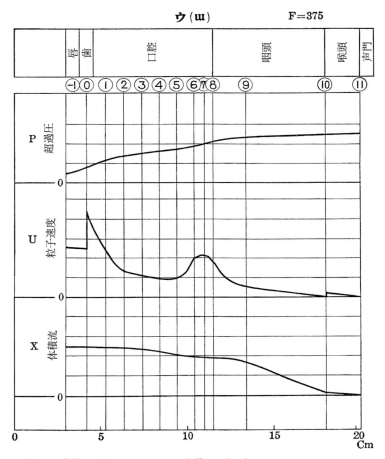

図89　声道における P, U, X の変異——(IX)(ウ(ɯ)の第1共鳴の場合)

舌と咽頭壁との間にできる狭い導管内でかなり急激に減少して，P の符号は初期値に対し逆転する．したがって，咽頭腔内の空気は口腔内の空気と逆向きに膨張と圧縮をうけ，口腔の両端における空気粒子は逆方向に振動する．P と U は，図84, 86, 88, 90に示すように，エ(e)，ア(a)，オ(o)，ウ(ɯ)でさまざまな形をとる．P と U が0となる点は母音によって多少ずれるが，X はおおむね

---

[12]　放射インピーダンスが存在するために開口端で P は0にはならないことが実験的に証明されている．P. E. Schiller und H. Castelli: *Untersuchungen an neuen Schalldüsen*, Akust. Zeits., **2**, 1937, p.11.

47. 声道内の圧力, 粒子速度, 体積流の変動／137

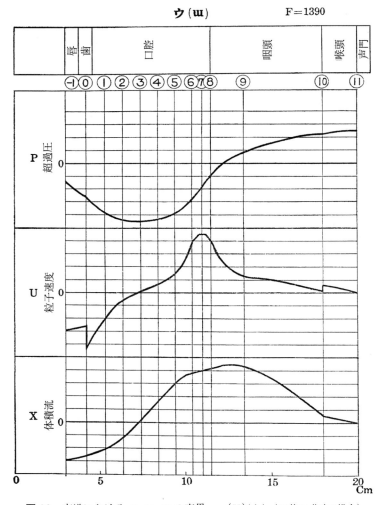

図90　声道における P, U, X の変異──(X)(ウ(w))の第2共鳴の場合)

正弦波の3/4波長に似た形となる．イ(i)の第2共鳴では(図82)状況がやや異なることに留意する必要があり，U と X は異なる3カ所(声門を含む)で0の値をとる．いずれの共鳴においても，X は口唇開口部で最大に達する．

第1共鳴では，超過圧 P は常に喉頭で最大値をとるが，第2共鳴では，P は二重共鳴器のうち小さい方の共鳴腔で大きい値をとる．したがって，ア(a)と

138／第11章　不均一音響管としての声道

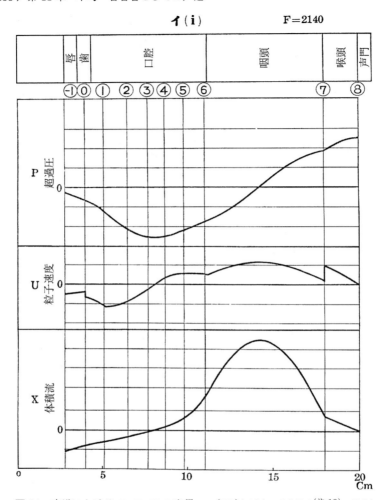

図91　声道における P, U, X の変異——(XI)(イ(i)の副次共鳴[注18]の場合)

オ(o)では圧力は咽頭腔で最大となり，イ(i)とエ(e)とウ(ɯ)では口腔で最大となる．

　ア(a)とオ(o)の第2共鳴では，U 曲線はいずれもよく似ているが，口の開きはア(a)よりもオ(o)の方が小さいので，X はア(a)よりもオ(o)で小さい．普通，オ(o)の第2共鳴は弱いが，口をかなり大きく開くと，オ(o)でもかなり強い第2共鳴が生じる．

47. 声道内の圧力，粒子速度，体積流の変動／139

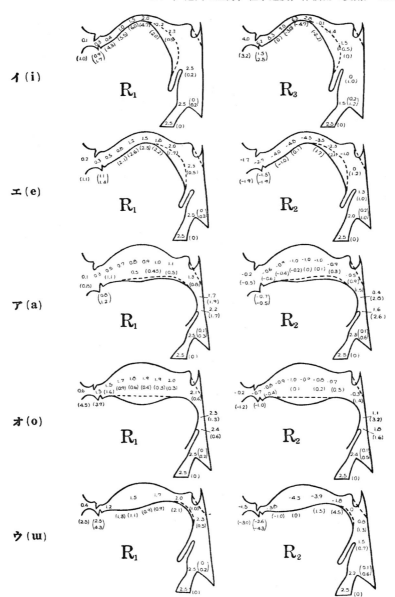

図92　声道内の圧力と粒子速度の変動

48. 声道の共鳴周波数の数

41～45節において，声道を二重共鳴器あるいは単一共鳴器とみなして，それぞれの母音の二つの自然周波数を計算した．これら二つの自然周波数の計算値は実際に発音された母音の二つの主要な特徴周波数とよく一致するが，その他にも若干の特徴周波数があることがわかってはいる．これまでに知られている各母音の二つの「フォルマント」(特徴周波数領域)[注19]のほかに，小幡と豊島 Obata & Teshima[13] は第3フォルマントがあることを初めて発見し，その後，ティーンハウス Thienhaus[14] は第5，第6のフォルマントをもつ母音もあるが一般に母音には四つのフォルマントがあると報告している．最近では，ルイス Lewis[15] が，5母音それぞれについて5個の「共鳴周波数」を見出している．次に，これらのフォルマント，すなわち共鳴周波数がどのようにして生じるかという問題に移ろう．

上述のように，第1共鳴では，X は喉頭端で常に小さく，口唇開口部において最大に達し，正弦波の 1/4 波長に似た形をとる．エ(e)，ア(a)，オ(o)，ウ(ɯ)の第2共鳴では，X は喉頭端で小さく，その後最大値をとるが，再び 0 となり，最終的に口唇開口部で負の最大値をとる．このため X は正弦波の 3/4 波長に似る．イ(i)の第2共鳴では，X には正か負の最大点が三つある．X は正弦波の 5/4 波長に等価となる．つまり，声道がある純音に共鳴する場合，X は必ず喉頭端で 0 となり，口唇開口部で最大となって，X は正弦波の 1/4 波長の奇数倍に近い値になる．ここで，5母音それぞれの第1共鳴にみられるような正弦波の 1/4 波長をもつ共鳴を R_1 と表すことにする．また，エ(e)，ア(a)，オ(o)，ウ(ɯ)の第2共鳴のように正弦波の 3/4 波長をもつ共鳴を R_2，イ(i)の第2共鳴のように正弦波の 5/4 波長をもつ共鳴は R_3 と表すことにする．同様に，R_4 は正弦波の 7/4 波長をもつ共鳴を表す．体積流の最大になる場所を N，N′，N″，… のように表すと，太さの均一な閉管における N の分布は図93のようになる．このとき，四つの共鳴周波数は，1 : 3 : 5 : 7 の比率をとる．

---

[13]　J. Obata and T. Teshima: *On the Properties of Japanese Vowels and Consonants*, Jap. Journ. Physics, **8**, 1932.

[14]　E. Thienhaus: *Neuere Versuche zur Klangfarbe und Lautstärke von Vokalen*, Zeits. f. Techn. Phys., **15**, 1934, p.637.

[15]　Don Lewis: *Vocal Resonance*, J. Acoust. Soc. Am., **8**, 1936, p.91.

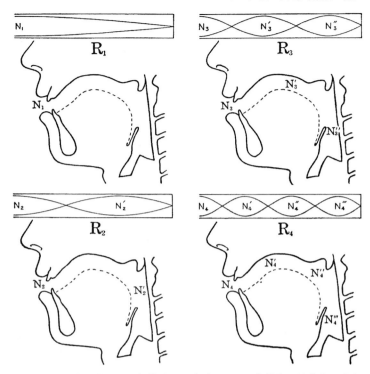

図93 断面積が均一の音響管または声道における体積流の最大点の分布

　すべての母音の中で声道断面積がほぼ均一なものは，広口の e である．ルイスによれば，英語の "EH" の共鳴周波数は，620, 1510, 2550, 3670, 3200 Hz であるという．断面積が均一で長さが 17 cm の声道を仮定すると，共鳴周波数のはじめの四つは 515, 1540, 2570, 3600 Hz であって，ルイスの数値とほぼ完全に一致する．ここで，ルイスが 5 母音のすべて（すなわち "EE, EH, AH, O, OO"）に存在するとした 3200 Hz の周波数は，喉頭腔の共鳴周波数であると考えられる．喉頭腔を均一な太さの閉管とみなすと，共鳴周波数が 3200 Hz となる管の長さは 2.8 cm である．喉頭腔の長さは個人差が大きいが，われわれの実験で X 線写真により推定すると成人男性で 2～2.7 cm であった．喉頭腔は前方と側面が閉じ喉頭の上端で後向きに開いているため，開口端補正はかなり大きくなる．したがって，実効長が 2.8 cm になることもありうる．
　以上より，成人が発音した母音には，喉頭共鳴（R_l）を含めて 4000 Hz 以下に

5個の共鳴があるようにみえるが，母音の強い共鳴は一般に2個であり，その他の共鳴は弱い．これには二つの理由がある．第1には，周波数が高くなるにつれて喉頭音の倍音が弱まるとともに共鳴が鈍化するので，高次の共鳴が減弱するためである．第2には，ほとんどすべての母音において，舌が声道壁のどこかに接近するか，唇が円唇化して小さな開口部を形成するために，声道は単一共鳴器ないし二重共鳴器の形をとるからである．声道の狭めが著しい場合には，声道は2個以上の共鳴をもつことができない．狭めがあまり顕著でない場合でも，一般に声道は5個の共鳴のうち1個か2個の共鳴に適しており，それ以外の共鳴には適さないのである．

たとえば，uの場合，唇の突き出しが強く，軟口蓋でわずかな狭めが作られるので，声道は単一共鳴器の形に近くなり，ただ一つの共鳴（R_1）に適している．反対に，声道内に著しい狭めのない母音では，その声道は R_1 から R_4 のいずれにも等しく適している．英語ではeがそのような範疇に入り，音響スペクトルは，かなりの強い倍音が広い周波数領域にわたって分布する．日本語の母音イ(i)を誤った方法で発音すると，R_1 と R_3 のほかに R_2 の共鳴が 2000 Hz 付近に現れることがある．このような場合，前舌と口蓋とが通常より広くなっているといって間違いない．しかし一般には，前舌と口蓋の空間はかなり狭く，このときの声道は R_2 の共鳴に適さない．図91は，イ(i)の声道において $f = 2140$ として，P, U, X を計算した結果である．この場合でも，口唇開口部で P が 0 に近づき，X が最大点に達して，R_2 の共鳴に対応することがわかる．しかし，声道の形はこの共鳴には適さないので，口唇開口部における X は，イ(i)の $R_1(f = 260)$ ないし $R_3(f = 2750)$，あるいはエ(e)の $R_2(f = 1940)$ における X と比べてはるかに小さい．

49. 母音の共鳴周波数の変化

この節では，共鳴周波数と声道の大きさおよび形との関係について考察する．ここでは，声道を不均一管とみなし，ドイツ語母音に関するティーンハウス[16]の「フォルマント図」と，ネトケ M. Netcke[17]氏が発音したドイツ語母音につ

---

[16] E. Thienhaus は前述のとおり．
[17] プロシアの Elbing 生まれの人．1925年より東京在住．

49. 母音の共鳴周波数の変化／143

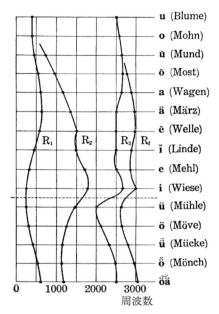

図 94　ドイツ語母音のフォルマント図(ティーンハウスによる)(注 20)

いて著者らが撮影した X 線写真を用いる．図 94 はティーンハウスによる母音のフォルマント図である．4 本の曲線は，左からそれぞれ，R_1, R_2, R_3, R_l の四つの共鳴の周波数に対応している．この図より，ĭ と ĕ では，R_1, R_2, R_3 の周波数はおよそ 1：3：5 の比率をとることがわかる．これより，これらの 2 母音の発音において，声道の断面積はほぼ均一であることが明らかである（図 95 参照）[18]．

　次に，ĕ を比較の基準として，その他の母音フォルマント，すなわち共鳴周波数の位置が，舌と唇の形および顎の開きの変化によってどのように変動するかを観測しよう．

　(1) まず，R_1 の共鳴の場合，体積流と超過圧は，それぞれ口唇開口部と喉

---

[18] 同じ母音を狭く深い口蓋をもつ人と広く平坦な口蓋をもつ人が発音する場合，正中断面で示される口蓋と舌との距離には大きな違いがある．したがって，正中断面図のみから声道の断面積を確定することはできない．しかし，同一話者が異なる母音を発音した場合には，相互に比較することができる．(T. Chiba: *Research into the Characteristics of the Five Japanese Vowels*, 1931, p.22)

144／第 11 章　不均一音響管としての声道

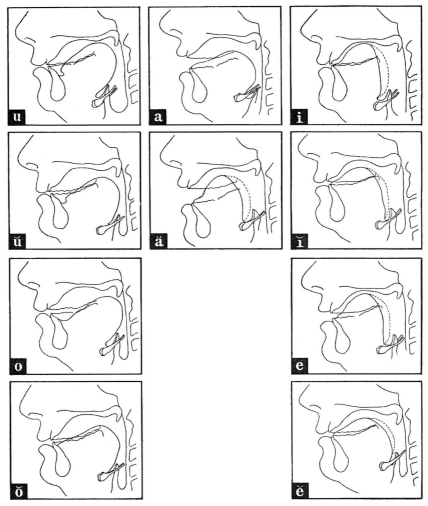

図 95　ドイツ語母音の X 線図(I)(ネトケ氏による発音)[19]

頭端で最大値をとる．これらの最大点の位置をそれぞれ N_1, L_1 とする(図 96)．共鳴器の共鳴周波数には一般に以下のような説明が成り立つ．

　管の一部に狭めがあるとき，共鳴周波数は，狭めが体積流の最大点(N)に近

---

[19]　「X 線図(radio-diagram)」は，X 線写真をトレースした図のことである．

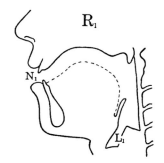

図96 断面積が均一の声道における過剰圧(L)と体積流(N)の最大点の位置

いと低くなり，超過圧の最大点(L)に近いと高くなる．

したがって，ĕから ĭ に変わり，さらに e から i に達するにつれて，前舌が高く上昇し，N_1 付近が L_1 付近よりも狭くなり，その結果 R_1 が低下する($550 \to 250$)(図94, 95参照)．逆に，ĕから ä，さらに a へと変わるにつれて，舌は下降後退し，L_1 付近が狭くなって，その結果 R_1 は上昇する($550 \to 650$)．もし，唇をすぼめ，舌を a とほぼ同じ位置に保ちながら N_1 付近を狭めると，R_1 は再び低下し($650 \to 550$)，その結果，ŏ の音になる．唇をすぼめたまま奥舌を持ち上げて軟口蓋に近づけると，L_1 付近が広がり，R_1 はさらに低下する．このようにして，ŭ, o, u ($550 \to 350$)の音となる．以上より，u から i までの10母音について，R_1 の値がどのように変化するかを説明することができる．

(2) R_2 の共鳴では，N と L は，声道の断面積が均一である場合，図97に示す位置にある．

ĭ の発音では，ĕ に比べて前舌がやや高いので，L_2 と N_2 はともにやや狭まり，その結果 R_2 はわずかに低下する($1550 \to 1500$)．ĭ から e，さらに i へ変わるにつれて，舌はさらに持ち上がるので，L_2 は N_2 よりも狭くなり，その結果 R_2 は上昇する($1500 \to 1750$)．逆に，ĕ から a にかけては，舌が下がるため L_2 が広く N_2' が狭くなって，その結果 R_2 が低下する($1550 \to 1200$)[20]．もし，こ

---

[20] Thienhaus のフォルマント図中で ĕ と a との中間に位置する ä については，不均一管の動きに基づいて著者らが描いた X 線図から判断すると，R_2 の周波数は Thienhaus が求めた周波数とは一致しない．この違いはおそらく，データを提供した話者らの発音が異なっていたためであろう．Thienhaus による音響スペクトルを見ると，話者は英語の æ に似た音(a にいくらか似ている)を発音したようであるが，著者らの実験の話者は，X 線写真からも明らかなように，英語の広口の e に似た音を発音したのである．

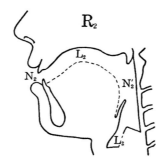

図 97 断面積が均一の声道における超過圧(L)と体積流(N)の最大点の位置

の舌の位置を変えずに唇を突き出すと，N_2' だけでなく N_2 も狭くなり，R_2 はさらに低下する．これにより，ŏ が作られる（1200 → 1000）．唇の突き出しがさらに進むと，N_2' は図の位置よりも前へ（つまり軟口蓋の方向へ）移動し，その結果，奥舌の高まりによって N_2' が狭く L_2' が広くなり，R_2 をさらに低下させる（1000 → 800）．このようにして，ŭ が作られる．一方，日本語のウ(ɯ)では，N_2 はそれほど狭くなく L_2 もあまり広くないので，奥舌が上昇しても（つまり，軟口蓋における狭窄が起こっても），それだけでは R_2 は低下しない．したがって，ドイツ語の ŭ の R_2 が約 800 Hz であるのに対し，日本語のウ(ɯ)の R_2 は約 1300 Hz をとる．

（3）R_3 と R_4 の共鳴では，L と N は互いに接近しているため（図98），発話器官（つまり舌と声道壁）の構造上，L か N のどちらか一方が特に狭くなる，あるいは広くなるということはない．そのため，R_3 と R_4 の変動もわずかである．

4000 Hz 以下の英語母音の共鳴周波数については，ルイス[21]が正確な値を求めており，次の表 III にまとめることができる．

"AH" と "O" で R_3 と R_4 が "EH" より高い理由は，"AH" と "O" の発音では舌は後退して L_3' と L_4'' が狭まるためである．R_3 と R_4 が "EE" で高いが，これは L_3 と L_4 の狭めによる．また，R_3 が "OO" でやや低い理由は，N_3 の狭めによる．

以上，u から i までのドイツ語 10 母音の R_1 と R_2，および，英語 5 母音の

---

[21] Don Lewis は前述．

表III 英語長母音の共鳴周波数(D. ルイスによる)

	R_1	R_2	R_3	R_4	R_l
EE	320	2030	2690	3880	3210
EH	620	1510	2550	3670	3200
AH	640	990	2750	3780	3190
O	440	770	2720	3790	3200
OO	370	1040	2460	3640	3190

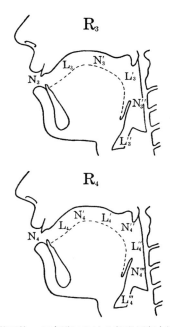

図98 断面積が均一の声道における超過圧(L)と体積流(N)の最大点の位置

R_3 と R_4 について検討した．次に，ドイツ語のウムラウトにおける R の変化を簡単に説明しよう．

図95において，iとü，eとö，ĭとŭ，ĕとŏ，äとöäは，それぞれ，iとüの境界線を挟んで対称に位置している．それぞれの組のうち，後者は，唇をさらに突き出し舌を下げた状態で発音される．さらに，この場合には，唇と舌先との間に小さな前室ができる．このような違いは R_1 の共鳴に著しい影響を及ぼすことはなく，わずかな周波数の下降をもたらすに過ぎない．したがって，iとüとの境界線を挟んで R_1 曲線の上と下とは対称になる．しかし，高次の共鳴

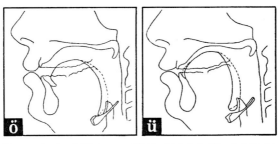

図 99　ドイツ語母音の X 線図（II）（ネトケ氏による発音）

は，唇の丸めや，前室の存在，奥舌の下降などにより相当の影響を受ける．たとえば，R_2 はすべてのウムラウトで低く，R_3 は i, e, ĭ よりも ü, ö, ŭ においてより低い．図 94 では，R_l 曲線に起伏がみられる．これは，喉頭共鳴がほとんど一定であるという前提に反するようにみえる．しかし，ティーンハウスの原著にある音響スペクトルでは，R_l が 3000 Hz 付近で一定である．この R_l 曲線はおそらく R_l と R_4 とを区別せずに描かれたのであろう．ü, ö, ŭ などでは，R_l に相当するものが 3000 Hz 以下にあるが，これは実際には R_4 である．R_4 は，ĕ で約 3500 Hz にあることが多いが，これらの母音では 3000 Hz 近くまで下降するようである．

第四部

母音の性質に関する主観的研究

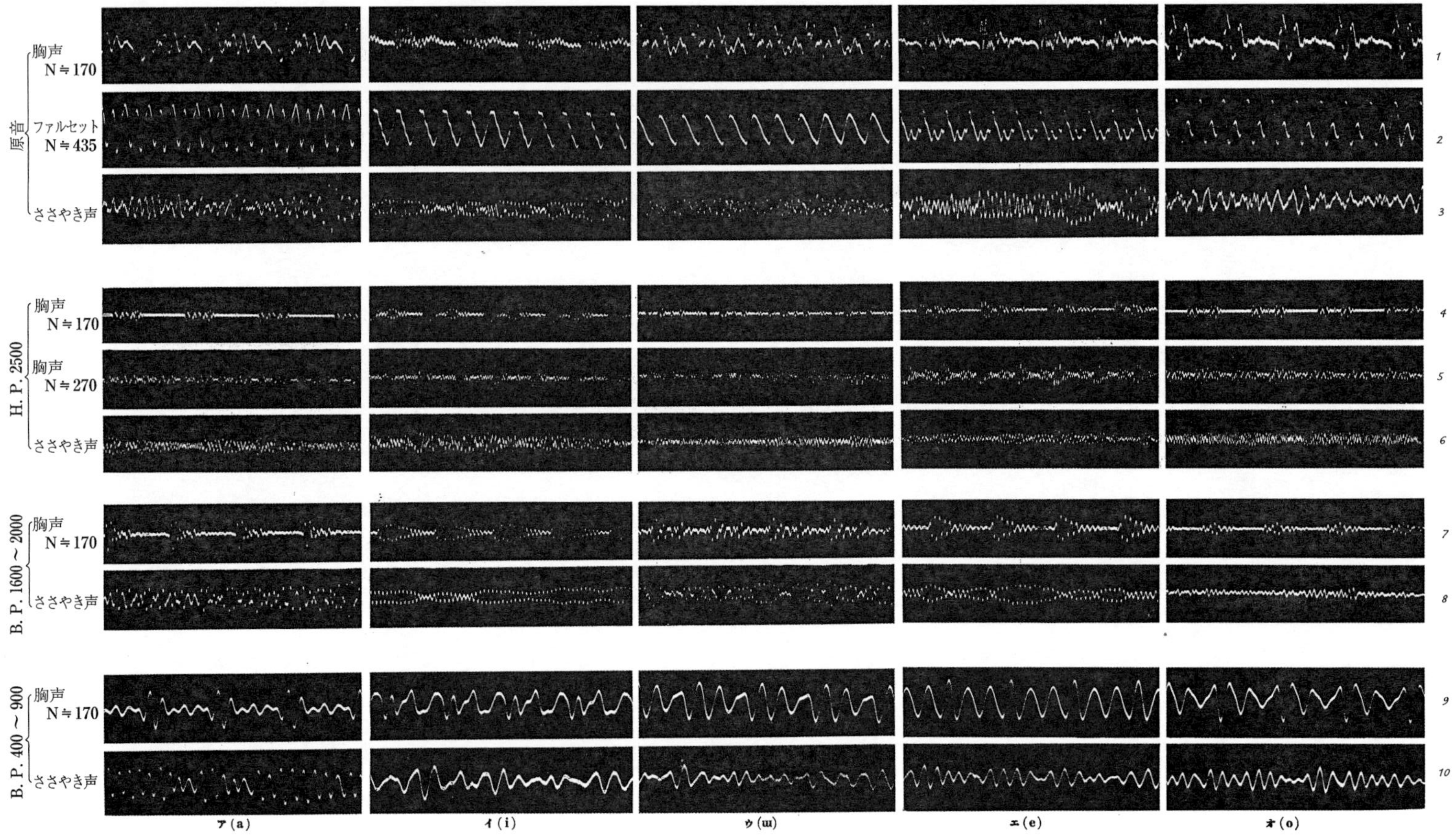

図118 有声と無声の母音およびそのフィルタ処理を行った音声波形

はじめに

　母音理論については，すでに第二部で母音の生成機構に関連づけて論じた．聴覚機構に密接にかかわる問題については未解決のままになっている．ここでは，母音の性質を母音理論と聴覚理論に関連づけた考察を試みる．

　この主題を扱うにあたり，純粋に心理学的な取り組み方もあるであろう．しかし，十分に理解するには，多くの研究者が行ってきたような心理生理学的な取り組み[1]が重要であり，以下に述べようとすることもこの方針に従っている．

---

[1] 人間の聴覚器官を解剖学と生理学の面から説明したものとしては，Helmholtz の有名な *Sensations of Tone* がある(*Die Lehre von den Tonempfindungen als Physiologische Grundlage für die Theorie der Musik*, 1862).
　この問題は以下の論文でも総合的に扱っている(この分野ではさらに研究が進展し多くの成果が得られている).
H. J. Watt: *Psychology of Sound*, Cambridge 1917, pp.139-175.
E. Meyer: "*Das Gehör*" in Geiger & Scheel's Handb. d. Phys., **8** (Akustik), 1927, pp.477-543.
H. Fletcher: *Speech and Hearing*, Van Nostrand Co. 1929.
L. T. Troland: *Psycho-Physiological Considerations Relating to the Theory of Hearing*, J. Acoust. Soc. Am. **1**, 1930, p.310.
F. Trendelenburg: *Klänge und Geräusche*, Springer Co. 1935, pp.170-217.
G. von Békésy: *Fortschritte der Hörphysiologie*, Akust. Zeits., **1**, 1936, p.128.
S. S. Stevens and H. Davis: *Hearing, its Psychology and Physiology*, New York, 1938.
A. F. Rawdon-Smith: *Theories of Sensation*, Cambridge, 1938.

第12章

聴覚の心理学的，生理学的，力学的説明

50. 聴覚器官の解剖学的説明

　耳は，外耳・中耳・内耳の三つに分けることができる．外耳は耳介と外耳道からなる．中耳には関節をなす三つの耳小骨がある．外耳と中耳との間には鼓膜がある．内耳は三半規管，前庭，蝸牛の三つの主要な部分から構成される．これら三つの器官のうち，蝸牛のみが音の感覚にたずさわる．外界の音は外耳道を伝わり，鼓膜を振動させる．この振動は中耳にある三つの耳小骨を経て，内耳の一部である蝸牛の一端にある卵円窓に伝わる．

　蝸牛は $2\frac{3}{4}$ 回転したカタツムリの殻のような渦巻き状の骨構造の中に収められている．蝸牛は，基底膜，骨性らせん板とよばれる骨の突起，ライスネル膜などによって前庭階と鼓室階および蝸牛管（または蝸牛階）に分かれている（図100参照）．つまり，蝸牛には，液体で満たされ渦巻きの形をした3本の平行する管がある．中耳に面する前庭階と鼓室階の末端には，それぞれ，卵円窓，正円窓とよばれるものがある．卵円窓は鐙骨（三つの耳小骨のうちの一つ）により，正円窓は膜により，それぞれ閉じられている．蝸牛管は，前庭にある球形嚢へ続く．図101は，蝸牛を引き延ばした模式図を示している．

　この図で，中耳に面する左端が蝸牛の基底部，右端が頂部に相当する．蝸牛頂部には基底膜がなく，前庭階と鼓室階は蝸牛頂孔とよばれる小孔を通して相互に交通する．

　蝸牛は，まっすぐに引き延ばすと約33 mmの長さになる．基底膜は，その全長に対して直角方向に横行する無数の繊維からなる．（図101の中の点々は，その繊維の断面を模式的に表したものである．）繊維の長さは基底部で最も短く約0.045 mmであり，図の右に向かって次第に長さを増し，蝸牛頂孔では0.5 mm

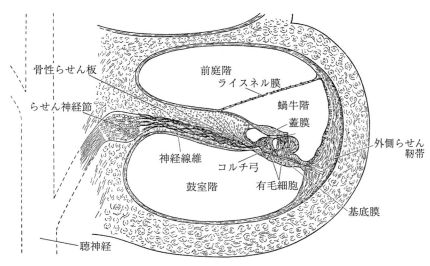

図100　蝸牛の断面（ロードン-スミスより）．破線は著者による

の長さになる．基底膜の上には感覚細胞の一種である有毛細胞があり，周囲には支持細胞をともない，さらに蓋膜でおおわれている（図100参照）．有毛細胞(注1)には，コルチ弓の片側に1列に並ぶ内有毛細胞と，もう一側に3列または4列に並ぶ外有毛細胞とがある（図100, 102）．

　神経線維は有毛細胞から発し，骨性らせん板の端にある小さい穴を通り骨性らせん板に入り，その後，蝸牛軸の中にあるコルチ神経節（らせん神経節）を構成する細胞体へと進む．この神経節から発した神経線維は延髄に至り，第8脳神経の聴覚部を形成する．延髄に入ると，聴神経線維は2束に分かれ，一方は背側蝸牛神経核へ，もう一方は腹側蝸牛神経核へ走行する．前者の神経線維は正中線を横切り，後者の神経線維は台形体を通過する．これらの線維は，反対側の上オリーブ核で合流し，外側毛帯とよばれる管の中を通り脳幹を上行して直接にあるいは下丘を経由して，内側膝状体へ向かう．その後，内側膝状体から大脳皮質の側頭回へ放射する．一部の神経線維は，蝸牛神経核より高次中枢へ同側性に上行する．

　ロレンテ・デ・ノ Lorente de Nó (注2)によれば，1〜2個の内有毛細胞が1本の神経線維の接続を受けるのに対し，数多くの外有毛細胞が1本の神経線維から連絡を受け，同時に個々の外有毛細胞は多くの線維より神経支配を受けると

154／第12章　聴覚の心理学的，生理学的，力学的説明

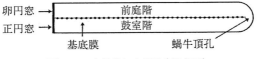

図 101　直線化した蝸牛（模式図）

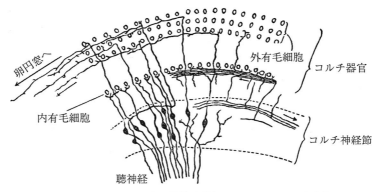

図 102　コルチ器官の神経支配（ロレンテ・デ・ノより）

いう（図 102）．

　さらに，彼の解剖学的研究により，コルチ神経節（もしくは基底膜）は延髄にある蝸牛神経核に投射し，両者の間にはそれぞれ 1 対 1 に対応する神経繊維連絡があることがわかっている．

　エイディス，メトラー，カラー Ades, Mettler & Culler[注3]は，猫の頭蓋骨に小さな穴を開け，外科的な手法で内側膝状体に局所的な損傷を与え，その部位の音に対する感受性を脱落させた．彼らは，感度の低下した周波数と損傷部位との関係を調べ，その結果，基底膜の投射は内側膝状体にもあることを明らかにした．

　ポリアックとウォーカー Poliak & Walker[注4]によれば，内側膝状体と大脳皮質との間には，正確に 1 対 1 の対応関係があるという．そして内側膝状体から昇ってくるすべての聴覚インパルスは，聴覚野の「集束域」に達し，そこから周囲に分配される．したがって，基底膜の投射[注5]は大脳皮質の聴覚野にもあると結論づけてよいかもしれない．

51. 聴覚の生理機構

　外界音によって生じた卵円窓の振動は，蝸牛内の体液運動を引き起こす．この衝撃波が体液を介して基底膜に伝わると基底膜の振動が始まり，その膜の上にのった有毛細胞と蓋膜との間に相対運動が生じる．この運動が引き金となって，有毛細胞は神経終末に刺激を伝える．ライスネル膜は十分に薄いので，蝸牛管と前庭階は力学的には一つの管とみなすことができる．

　聴覚器官の解剖構造についてはほとんど異論がないが，基底膜の振動と音が知覚される過程そのものについてはいくつかの理論が出されている．

　聴覚機構[注6]には，大別して二つの異なる理論がある．一方は，聴覚の生理学的過程は主に中枢の働きによるものとし（中枢説），他方は感覚器官がより重要な役割を果たすと説明する（末梢説）．中枢説は「電話説(telephone theory)」，末梢説は「場所説(place theory)」ともよばれる．

　電話説[注7]によれば，蝸牛内の基底膜の振動パタンは，コンデンサーマイクロフォンの振動板のようであり，音のピッチや波形とは直接関係がない．したがって，耳と末梢神経はいわば電話器のように一体として働き，音刺激を中枢に伝える役割を果たしているに過ぎない．音の大きさは興奮を起こした有毛細胞の数によって知覚され，ピッチや音色などの知覚は中枢において行われると説明される．

　場所説によると，音のピッチや波形，強さに従って基底膜の振動モードにさまざまなパタンが生じ，それぞれのパタンに応じて有毛細胞に接続する神経繊維の終末に興奮パタンを生じる．そしてこの興奮パタンに従って，大脳は音質とピッチを同定する．場所説はさらに，共鳴説(resonance theory)[注8]と音響像('Schallbild')説[注9]および整流器共鳴説('Gleichrichter-resonanz')[2]とに分けることができる．

　ヘルムホルツ Helmholtz によって初めて唱えられた共鳴説は，その後ラックス Lux，ローフ-フレッチャー Roaf-Fletcher，ウィルキンソン Wilkinson，ウェーゲルとレイン Wegel & Lane，ベケシー Békésy などの多くの研究者によって支持され発展した．この共鳴説は音についてのすべての心理学的現象を必ずしも

---

[2] H. Jung: *Untersuchungen zu den Theorien des Hörens*, Akust. Zeits., **5**, 1940, p.268.

十分に説明するものではないが，これまで提唱されたものの中では最も有用なものである．ここでは，ウェーゲルとレイン[3]の共鳴説を簡略に説明し，この説に従って母音の韻質の説明を試みることにしよう．

まずはじめに，音によって鼓膜が振動しはじめる．この振動は耳小骨を伝わり卵円窓へ達する．振動の周波数が極端に低いときには，蝸牛内の体液は蝸牛頂孔を通り前庭階から鼓室階へあるいは鼓室階から前庭階へと流れる．その結果，正円窓を塞いでいる弾性膜は，卵円窓にある鐙骨とは逆方向に動く．しかし，振動が速く，体液が蝸牛頂孔を通り流れることができない場合には，基底膜の一部が卵円窓に加わる圧力のためにたわみ，その部分および卵円窓と正円窓との間にある体液は逆方向に動き，両端に加わる圧力は等しくなる．

蝸牛の基底部(卵円窓と正円窓のある部位)の近くで基底膜が共鳴振動を生じる場合，体液の振動質量が小さくかつ膜の繊維が短いために，共鳴する部分の弾性が大きく，共鳴振動の周波数は高くなる．すなわち，作用する音の周波数が高ければ，基底膜は蝸牛基底部の近くで共鳴する．それに対し，低い音では基底膜の蝸牛頂付近が共鳴する．

長さ約 31 mm の基底膜には，16 Hz～20000 Hz の音――人間の耳が聞くことのできる周波数帯域――に対応して共鳴振動する場所がある．しかし，スタインバーグ Steinberg の研究[4]によると，蝸牛の最低共鳴周波数はおよそ 125 Hz であり，16 Hz とは比較にならないほど高い．低い音では基底膜の共鳴は幅が広く，そのため，基底膜は最低共鳴周波数よりも低い音によっても振動が起こると考えられる(注10)．

弱い純音の場合，基底膜上のわずかな部分だけが音に応じて振動する．楽音(複合音)の場合には，音を構成する複数の成分に応じて，基底膜上の複数の場所が刺激をうける．図103 は，倍音を多く含む 300 Hz の楽音に対して基底膜が応答する場所を示している．強い音の場合は，基底膜上の刺激部位は広くなり，主観的倍音や結合音が生じ，複雑な振動パタンをとる．

---

[3] R. L. Wegel and C. E. Lane: *The Auditory Masking of One Pure Tone by Another and Its Probable Relation to the Dynamics of the Inner Ear*, Phys. Rev. **23**, 1924, p.266. 電話説と共鳴説に関する詳しい議論については次の文献を参照されたい．A. F. Rawdon-Smith: *Theories of Sensation*, Cambridge, 1938, §II, Audition.

[4] J. C. Steinberg: *Positions of Stimulation in the Cochlea by Pure Tones*, J. Acoust. Soc. Am., **8**, 1937, p.176.

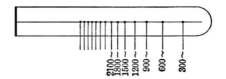

図103　300 Hz の楽音に対する基底膜上の共鳴部位

以上はウェーゲルとレインの共鳴説を要約したものである．フレッチャー[5]はこの理論にしたがって基底膜の振動を精密に計算し，その結果がさまざまな心理学的事実に一致すると指摘している．その他にも，以下にあげる実験結果はいずれも共鳴説を支持している．

- モルモットに強い音を長時間聴かせて基底膜の変性部位を調べた実験
- 純音刺激により蝸牛のさまざまな場所で電位が生じること
- 神経変性によって生じる部分聾(すなわち，音響島と音響空隙)[注11]
- 遮蔽(マスキング)効果
- 主観的に倍音を聞き分けられる可能性
- 倍音の位相は音色に無関係であるという事実

52. 音のピッチ，大きさ，音色

この節では，楽音の3要素，すなわち，ピッチと大きさと音色[6]について簡単に取り扱うこととし，共鳴説に従ってそれぞれの生理学的過程を説明する．

(1) ピッチ(音の高さ)

音のピッチ(pitch)は周波数に依存する関数である[注12]．純音では，周波数が非常に低いとき，周波数の上昇に比べてピッチの上昇は非常に緩やかである．200 Hz〜1000 Hz の範囲では，ピッチは周波数にほぼ比例する．1000 Hz 以上の音では，ピッチは $\log(f/500)$ にほぼ比例する(f は周波数)．著しく強い音では，ピッチは音の強さにも影響される．

---

[5] H. Fletcher: *Space-Time Pattern Theory of Hearing*, J. Acoust. Soc. Am., **1**, 1930, p.311.
[6] 音の3要素は以下の論文で心理学的観点から検討されている．H. Fletcher: *Newer Concepts of the Pitch, Loudness and Timbre of Musical Tones*, J. Franklin Inst., **220**, 1935, pp.405-429.

複合音では,基本音を欠く場合にもピッチが知覚される(注13).たとえば,400 Hz, 500 Hz, 600 Hz のピッチをもつ三つの倍音からなる楽音では,100 Hz のピッチを知覚することができる.

ピッチ知覚を生理学的に説明したものとして,次の三つの理論がある.

(i) 空間パタン説(共鳴説あるいはその他の場所説):ピッチ知覚は,基底膜の興奮パタンによって決まる.

(ii) 時間パタン説(電話説)

(iii) 上記の二つの理論の中間説:低い音ではピッチ知覚は主として時間パタンによって決まり,高い音では主として空間パタン[7]によって決まるとする.

第2と第3の理論は,聴神経(第8脳神経)には 2500 Hz より高い周波数の活動電位がなく,大脳皮質には 100 Hz より高い周波数の活動電位が存在しないという事実,また,聴神経に交流電流刺激を加えて興奮させると刺激の周波数にかかわりなくほとんど同じ雑音が聞こえるという事実に反する.

基本音を欠くときにもピッチを知覚できるという事実は,第1の(空間パタン)理論の立場から,次の2通りに説明される.

(a) 基本音と等価の音が内耳において倍音の差音(注14)として生成される.

(b) ピッチ知覚は,基底膜における倍音の相対的位置と絶対的位置に依存する.

ここで(a)の説明は,われわれの実験結果と矛盾することが判明した.

われわれの実験は次のようである.

母音イ(i)を 145 Hz の高さで発声し,2000 Hz 以下の倍音を高域通過フィルタにより除去した.それにもかかわらず,145 Hz のピッチは明らかに知覚された.この場合,145 Hz の基本音がかなり強い差音として蝸牛内で発生するならば,140 Hz〜150 Hz の純音を加えることにより主観的なうなりが聞こえるはずであるが,実際にはそのようなうなりが知覚されることはなかった.たとえ弱い差音であってもそれによってピッチが維持されるとするならば,差音($n = 145$)に近いピッチをもつ強い純音を加えて差音を遮蔽すると,ピッチはまったく知覚

---

[7] 「空間パタン(space pattern)」という用語は Fletcher により「時間パタン」に対比して使われたものである.しかしここでは基底膜に加わる刺激のパタン,あるいは音響スペクトルの意味に使われている.

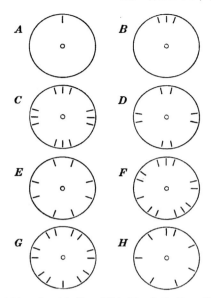

図 104 ピッチ知覚の実験に用いたサイレン円盤

されないはずである．ところが，実際にはその音のピッチはまったく影響を受けなかった．$a(n=217)$ のピッチで発声し，高域通過フィルタを通した母音に，A（a の低調波）のピッチをもつかなり強い純音を加えても，その音のピッチは変化せず，決して A になることがなかった．

非周期的な音のピッチを検討するため，20 個の穴のあいたストロボスコープ円盤をサイレンの円盤として用いた(注15)．ただし，このようにして生成された音は，単なる周期的な空気の噴流音ではなく，2 次的な振動がともなう．もしこの円盤が 1 秒間に n 回回転するならば，$20n$ Hz の音が生成される．この実験では，1 回ごとに一定の数の穴をふさいで，その結果を観測した（図 104）．

（A）1 個を除いてすべての穴をふさいだとき．

円盤の回転が遅い場合には，空気の噴流音のみが生成される．速度を上昇させると噴流音の感覚は次第に減少し，「音」の感覚にかわる．隣り合う 2 個の穴を残して他をすべてふさいだときにも同じ結果が得られた．

（B）20 個のうち 3 個の穴を開放したとき．

噴流音のほかに 20 個全部の穴が開いているときと同じピッチの音（$20n$）が知覚された．円盤の回転が遅い間は噴流音の感覚が強いが，この感覚は回転速度

が増すにつれ次第に薄れ，ついには音の感覚のみになる．1秒間に40回転の速度で円盤を回転したときには噴流音はまったく知覚されず，$20n$（$20\times40=800$）の音のみが知覚された．nの（この場合は40 Hzの）音は知覚されることはなかった．これは，三つの音波があるとピッチが知覚されることを意味している．

（C）連続する3個の穴を開放し，続く2個の穴を閉鎖したとき．

$20n$のピッチが明らかに知覚された．$4n$の音も聞こえたが明瞭ではなかった．

（D）隣り合う2個の穴を開放し，続く3個の穴を閉鎖したとき．

$20n$のピッチをかなりよく聞き分けることができた．これを，全体で2個の穴だけを開放した場合と比較すると，隣り合う開放した穴の対とその隣りの対との間隔が比較的小さく，隣り合う2個の穴の間の最小空間の整数倍であるとき，ピッチは知覚されると考えられる．

（E）開放する穴と穴との間隔が交互に2と3（の比率）であるとき．

ピッチはかなり不明瞭で，$8n$から$12n$までの幅があった．

（F）穴と穴との間隔が，1 : 1 : 3 : 1 : 2 : 1 : 1 : 2 : 1 : 2 : 2 : 1 : 2の比率であるとき．

ピッチはかなり明瞭で，$20n$よりもわずかに低かった．

（G）穴と穴との間隔が交互に2と1（の比率）であるとき．

$20n$の高さのかなり明瞭なピッチが知覚された．

（H）穴と穴との間隔が1 : 2 : 3 : 3 : 3 : 3 : 3 : 2の比率であるとき．

ほぼ$7n$の高さのやや不明瞭なピッチが知覚された．

円盤の回転速度を1秒間に15回転から40回転まで変化させた場合にも，上記の実験結果はほとんど変わらなかった．

この結果から，内耳の共鳴器の減衰がかなり大きいことが明らかで，三つの波の間隔に二つの波が続いて生じるときのように，振動が完全に周期的でなくてもピッチの知覚は可能であることがわかる．しかし，完全に「周期的」な振動でないからといって「不規則」であることにはならない．波と波との間隔が一つの波の長さの整数倍であれば，ピッチを知覚することができる[8]．もしこの条件が満たされない場合，たとえば二つの波の間隔と三つの波の間隔とが交

---

[8] 実際には，母音の音波は完全に周期的であるとはいえない．個々の波形にはかなりの変動があることがしばしばで，おそらく声帯に何らかの問題が瞬間的に生じるのであろう．しかし，これは，音を注意して聞かないかぎり知覚されることはない．

互に現れるような場合には，ピッチは常に不明瞭になる．

さらに，この実験からは，(穴の組によって作られる)刺激と刺激との時間間隔よりも，むしろ刺激の分布が重要であることもよくわかる．たとえば，2個の穴の組が一つだけある円盤が，2個の穴の組が四つある円盤の4倍の速さで回転する場合，二つの円盤の音は聴取者の耳をほぼ同じ時間間隔で刺激するにもかかわらず，前者は後者とはまったく異なる印象を与える．

要約するならば，多くの事実が明らかになるにつれて，ピッチ知覚は末梢説のみでは説明しがたいことが明らかになってきている．この問題を正しく理解するには，さらに系統的な研究を行うとともに，より多くの実験結果を集めることが必要であろう．入手可能なすべてのデータから推測するならば，複合音あるいは低い純音のピッチ知覚は，基底膜上における基本音の位置と，倍音の相対的および絶対的な位置によって決まり，これに対して純音のピッチ知覚は基本音の位置によって決まると思われる．

(2) ラウドネス(音の大きさ)

純音のインテンシティー(音の強さ)とラウドネス(音の大きさ)との関数的関係は，700 Hz～4000 Hz の周波数範囲ではほとんど変わらない．インテンシティー(つまりエネルギー)が10倍になると，インテンシティーが 20 dB 以下のときにはラウドネスは約10倍になる．インテンシティーが 40 dB～60 dB の範囲にあるときにはラウドネスは約3倍となり，インテンシティーが 80 dB～100 dB の範囲にあるときにはラウドネスは約1.5倍となる．いいかえるならば，インテンシティーの増大につれてラウドネスはより緩やかに増大する．4000 Hz 以上の周波数では，インテンシティーとラウドネスは中音域のピッチにおけるときとほぼ同様の関係をもつが，ラウドネスの閾値は高くなる．低い音では閾値が非常に高いが，音が強くなるにつれ，音のラウドネスは急激に増大する．そのため，インテンシティーが 100 dB の場合，インテンシティーは，同じインテンシティーをもつ中音域の音のラウドネスと等しくなる．これよりわかるように，蝸牛の最低共鳴周波数は耳で知覚可能な最低周波数よりもはるかに高い．

複合音のラウドネスは，50 dB 以下のインテンシティーではその音の倍音のラウドネスの和にほぼ等しく，音がより強く周波数が低い(倍音と倍音との間隔が狭い)ときには，遮蔽効果のために倍音のラウドネスの和よりは小さくなる．

ルリエ Lurie[9]によれば，内有毛細胞は骨性らせん板(図100参照)の上にあるので振動しにくく，その感度は外有毛細胞より 30 dB～40 dB 低いという．しかし，内有毛細胞には，1～2個の細胞に1本の神経繊維が接続するので，外有毛細胞よりもピッチやラウドネスをよりよく判別できるという．

ラウドネスは，生理学的観点から，次の3種類の方法で説明される．

(ⅰ) ラウドネスは，基底膜上にある刺激された有毛細胞の数，あるいは聴神経[10]内の賦活された神経繊維の数に比例する．

(ⅱ) ラウドネスは，神経発火の頻度によって決まる．

(ⅲ) ラウドネスは，活動繊維とそれぞれの繊維の発火頻度とに相関する，すなわち脳に送られる神経エネルギーの総和[11]に関連する．

上記の三つの理論の正当性は，綿密な研究の後に判断すべきであろう．

(3) 音 色

ヘルムホルツ ("*Sensations of Tone*", p.118)によれば，楽器の音色は倍音の相対的な強さのみにより決定されるという．たとえば，純音はやわらかく心地よい音で，ざらざらした感じがないが，力強さに欠けるという．第1倍音から第6倍音までが適度に大きい楽音は，調和がとれており，純音に比べて豊かで華麗である．しかし，さらに高い倍音(第7倍音以上)がない場合には甘く快い感覚が生じる．楽音の基本音が強ければ豊かな音になり，弱ければやせた音になる．

シュトゥンプ Stumpf は，楽音の音色はある一定の周波数領域の倍音が強いことによって特徴づけられるとしている．つまり，隣接する他の倍音よりも強い倍音は音色の決定に大きく貢献する．このような周波数領域を「フォルマント」とよんだ[12]．

楽音の場合，基本音のピッチに依存せず一定の位置を保つフォルマントは，「固定フォルマント」とよばれる．また，基本音のピッチと一定の関係を保ち

---

[9] M. H. Lurie: *Studies of Acquired and Inherited Deafness in Animals*, J. Acoust. Soc. Am., **11**, 1940, p.420.

[10] H. Davis: *The Electrical Phenomena of the Cochlea and the Auditory Nerve*, J. Acoust. Soc. Am., **6**, 1935, p.214; S. S. Stevens and H. Davis: *Psychophysiological Acoustics: Pitch and Loudness*, J. Acoust. Soc. Am., **8**, 1936, p.1.

[11] A. F. Rawdon-Smith: *Theories of Sensation*, p.113.

ながら変動するフォルマントは「可動フォルマント」とよばれる．シュトゥンプによると，「固定」フォルマントも「可動」フォルマントも，ともに音色を決定する働きをなすが，後者が本質的なものと考えられるという(注16)．しかし，ヘルムホルツ理論の立場からは，可動フォルマントはむしろ以下に述べるような特別な場合にあてはまるとされる．一般にいうフォルマントの数は必ずしも1～2個ではなく，5個以上あることもある．

　図105は，三つの楽音の音響スペクトルを示している．横軸の太線はフォルマントを表し，小さい丸はフォルマントの中心を示す．もし楽音の音色が倍音間の強さの関係(倍音構造)に依存するならば，AとBの音は同じ音色をもつはずである．一方，もし音色がフォルマント(固定フォルマント)の位置のみによって決定されるのならば，AはCと同じ音色をもつことになる．ここでは，AとBとに共通する音質を「ヘルムホルツ音色」，AとCとに共通する音質を「シュトゥンプ音色」とよぶ．

　楽音を構成するそれぞれの純音(倍音)の音色がピッチによって変化するのであれば，楽音の音色は，上音構造が一定であっても，基本音のピッチが変わるにつれて変動するはずである．したがって，ヘルムホルツ音色が一定であるためには，それぞれの倍音の音色が一定であることが必要である．そうでなければ，ヘルムホルツ音色は，個々の倍音の音色と無関係でなくてはならないからである．

　純音の音色は，ピッチが変化するにつれて顕著に変化する．低いピッチが徐々に上昇するにつれて，音は低音域では深く広く鈍い音であり，中音域では狭くて輝きをもち，高いピッチでは細く冷たい鋭い音となる．このように，われわれが感じる深みあるいは輝きのある感覚のことを，心理学者は「量感」あるい

---

[12] C. Stumpf: *Die Sprachlaute*, Springer 1926, pp.62-63.「フォルマントは個々の音を意味するわけではなく，一般的に，母音の性質に対し有為に貢献する周波数帯域を意味する．かつて，拙著論文では，その有為な帯域をフォルマント領域とよび，フォルマント中心をフォルマントとよんだ．…しかし，現在では，フォルマント領域全体の総合的効果を強調している．この新しい定義は短くかつより現実的である．フォルマントという表現はそもそもヘルマンによるもので，彼の主張に従えば，母音に含まれる主成分であり，一般に非調波的である．しかし，このフォルマントの定義は現実的であるため，私自身も当該事項の表現にはその定義を用いている．」

ヘルマンによって使われた「フォルマント」という用語は，これまで「くぼみ音(cavity tone)」とよばれてきたものを指している．このくぼみ音の周波数は，「フォルマント中心」("Formantzentrum")に相当する．しかし，本書では，「フォルマント」という用語はシュトゥンプの定義に従って，すなわち，強い倍音の存在する周波数帯域を意味し，音によって異なりうるものとする．同じ範疇(たとえば母音)に属するすべての音の「フォルマント中心」を含む周波数帯域を，以後「特徴周波数領域(characteristic frequency region)」とよぶ．

164／第 12 章　聴覚の心理学的，生理学的，力学的説明

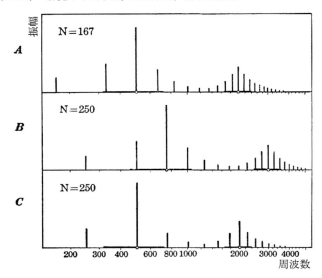

図 105　二つのフォルマントをもつ 3 種類の音のスペクトル

は「輝き」[13]とよぶ．音のピッチが上がるにつれて，「量感」は減少し，「輝き」が増大する．

　しかし，解剖学的にみると，有毛細胞はさまざまなピッチの純音によって刺激されるが，蝸牛上の位置によって個々に異なる性質をもつようなことは基本的にありえない．したがって，純音の音色の違いを聴覚細胞に起因するとみなすことはできない．ボーリング，トローランドとフレッチャー Boring, Troland & Fletcher は，音の「量感」もしくは「広がり」は，基底膜上の刺激領域の長さに依存するという考えを支持している．この刺激領域の広がりは，大脳皮質領の空間的な大きさと関係し，量感を決定する[14]．低い音や複合音，強い音では，この領域は広く，音は「幅広い」．一方，高いピッチの音では，この領域は

---

　[13]　Stevens によると，「輝き(brightness)」は基本的に「密度(density)」と同じであるという．なぜならば，「輝き」のある音は密な音として描写され，「鈍い」音は拡散した音として描写されるからである．S. S. Stevens and H. Davis: *Hearing*, 1938, p.165.
　[14]　L. T. Troland: *Psychophysiological Considerations Relating to the Theory of Hearing*, J. Acoust. Soc. Am., **1**, 1930, p.301. ある一つの音の幅広さの空間的大きさだけでなく，二つの音の間隔の空間的大きさも認められている．Stevens らは音と音との間隔の大きさを，「半ピッチ(half pitch)」の感覚を使って測定を試みている．S. S. Stevens, J. Volkmann and E. B. Newman: *A Scale for the Measurement of the Psychological Magnitude Pitch*, J. Acoust. Soc. Am., **8**, 1937, p.185. この実験は，「半ピッチ」は，基底膜の「半分長」に相当することを示している．

狭く,音は細い.「輝き」は,基底板の振動波形のピークの鋭さとみなすことができるだろう.低い音の場合,ピークはなだらかで音は鈍いが,ピッチの高い音では,ピークは鋭く輝いた音になる.純音は,色の場合と異なり,「量感」や「輝き」のような属性を除くならば,本質的には個々に異なることはないので,シュトュンプ音色自体もこれらの属性に主としてかかわるものとみなすことができる[15].

したがって,シュトュンプ音色が楽音のフォルマントに存在する倍音の性質によって特徴づけられ,ヘルムホルツ音色が上音構造によって影響されると考えるならば,これらの二つの音色はそれぞれ,モザイクの構成要素による色彩効果とモザイク全体の構成による効果にたとえることができる.

これまでに述べたように,シュトュンプ音色を生理学的に説明することは比較的容易であるが,ヘルムホルツ音色についてはかなり困難がある.上音構造が固定している楽音の場合,ヘルムホルツ音色は,蝸牛内で生じる刺激パタンが,ピッチやインテンシティーにかかわりなく一定であるか否かという問題が生じる.これまで,基底膜上の刺激の位置は低い音の場合を除いて音の周波数の対数にほぼ直線的な関係をもつことを仮定してきたが[16],もしそうならばパタンの形も楽音のピッチとは関係なくほぼ一定であるといってよい.しかし,耳はすべての周波数に対して等しい感度をもつわけではなく,この関係も音の強さにしたがって変化する.さらに強い音の場合,中耳や内耳は(振幅に対する関係が)非線形性をもつので,倍音が過剰に生成されパタンはある種の変形を受けるので,ヘルムホルツ音色はピッチや強さに応じて何らかの変化を受けざるをえないことになる.

楽音や雑音のさまざまな特徴を研究する上では,基底膜の刺激パタンの形や,それに対応して生じる大脳皮質領野のパタンの形を調べることは,極めて重要である.しかし,種々の条件のもとでそれぞれの楽音に対するパタンを描くことは困難であり,音響スペクトルが楽音を表す最も単純な方法であるといえよう[17].

---

[15] Stumpfは,音色は感覚よりはむしろ知性に関連するものと考えていたようである.
[16] J. C. Steinberg: *Position of Stimulation in the Cochlea by Pure Tones*, J. Acoust. Soc. Am., **8**, 1937, p.176.
[17] Crandallは,耳の感覚の鋭さを考慮して英語の母音に対するパタンを描いた. I. B. Crandall: *The Sounds of Speech*, Bell Sys. Techn. Journ., **4**, 1925, pp.586-626. 通常の会話に使われる声では,耳の感覚の非線形性によって生ずる主観的な倍音や結合音は極めて弱く,主観的なパタンにはほとんど影響を及ぼすことがない.

第13章

母音の性質

53. 母音の諸理論

母音の発音においては，ある周波数帯域の中の倍音が声道の共鳴によって増強されて，フォルマントとして母音の特徴に貢献することは明らかである．しかし，母音についてはさまざまな異なる理論が出されている．その中には，ウィリス Willis，ヘルマン Hermann，およびスクリプチャ Scripture の「非調和理論(inharmonic theory)」もしくは「過渡理論(transient theory)」や，ヘルムホルツ Helmholtz，ミラー Miller，およびシュトュンプ Stumpf の「調和理論(harmonic theory)」もしくは「定常状態理論(steady state theory)」がある．

非調和理論によれば，「母音の性質は，喉頭音の1周期中に振幅が変化する口音からなる」という．つまり，母音は，ほぼ一定したピッチ(口音のピッチ)と雑音の性質(振幅変化[18])とをもつ音とみなされる．したがって，この雑音が喉頭音(有声母音)の周期で繰り返されるか，非周期的(無声母音またはささやき母音)であるかは，重大な問題ではない．

一般に，母音について非調和理論を支持する研究者は，聴覚については電話説を唱えることが多い．スクリプチャはその中で最も典型的な人といえよう．

調和理論を唱える者は，すべて共鳴説を支持している．彼らは，母音がたとえ単なる減衰振動波の連続であっても，それぞれの波が周期的に繰り返されるものであれば，倍音に分解できると主張する．したがって，母音は一定のフォルマントをもつ調和的な音として定義される．この見解は，母音は，子音にお

---

[18] 純音を雑音に変えるには，それぞれの波長を固定して振幅を変える代わりに，振幅を固定してそれぞれの波長を少し変えるとよい．Jaensch はこの実験をして，人工的に母音を生成することに成功した．H. Jung: *Die neueren Vokaltheorien*, Phys. Zeits., **17**, 1926, p.716.

けるような摩擦音や破裂音などの雑音を含まないという事実，および母音に非調和的な倍音を混合すると母音の韻質が損なわれるという事実に基づいている．

　われわれは，聴覚に関しては共鳴説を受け入れるが，調和理論を母音の最良の説明とすることには満足していない．なぜならば，母音は一般には楽音に属し，内耳において倍音に分解することができるが，一方，ささやき母音のような単に雑音にすぎない母音もあり，さらに，すべての母音は非調和的な純音を合成して作ることができるからである．しかしながら，これは必ずしも非調和理論を正当化することにはならない．後述するように，調和的であるか非調和的であるかはほとんど問題ではない．同様に「定常状態理論」の方が「過渡理論」よりやや優れているとする必要もない[19]．その理由は，母音が発音されるとき，一定時間持続するのが通常だからであり，過渡的に変化する音は母音ではありえないからである．

　母音の調和的な性質についての二つの異なる解釈のほかに，フォルマントのピッチももう一つの議論の対象になっている．ウィリスはリード管(注17)を使った実験により，母音の韻質はリード管の長さによって変化するので，母音の韻質はくぼみ音の絶対的ピッチによって決定されるという結論に達した（固定フォルマント説）．その後，ホイートストン Wheatstone，ドンダース Donders，ヘルマン，ヘルムホルツ，スクリプチャ，シュトュンプらがこの説を引き継いだ．一方，ロイド Lloyd は，母音の韻質は絶対的ピッチや1～2個のフォルマントのピッチによって決まるのではなく，2個かそれ以上のフォルマントの相対的なピッチによって決まるとする解釈をとった（相対フォルマント説(注18)）．たとえば，日本語のイ(i)の二つのフォルマント中心がそれぞれ 270 Hz と 2700 Hz であれば，1：10 という比率は5母音すべてにおいて二つのフォルマントの間に存在する最大の比率である．エ(e)については，フォルマント中心はそれぞれ 450 Hz と 2000 Hz であり，この 1：4.4 という比率が2番目に大きい．1：10 の比率が一定であるかぎり，一方のフォルマントを 270 Hz から 450 Hz に，他方のフォルマントを 2700 Hz から 4500 Hz に変えたとしても，やはりイ(i)に聞こえる．その場合，イ(i)の低い方のフォルマントは，エ(e)のそれと一致する．

　固定フォルマント説を支持するヘルマンは，母音 'A' を G から d^1 のいろい

---

[19] ささやき母音は雑音であるが，それを発音する際には同じ条件が持続するので，定常音とみなすことができる．

ろなピッチで生成した実験の結果，一つのフォルマント周波数(くぼみ音)は事実上一定である($f^2 \sim g^2$)と述べている．ヘルムホルツも，母音 'A' の生成において，フォルマント周波数のわずかな差異が母音の韻質に大きく影響するという解釈をとっている．しかし，どちらの場合にも，母音は同一話者によって発音されている．したがって，フォルマント周波数にわずかの差異をもたらすには，声道は異なる形でなくてはならず，音色は自然に変化する．つまり，ただ1人の話者からのデータでは，同じ母音でフォルマントが一定であるか，あるいは逆に，フォルマント周波数が変動すると母音の韻質が変化するかどうかを示すには不十分である．

　長内 Osanai[注19]は，5 母音それぞれにある二つのフォルマントにはオクターブの関係を見出せると主張した．もしこれが事実ならば，確かに興味深い発見である．日本語の各母音の二つのフォルマントは，実際に長内の研究に合わせて設定することができる．次の表はその例である．

	F_1	F_2
イ(i)	$d^1(290)$	$d^4(2323)$
エ(e)	$b^1(488)$	$b^3(1953)$
ア(a)	$e^2(652)$	$e^3(1304)$
オ(o)	$b^1(488)$	$b^2(977)$
ウ(ɯ)	$e^1(326)$	$e^3(1304)$

　ここで，ア(a)の二つのフォルマントが互いに接近して，$b^2(977\,\mathrm{Hz})$ の周波数をもつ単一フォルマントを呈することがある．

　しかし，次のルイスの測定結果にみられるように，英語の母音では必ずしもこの関係を見出せるわけではない(表 III を比較のこと)．

	F_1	F_2	F_3
EE	$e^1(320)$	$c^4(2030)$	$f^4(2690)$
EH	$d^{\#2}(620)$	$g^3(1510)$	
AH	$e^2(640)$	$b^2(990)$	
O	$a^1(440)$	$g^2(770)$	
OO	$f^{\#1}(370)$	$c^3(1040)$	

54．実験の方法

　母音の性質を調べるための実験方法は，次の 6 項目に分けることができよう．

（i）波形の記録[注20]

この方法は，母音波形の直接観察に基づく研究に有効であろう．

これには，ヘルマンの音響光学的装置や，スクリプチャのレコード盤の溝を拡大して記録する装置や，ミラーのフォノダイク（phonodeik）などがある．最近ではマイクロフォンとオシログラフの併用が進んでいる．

（ii）波形の客観的分析[注21]

かつては一式のヘルムホルツ共鳴器が使われた．しかし現在では，波形を記録したのちに数値的に解析するか，ヘンリッチ Henrici の分析器のような機械的分析器によって分析を行う．デルサッソ Delsasso やジェメルリ-パストリ Gemelli-Pastori の分析器は，特殊な電気機械的装置である．ベケシー Békésy やモンゴメリー Montgomery の光学的分析器はいずれもかなりの速さと正確さで高い倍音まで分析することができるので，われわれの目的にかなっている．電気的周波数分析器は，波形を記録することなく，発音中の母音を自動的に分析することができる．この装置はこれまでに高橋と山本 Takahashi-Yamamoto，ティーンハウス Thienhaus，その他の研究者らによって使われてきた．しかし，この分析器で一つの音を分析するには数秒かかるので，急激に変化する音を分析するには役立たない．ヒックマン Hickmann およびフライシュテット Freystedt の電気音響スペクトロメータは，発音と同時に音響スペクトルを作成できるので，いずれも大変に便利であるように思われるが，精密さを欠くこともあってあまり広くは用いられていない．トレンデレンブルグとフランツ Trendelenburg & Franz は，一つの母音を電気的フィルタを通して六つの周波数帯域に分け，同時にそれぞれの波形をオシログラムに記録した．この方法を使うと，単に音の振幅を示すのではなく，各周波数帯域の波形の特徴を観察することができる．

（iii）母音の合成[注22]

この方法では，ピッチの異なる数多くの純音から一つの母音を合成する．これにより，一つの母音を構成する必要な倍音を知ることができる．このような合成の実施例として，ヘルムホルツは一連の音叉と共鳴器とを併用し，ミラーはオルガン・パイプを使用し，シュトュンプは上音を除去した歌口管の音を利用した．音叉や，瓶の口に息を吹き込んで作られた純音も母音合成のために利用された．その他に，イェンシュ Jaensch やエンゲルハルトとゲールケ Engelhardt-Gehrcke らのように，特別な波形あるいはいくつかの正弦波を描いて電気光学的に音

を生成する方法もある．この方法は，かつてのケーニッヒ Koenig やケーニッヒ-ルスロー Koenig-Rousselot の母音サイレンよりもはるかに効率的で，信頼性の高い方法である．実際には，純粋に電気的な方法のみによって純音から合成する手法もいくつかある．第二部に述べたように，パジェット Paget やスチュワート Stewart は，声道器官の模型を使って人工母音を生成することに成功した．この方法は母音の主観的な研究に役立つであろう．

(iv) フィルタによる主観的分析

これは，母音を構成している倍音を部分的に除去することによって音の変化を観察する方法である．シュトュンプは干渉管[注23]を使ってこの変化を調べた．その実験では，最も高い倍音から順にピッチの低い方へ向かい徐々に倍音を除去し，最後に完全に消失させた．さらに，逆の順に，除去した倍音を最も低い倍音から順に復活させていった．ワグナー Wagner[注24]は電気的フィルタを使って，同じ結果を得た．

フレッチャーとスタインバーグ Fletcher & Steinberg は「高域通過フィルタ」と「低域通過フィルタ」を電話回線に接続することによって，母音の調音に関する研究を行った．高橋と山本の研究では，「高域通過フィルタ」か「低域通過フィルタ」か「帯域通過フィルタ」を使って，一つの母音をほとんどあらゆる母音に変化させることができると報告されている．

(v) 母音の混合(mixing)[注25]

この実験は，フーベル Huber，廣瀬 Hirose，その他の研究者によって行われた．2名の話者が異なる母音を伝声管あるいはマイクロフォンに向かって同時に発音し，その混合母音の始めと終わりの部分を聞こえないようにして，隣室にいる観察者に聴取させた．

(vi) ピッチ変化による観測

これはレコード盤[注26]の回転速度を変えることによって，母音に生じる変化を観察する方法である．もし装置が完璧なものであれば，波形を変化させることなく，生成される音のピッチは回転速度に比例して昇降し，それにともないフォルマントのピッチも変動する(図105A, B)．母音に二つのフォルマントがある場合には，それぞれが同時に昇降するので，二つのピッチの関係は保たれる．これより，回転速度の変化にもかかわらず母音が変わらなければ，相対フォルマント説が成り立ち，そうでなければ固定フォルマント説が成り立つと

考えられる．ピッチを変化させる方法は，これまで，グリュッツナー Grützner，ラール Lahr, ヘルマン，シュトゥンプ，エンゲルハルトとゲールケらによって採用されてきた[20]．

レコード盤を用いた複数の観察で結果が異なるという報告[21]は，おそらく実験を行う際の不注意か，使用した装置に欠陥があったかのいずれかによるものであろう．われわれは，以下に述べる方法を用いて，この種の実験をいくつか行った．

55．レコード盤を使った観測

母音の韻質変化はレコード盤の回転速度を変化させることによって観測できる．速度変化の範囲を広げるため，録音時にレコード盤を通常より速い速度で回転させ，再生時に通常より遅い速度で回転させ，また，その逆も行った．表 IV, V, VI, VII は，毎分 100 回転の速度で録音された音を毎分 100, 90, 80, …, 40 回転の速度で再生したとき，および，毎分 60 回転の速度で録音された音を毎分 60, 70, …, 100 回転の速度で再生したときの結果を示している．これに加えて，男性のみを対象として毎分 40 回転の速さで録音した．

表の第 1 と第 2 の縦列は，それぞれ，再生時のレコード盤の回転速度と，再生時と録音時の回転速度との比率を表している．たとえば，表 VI 中の 1.33 という数字は，再生時の回転速度（毎分 80 回転）は録音時の回転速度（毎分 60 回転）よりも 1.33 倍速いことを示している．したがって，基本音とすべての倍音は同時にピッチが 1.33 倍高くなる．もとの音声に 1000 Hz のフォルマントがある場合，そのフォルマントは 1330 Hz のフォルマントをもつ高いピッチの音声として再生される．したがって，それぞれの速度において波形を変えることなく音声を再生できるか否かの点に注意を払う必要がある．

われわれは，上記の実験を，日本語の 5 母音ア(a)，イ(i)，ウ(ɯ)，エ(e)，オ(o)（有声とささやき声の両方）について行った．話者と声の種類およびピッチは次のとおりである．

---

[20] レコード盤の代わりに，サウンド・フィルムも使われた．Bárány は，空気でなく水素で声道を満たしてフォルマントを上昇させた．
[21] C. Stumpf: *Sprachlaute*, 1926, p.228.

表IV　レコード盤の回転速度の変化による母音の韻質の変化
（毎分100回転の速度で録音）

回転数 （毎分）	速度比	話者	
		男児（9歳）[22]	成人男性（26歳）[22]
100	1.00	自然[23]	自然
90	0.90	自然	自然
80	0.80	ささやきの a; やや不自然	自然
70	0.70	14～15歳男児の自然な声 ささやきの $a \to a^u$	やや不自然; こもった声; $a \to a^o$
60	0.60	やや不自然; $a \to a^o$	こもった声; 有声5母音の聴感; ao, i^u, u, eo, o ささやき母音; 微かに母音性のある雑音
50	0.50	i, ɯ, o: やや不自然; $a \to a^o, e \to e^o$	こもった声; 有声5母音の聴感; $o, ü, u, ö, o$
40	0.40	不自然, 5母音の聴感; $ao, i^ü, u, e^o, o$	有声5母音の聴感; $o, ü, u, ü, u$ ささやき母音; 単なる雑音

（1）成人男性（26歳）; $e(163\sim)$ と $a(217\sim)$ のピッチの胸声, $f^1(345\sim)$ のピッチのファルセット, ささやき声.
（2）成人女性（20歳）; $e^1(326\sim)$ のピッチの胸声とささやき声.
（3）男児（9歳）; $f^1(345\sim)$ のピッチの胸声とささやき声.
（4）女児（8歳）; $e^1(326\sim)$ のピッチの胸声とささやき声.

表VIIIは，有声母音の変化をまとめて示している．

速度を下げて再生した場合（表IVと表V），26歳の男性の声はより低く，深みを増す．速度をわずかに下げるだけならば，50歳台の男性の声に聞こえ，母音そのものは変化せず自然のままである．しかし，さらに速度を下げるとそれぞれの母音はかなり不自然となり，ときには他の母音に聞こえ，あるいはその母音の韻質が失われる．同様に，9歳の男児の声は，速度をわずかに下げると

---

[22]　話者は5母音をア(a)，イ(i)，ウ(ɯ)，エ(e)，オ(o)の順に，いずれも有声音とささやき声とで発話した．
[23]　「自然」という言葉は，ここでは，音が自然な母音に聞こえることを示している．

表 V　レコード盤の回転速度の変化による母音の韻質の変化
（毎分 100 回転の速度で録音）

回転数 （毎分）	速度比	話　　者	
		女児（8 歳）	成人女性（20 歳）
100	1.00	自然	自然
90	0.90	自然	自然
80	0.80	自然	自然
70	0.70	自然	やや不自然; ぼやけた声; 　　$a \to a^o$
60	0.60	自然	ぼやけた声; 有声 5 母音の聴感; 　　a^o, i, u, e^o, o
50	0.50	やや不自然; 　　a^o, i^u, u, e^o, o	やや不自然; 有声 5 母音の聴感; 　　ao, i^u, u, e^o, o
40	0.40	不自然; 5 母音の聴感; 　　a^o, i^u, u, e^o, o	不自然; 有声 5 母音の聴感; 　　$o, ü, u, ö, o$

きには，14～15 歳の（声変前の）男児の声のように聞こえる．速度をさらに下げると母音の変化が生じる．

　速度を上げて再生した場合（表 VI と表 VII），26 歳の男性の声は，母音の韻質は変わらないが子供のような声になる．胸声もささやき声も，録音時の 1.5 倍の速さで再生したときには，まったく自然な 6～7 歳の男児の胸声とささやき声のように聞こえる．速度をさらに上げると，母音は徐々に不自然になり，最後には母音の変化が生じる．9 歳の男児の声では，回転速度が正規の速度を超えると同時に母音の変化が生じる．

　成人の声については，速度をかなり上げても母音への影響が少ないが，速度を少しでも下げると母音は何らかの変化を受ける．ところが，子供の声の場合にはまったく逆の現象がみられ，速度を上げると，速度を下げたときよりも早く母音に変化が生じる．これは，成人の声のくぼみ音の周波数が低く，子供の声のくぼみ音の周波数が高いことを示している[24]．

　母音が自然に聞こえる回転速度の範囲は母音によって多少異なるが，ほぼ次のように表すことができよう．

174／第 13 章　母音の性質

表 VI　レコード盤の回転速度の変化による母音の韻質の変化
（毎分 60 回転の速度で録音）

回転数 (毎分)	速度比	話者	
		男児（9 歳）	成人男性（26 歳）
60	1.00	自然	自然
70	1.17	ɯː やや不自然;	自然
80	1.33	有声 5 母音の聴感; a, ($^i_ɯ$), (^ɯ_e, e^o, ($^{o[25]}_a$) ささやき 5 母音の聴感; a, ɯ, e, a, a	自然; 子供のような声
90	1.50	5 母音の聴感; a, (^i_o), (^o_e, a, a ささやき 5 母音は不明瞭; a, ɯ, e, a, a	自然; 子供のような声; ささやき母音は 6～7 歳男児 の自然な声によく似ている
100	1.67	有声 5 母音の聴感; a, (^i_o), (^a_e, a, a ささやき 5 母音; 単なる雑音	やや不自然; 子供のような声; 母音の韻質は明瞭

（毎分 40 回転の速度で録音）

回転数 (毎分)	速度比	男児（9 歳）	成人男性（26 歳）
70	1.75		やや不自然; 子供のような声; 母音の韻質は明瞭
80	2.00		不自然; すべての母音は明瞭
90	2.25		不自然; a, i, (^ɯ_e), (^e_o, (^o_a

26 歳の男性　　1.50～0.80
20 歳の女性　　1.33～0.80
9 歳の男児　　　1.00～0.70
8 歳の女児　　　1.17～0.60

[24]　表からわかるように，女性の声のくぼみ音は，男性の声と子供の声のくぼみ音の中間の高さである．Lloyd によって提唱された相対フォルマント説は，女性の声のフォルマントが男性の声のフォルマントとわずかに異なるという事実に基づいている．Crandall および Obata は，音声波形の記録においてこれを確認している．I. B. Crandall: *The Sounds of Speech*, Bell Sys. Techn. Journ., **4**, 1915, pp.586-626; J. Obata and T. Teshima: *On the Properties of Japanese Vowels and Consonants*, Jap. Journ. Phys., **8**, No.1, 1932.

[25]　同じ母音が二つの異なる母音に知覚されることがある．たとえばイ(i)の場合には i，またあるときには ɯ となる．

（注）われわれは，言語の中で実際に起こる母音変化は，母音の韻質変化をレコード盤により詳細に観測しフィルタによる実験結果と比較して研究すべきであると考えている．この問題に関するわれわれの研究結果を次の機会に出版するつもりである．

表 VII　レコード盤の回転速度の変化による母音の韻質の変化
（毎分 60 回転の速度で録音）

回転数 （毎分）	速度比	話者	
		女児（8 歳）	成人女性（20 歳）
60	1.00	自然	自然
70	1.17	自然; 5〜6 歳の女児の声	自然; 子供のような声
80	1.33	有声 5 母音の聴感; a, (i͡o, (ɯ͡o, (e͡o, (o͡ᵃ ささやき 5 母音の聴感; a, oᵘ, a, o, oᵃ	自然, 子供のような声 8〜9 歳の子供のような声
90	1.50	5 母音の聴感; a, (i͡oᵤ, (ɯ͡e, (e͡oe, (o͡ᵃ ささやき 5 母音の聴感; a, o, e, o, a	有声, ささやき声, ともに a, (i͡ɯ, (e͡ɯ, (o͡e, (o͡a
100	11.67	有声 5 母音の聴感; a, (i͡ɯ, (ɯ͡o, (e͡oa, (o͡a ささやき 5 母音の聴感; a, o, a, a, a	有声 5 母音の聴感; a, (i͡o, (e͡ɯ, (o͡o, (o͡a ささやき 5 母音の聴感; a, oᵘ, ?, ?, a

　上記の範囲外であっても，それぞれの母音はやや不自然には聞こえるが，はっきりと認識できる．

　再生時に母音が変化しない範囲は，年齢と性別とによって異なる．しかし，この範囲外では，年齢・性別に関係なく，母音は以下のように変化する．（ほとんどの場合，転換母音は下の文字で示すほど明瞭な音ではない．）

ア(a) ｛ 速い速度で再生したとき：
　　成人男性で 2.25 まで，その他は 1.67 までの実験範囲内では変化なし．
遅い速度で再生したとき：
　　$a \to a^o \to ao \to o$

イ(i) ｛ 速い速度で再生したとき：
　　成人男性の声では変化なし．その他の声では，
　　$i \to i, o$ または $ɯ$
遅い速度で再生したとき：
　　$i \to i^ü \to ü$

表 VIII　レコード盤の回転速度の変化によって生じる母音の変化：話者の声道の大きさとの関連性（有声母音）

回転数（毎分）		相対速度	話　者			
録音	再生		男性（26歳）	女性（20歳）	男児（9歳）	女児（8歳）
40	90	2.25	a i (^ɯ_e (^e_o (^o_a			
	80	2.00	a i ɯ e o			
	70	1.75	a i ɯ e o			
60	100	1.67	a i ɯ e o	a (^i_o (^ɯ_e (^e_o (^o_a	a (^i_o (^e_o a a	a ($^i_ɯ$ (^ɯ_o ($^e_{oa}$ (^o_a
	90	1.50	a i ɯ e o	a ($^i_ɯ$ (^ɯ_e (^e_o (^o_a	a (^i_o (^e_o a a	a ($^i_{ou}$ (^ɯ_e ($^e_{oe}$ (^o_a
	80	1.33	a i ɯ e o	a i ɯ e o	a ($^ɯ_ɯ$ (^ɯ_e (^e_o (^o_a	a (^i_o (^ɯ_o (^e_o ($^o_{oa}$
	70	1.17	a i ɯ e o	a i ɯ e o	a i ɯ e o a	a i ɯ e o
100	60 / 100	1.00	a i ɯ e o	a i ɯ e o	a i ɯ e o	a i ɯ e o
	90	0.90	a i ɯ e o	a i ɯ e o	a i ɯ e o	a i ɯ e o
	80	0.80	a i ɯ e o	a i ɯ e o	a i ɯ e o	a i ɯ e o
	70	0.70	a° i ɯ e o	a° i ɯ e o	a i ɯ e o	a i ɯ e o
	60	0.60	a o i ü u e° o	a° i u e° o	a° i u e o	a i ɯ e o
	50	0.50	o ü u ö o	a o i ü u e° o	a° i u e° o	a° i ü u e° o
	40	0.40	o ü u ü u	o ü u ö o	a o i ü u e° o	a° i ü u e° o

$$\text{ウ}(ɯ)\begin{cases}\text{速い速度で再生したとき：}\\\quad ɯ \to ɯ, o \text{ または } e\\\text{遅い速度で再生したとき：}\\\quad ɯ \to u\end{cases}$$

$$\text{エ}(e)\begin{cases}\text{速い速度で再生したとき：}\\\quad e \to e, o \text{ または } a\\\text{遅い速度で再生したとき：}\\\quad e \to e° \to ö \to ü?\end{cases}$$

$$\text{オ}(\text{o}) \begin{cases} \text{速い速度で再生したとき:} \\ \quad \text{o} \to \text{o} \text{ または a} \\ \text{遅い速度で再生したとき:} \\ \quad \text{o} \to \text{u?} \end{cases}$$

56. 母音における年齢差と男女差

　26歳の男性が二つのピッチで発声した胸声，ファルセット，ささやき声を使ったレコード盤実験から次の結果が得られた．ささやき母音が有声母音より先に母音の性質を失い単なる雑音になる傾向があることを除いて，レコード盤の回転速度の変化による母音の変化は，声の性質やピッチと無関係に生じている．非常に高いピッチ（$f^1 = 345$）のファルセットで発声した声を女性の普通の声の高さ（250 Hz 近く）になる速度で再生した場合，母音の感覚は，50歳台の男性の深みのある声で発音された母音に似ている．したがって，くぼみ音のピッチは，性別，年齢の区別の決め手として，声の質やピッチよりも重要な役割を果たしている．

　子供や女性のくぼみ音が一般に高い理由は，発声器官が小さいことにある．X線写真によって測定した結果では，20歳の女性，9歳の男児，および，8歳の女児の声道は，それぞれ，26歳の成人男性の声道の大きさの0.87倍，0.80倍，0.70倍である[26]．しかしながら，同じ形をした気柱共鳴器の自然周波数はその大きさと逆比例の関係にあるので，上記の例の子供のくぼみ音は，成人のくぼみ音の高さの $\frac{1}{0.80} = 1.25$ 倍，あるいは $\frac{1}{0.70} = 1.43$ 倍になる．したがって，録音時の速度の0.80倍，あるいは0.70倍の速さで再生した子供のくぼみ音は，成人のくぼみ音に近くなり，また逆に，再生速度を上げてピッチを高めた成人のくぼみ音は，子供らしい音になる．すでに述べたように，録音時の1.50倍の速度で再生した成人の声は，6～7歳の男児の自然な声のように聞こえる．そのような高いくぼみ音を生成することのできる声道の大きさは，成人の声道

---

　[26]　声道の形は個人によっても異なるが，年齢や性別によっても異なる．一般に，喉頭が大きければその人の咽頭腔は長い．口腔の長さつまり門歯と咽頭後壁との距離を dm で表し，咽頭腔の長さつまり軟口蓋と声門の間の距離を dp で表すとすると，成人男性の dm/dp の比率は成人女性や子供よりも小さい．たとえば，8歳の少女の dm は，26歳の男性の dm の0.77倍であり，dp は0.64倍であり，$dm + dp$ は0.70倍となる．声道の大きさとして上に示されているものは，$dm + dp$ を意味している．したがって，dm と dp の個々の値は，上述の値からはややずれている．

178／第13章　母音の性質

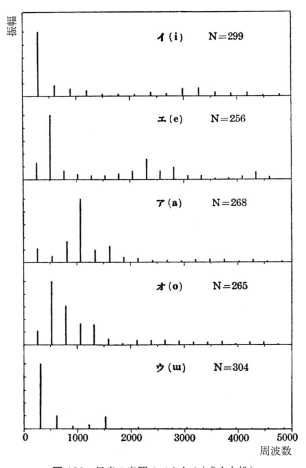

図106　母音の音響スペクトル（成人女性）

の $\frac{1}{1.50}=0.67$ 倍になるはずであり，これも事実とほぼ一致している．

　表VIIIの点線と太い実線は，声道の大きさから計算したくぼみ音のピッチが互いに等しくなる再生速度をつないだものである．たとえば，最上段の点線は，26歳の男性の声を録音速度の2倍の速度で再生したときのくぼみ音のピッチが，20歳の成人女性の声を録音速度の1.74倍 $\left(\frac{1}{0.87}\times 1.74=2.00\right)$ の速度で再生したときのくぼみ音のピッチか，あるいは，9歳の男児の声を録音速度の1.60倍 $\left(\frac{1}{0.80}\times 1.60=2.00\right)$ で再生したときのくぼみ音のピッチに等しいことを

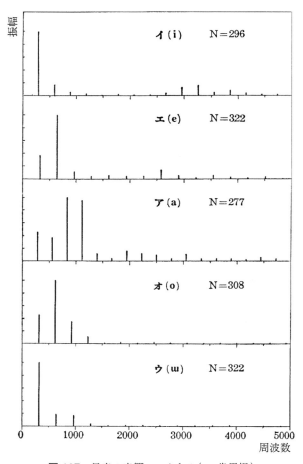

図107 母音の音響スペクトル（12歳男児）

示している．上下二つの実線はそれぞれ，くぼみ音のピッチが8歳の女児のくぼみ音のピッチに等しくなる再生速度，あるいは，26歳の成人男性のくぼみ音のピッチに等しくなる再生速度を示している．声道の大きさから計算によって求めたこれらの線の位置より，レコード盤実験の結果の妥当性が裏づけられている．

　成人男性の声は，再生速度を上昇させても母音の韻質を変化させることが難しい．これは，男性の声の低いピッチに伴う複雑な上音構造によるものか，あ

180／第13章　母音の性質

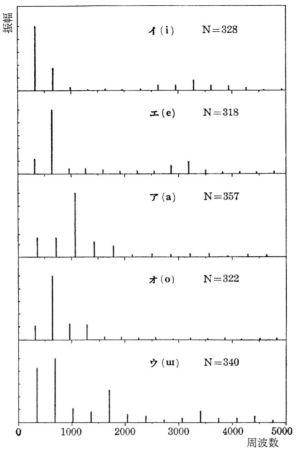

図108　母音の音響スペクトル（8歳女児）

るいは3000 Hz付近にあるフォルマントが優勢であるためと思われる．

くぼみ音のピッチに関する上記の結論は，レコード盤を使った観測とX線写真によって得られたものであり，母音のオシログラムもその妥当性を示している．図106, 107, 108は，それぞれ成人女性，男児，女児が発音した母音の音響スペクトルである．このうち，女児の被験者は，レコード盤実験におけるデータの提供者である．それぞれの音響スペクトルは，それぞれの性別と年齢を代表するものと考えてよいだろう．それぞれの被験者の声は，成人男性の声より

56. 母音における年齢差と男女差 / 181

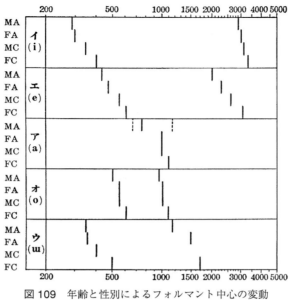

図 109 　年齢と性別によるフォルマント中心の変動
　　　　MA—成人男性（26 歳と 21 歳）
　　　　FA—成人女性（40 歳）
　　　　MC—男児（12 歳）
　　　　FC—女児（8 歳）

も約 1 オクターブ高く，なおかつフォルマントも成人男性の声より高い．図 109 は，それぞれのフォルマント中心の位置を比較したものである．ア(a)の点線は，レコード盤実験のデータ提供者とは別の成人男性が発声した母音を示している．エ(e)では，二つのフォルマントが互いに一定の間隔を保ちながら声道の大きさに反比例して高くなるのに対し，イ(i)の高い方のフォルマントは話者が変わっても大きくは変化しないことに注意する必要がある．その理由は，エ(e)では声道の太さが比較的均一であるため，二つのフォルマントが声道の全体の長さによって決定されるのに対し，イ(i)では子供と女性では声道に対する口腔の大きさが成人男性よりも相対的に大きく，高い方のフォルマントが主に口腔によって決まるためである．

　日常生活の中で，われわれは，それぞれ特有の発声器官をもつ多くの話者の声を聞いている．次の表は，年齢と性別の代表的な特徴を示している．

	声種	声の高さ	喉頭腔	口腔[27] 咽頭腔
成人男性	バス バリトン テノール	低	大	大
成人女性	アルト メゾソプラノ ソプラノ	高	小〜中	中〜大
男児		高〜低	中〜大	中
女児		高	小〜中	中
子供		高	小	小

　実際には，個人差は種々の面にわたり，ピッチや声の種類，声道の形や大きさなどが話者の特徴をもたらしている．しかし，異なる話者が同じ母音を発音できるからには，話者に共通する何らかの要因があるはずである．その共通の要因とは，声道の形の類似である．（声道形状は個人ごとに異なるが，その差異は声道形状の母音ごとの相違に比べてはるかに小さい．）声道の形が相似であるならば，その声道から生成された同じ種類の母音は，すべて同じ形の音響パタンをもつはずである．（母音の音響スペクトルは同じ輪郭線をなす．）

57．空間パタン理論

　上記の2節にわたって述べた観測結果から，われわれは次の結論に達した．
　「フォルマント中心が母音ごとに決まった周波数帯域（特徴周波数帯域）にあるかぎり，母音は，相対的なフォルマントによって特徴づけられる．」
　その周波数帯域はかなり幅広く，下限の周波数に対する上限の周波数の比率は約1.7である[28]．
　母音が相対的なフォルマントによって特徴づけられることは，厳密にいえば，音響パタン（音響スペクトル）が母音に特徴的な形状を呈することを意味する．

　　[27]　前述したように，口腔と咽頭腔との間の長さの比率は，男性よりも女性の方が大きく，小児よりも成人の方が小さい．したがって，口腔の長さには咽頭腔の長さほどの個人差はない．
　　[28]　これは，最も高いくぼみ音をもつ話者（子供）の声道の大きさと，最も低いくぼみ音をもつ話者（成人男性）の声道の大きさとの比率がおよそ0.6(1/1.7)であるという事実と一致している．

「相対フォルマント」という言葉は，二つの明瞭なフォルマントをもつイ(i)やエ(e)のような母音には適当かもしれないが，実際上一つのフォルマントしかもたない母音の場合には，「パタン形状(pattern-form)」という表現が適当であろう．図110中の A, B, C は，同じ母音に属する三つの異なる音のパタンをそれぞれ示している．A は，150 Hz のピッチで発音された母音の音響パタン（音響スペクトル）を示している．B の縦の実線は，A と同じ大きさの声道をもった話者が 300 Hz のピッチで発音した同じ母音の音響パタンを示している．一方，小さい声道をもつ別の話者が同じピッチで発音した母音のパタンは，B の点線で表されている．

声のピッチが高くなるほど倍音の間隔は広がり，音響パタンの構成要素（倍音）は少なくなる．しかしながら，母音の韻質は音響パタンの輪郭線のみに依存し，その構成要素の間隔あるいは数には関係しない[29]．さらに，倍音構造をもたない音でも，周期的な（有声の）母音の場合と同じ音響パタンが基底膜上に作られるならば，それは母音として知覚される．これにより，連続的な音響スペクトルをもつささやき母音が母音として成立する[30]（図110C）．

ささやき母音の音声は周期的ではないが，まったく不規則というわけではなく，帯域フィルタを通して分析された音声のオシログラム（図118参照）からも明らかなように，かなり安定した状態を保っている．

このように，母音は一定の形状をもつ音響パタンによって特徴づけられている．図111は，複数の話者が発音した母音の音響スペクトルをもとに描いた日

---

[29] もちろんこれは程度問題である．ピッチが非常に高いと，母音を構成する倍音の数が少なくなり，その特徴を十分に表現できず不自然な母音になるからである．ファルセットでは，高い倍音が弱く上音構造が単純なのでフルートのような音色になり，ピッチが極端に高くなると母音の性質はほとんど認められない．800 Hz のような高いピッチにおいても母音の韻質を判別することは可能であるが，母音の特徴は相当にあいまいになる．

母音が非常に高いピッチで発音されるとき，声帯はその機能を十分に発揮することができず，喉頭も通常の状態にあるとはいえない．また，声道形状の変形もともなう．したがって，声のピッチにともなう母音の韻質の変化を観察するには，人工声帯や人工喉頭を使うことが必要である．これらを使えば，高い声を出そうとする努力により声道が変形した結果生じる影響を排除することができる．われわれは，喉頭音発生器に粘土の円筒をとりつけ，音のピッチを変化させて母音の韻質に生じる変化を観察した．それぞれの5母音は，400 Hz のピッチでは明瞭に知覚できたが，ピッチを 500 Hz に上げると不自然な音になった．700 Hz ではイ(i)とエ(e)を判別することができなかった．ピッチが 1000 Hz になると，オ(o)とウ(u)は母音の韻質をすべて失い，イ(i)とエ(e)とア(a)は，ほとんどその特徴が消失したが，母音の韻質はわずかに残っていた．ピッチの上昇によって生じる母音の韻質の変化は，飲み物に水を加えて味が薄まることに似ている．

[30] 有声母音では，音響パタンの構成成分の間隔は，ピッチが下がり周期が長くなるにつれて徐々に狭くなり，最後には，雑音の場合のように連続的になる．

184／第13章　母音の性質

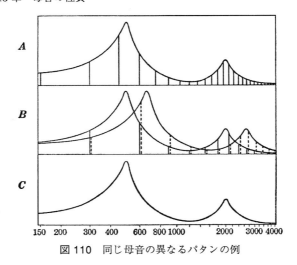

図 110　同じ母音の異なるパタンの例

本語の 5 母音の音響パタンである．周波数軸上の位置は，成人男性のものであり，成人女性や子供ではより高い周波数に現れている．

　われわれが実際に聴取する母音は，最も大きい声道をもつ話者が発音した場合に，最も低いピッチのくぼみ音をもつ．逆に，最も小さい声道をもつ話者の母音は，最も高いピッチのくぼみ音をもつ．この範囲の外には，われわれが実際に聴取する母音は存在しないのである．

　要約するならば，母音は特有の音響パタンによって特徴づけられた音声であり，その最大の特徴は，音声の中に繰り返し現れる周波数にある．人間は，同じ形状の音響パタンをもち特定の周波数帯域に存在する数多くの音声を聞くことによって，母音知覚という機能を習得する．母音の音響パタンが正規的な形状と位置を保つかぎり，容易かつ正確に母音を認識することができる．しかし，もし母音の音響パタンが（外国語の母音のように）耳慣れないものであるか，あるいは通常ではない周波数位置にある場合には，その母音を認識することができないか，あるいは音響パタンの位置を推量してその形を修正して認識することになる．したがって，成人によって発音された母音を徐々に速度を上げて再生すると，その音声は次第に 7〜8 歳の子供の声に近づき，さらに 3〜4 歳の子供の声に変わり，最後にはその母音として聴取することができなくなる．極端な場合には，母音は正しく知覚される場合とまったく別の母音に知覚される場

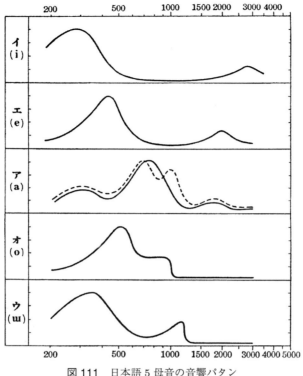

図 111　日本語 5 母音の音響パタン

合が生じることになる．子供が発音したイ(i)を，録音時の 1.50 倍以上の速度で再生すると，イ(i)またはオ(o)として知覚される．その理由は，イ(i)と知覚するときは，子供の声であることを判断の基礎として母音を聴取するためであり，オ(o)と知覚する場合には，高い方のフォルマントはもはやフォルマントとして識別されず，低い方のフォルマントのみがオ(o)のフォルマントとして認識されるからである[31]．次に，レコード盤の速度変化により生じる母音の変化が，音響パタンの位置の変動ないしフォルマントの転移によるものであるかどうかを，いくつかの例を挙げて示そう．

　ある種の母音では，ア(a)やオ(o)あるいは u のように，二つのフォルマントのいずれかが欠けるか，もしくは二つのフォルマントが互いに近接する（この

---

[31]　この実験の手順を知らされていない聞き手は，母音を直接に知覚し，手がかりを用いた音響パタンの推定を行わない．この場合には，母音はイ(i)ではなく，オ(o)として知覚される．

ため，かつては「単一フォルマント母音」とよばれていた）．これらの母音は音響パタンの形状が互いに似ているため，いずれか一つの母音のフォルマント中心が本来の特徴周波数帯域から外れて他の母音の帯域に移ると，別の母音に知覚される．しかし，母音の音響パタンの形状には若干の違いがあるために，フォルマントが二つの母音の特徴周波数帯域の境界領域にある場合には，転換母音ももとの母音として認識されうる．いわゆる単一フォルマント母音のなかで，ア(a)が最も高いフォルマントをもつ．次に高いフォルマントをもつのはオ(o)で，次にはuが続く．そのため，再生速度を上げたときにア(a)は影響を受けないが，オ(o)はア(a)に，uはオ(o)に変化する．9歳の男児が発声したオ(o)は容易にア(a)に変化する．これは，声が高いために，オ(o)の音響パタンの形状が，不完全ながらもア(a)の音響パタンの形状に類似することによって説明できる．再生速度を下げると，ア(a)はオ(o)に変わるが，オ(o)は変化せず，ウ(ɯ)は「明るさ」を失ってuに近くなる．

次に，「二つのフォルマントをもつ母音」について考察する．再生速度の上昇にともなって，(1)イ(i)はイ(i)かオ(o)として知覚され，(2)ウ(ɯ)はウ(ɯ)かエ(e)として知覚され，(3)エ(e)はエ(e)かオ(o)かア(a)として知覚される．(3)の場合は，(1)の場合と同様に説明できる．つまり，再生速度を上げることによってエ(e)の二つのフォルマントは上昇し，そのうちの低い方のフォルマントが，オ(o)またはア(a)のフォルマントとして認識されるためである．(2)の理由は，ウ(ɯ)はエ(e)と似かよったパタンをもつので（二つのフォルマントの間隔はエ(e)よりもウ(ɯ)の方が少し狭いのではあるが）（図109，111参照），ウ(ɯ)のもつパタンがやや高い位置に移動するとエ(e)に近くなるからである．つまり，ウ(ɯ)がウ(ɯ)かエ(e)として知覚される理由は，独自の形状をもつウ(ɯ)の音のパタンが，周波数軸上でエ(e)のパタンと近い位置にあるためである．

再生速度を下げるにつれて，イ(i)やエ(e)は，üになる．これは，前者イ(i)の高い方のフォルマントが後者エ(e)の高い方のフォルマントに一致するからである（図30，31参照）．この場合，低い方のフォルマントは母音の質とは関係がない．その理由はおそらく，レコード盤が低いフォルマントを完全に再生できないか，あるいは低い方のフォルマントが母音の周波数帯域の下限（250 Hz）より低くなるためであろう．（つまり，フォルマントの認識は経験に基づくものなので，極端に逸脱した位置にあるフォルマントをもつ音は母音として認識されな

い．）

　図14と図15に示されているいろいろな種類のア(a)のうち，「鋭い声」で発せられたア(a)はæに似ており，「柔らかい声」で発せられたア(a)はoに似ている．しかし，すべてに共通な特徴は，音響パタンの形状，すなわち「相対フォルマント」に見出すことができる．フォルマント中心は，「鋭い声」では700 Hzと1400 Hz，「普通の声」では650 Hzと1150 Hz，「柔らかい声」では450 Hzと1000 Hzである．（厳密に言うと，上記の二つのフォルマントのほかにも，もう一つ弱いフォルマントが存在することもある．）ア(a)では，一つのフォルマントしかみられないことがある．発声様式[32]や声のピッチによっては，二つのフォルマントが一つに結合したり，高い方のフォルマントが減弱することもある．図15(ファルセット)では，フォルマントは950 Hz付近に位置している．しかし，図31では750 Hzに，図72では900 Hzに，図106(成人女性)では1000 Hzに，図107(男児)では1000 Hzに，図108(女児)では1100 Hzに位置している．異なる話者による（つまり，年齢や性別による）単一フォルマントの変動はわずかであるが，特徴周波数帯域にはかなりの広がりがある．

　以上で，母音の音響パタンとフォルマントの性質についての概略を述べたので，次に，両者の関係について検討しよう．

　母音の韻質は純音でも認識することができること，複数の純音を集めて母音を合成できることがよく知られている．しかし，これは，純音そのものに母音の韻質が含まれていることを意味するわけではない．母音の韻質を純音の中に認めることができるのは，単に純音が基底膜上で母音の刺激パタンに似た刺激パタンをもたらす周波数をもっているためである．また，もし母音の構成要素である純音自体に母音の性質を仮定するならば，純音を最も典型的な母音といわなければならないからである．

　エンゲルハルトとゲールケ[33]は，さまざまなピッチ(122 Hz～4645 Hz)の純音を無作為に50人に提示して，その音が母音，ウムラウト音，有声子音のいずれに似ているかを調査した．聴取者の多くは，低いピッチの音をMかUかOと知覚し，中音域のピッチの音をA, Ä, E, Öなどと知覚し，かなり高いピッチ

---

[32] 音響パタンの形状の変化が母音の知覚限界を超えない範囲内でフォルマントの位置を移動させることができる．
[33] V. Engelhardt and E. Gehrcke: *Vokalstudien*, Leipzig, 1930.

の音をÜと感じ，最も高いピッチの音をIと聴取した[34]．しかし，それぞれ母音の境界とみなしうる明瞭なピッチは見出せなかった．50人の聴取者のうち何人かは，ピッチの上昇する順に，U, O, A, E, Iと知覚し（たとえば，122〜150 Hz では M, 150〜370 Hz と 600〜750 Hz では U, 300〜600 Hz では O, 600〜2000 Hz では A, 1000〜4000 Hz では E, 1600〜4645 Hz では I），あるいは，何人かは，単純に1000 Hz より低い音すべてを U，それより高い音を I と判別した．また，これらの2種類の中間のように知覚する者もいた．これは，母音の判別に際し，フォルマントの位置が手がかりとなる場合と，音響パタンの形状が手がかりになる場合とがあることを意味している．

　ここまでは，いわば社会契約として一定の母音をもつ集団に生まれ，経験により母音知覚の能力を獲得した人間によって認識されるべきものとして，母音の性質を扱ってきた．しかしながら，ほとんどの言語が基本的な母音として U, O, A, E, I の5母音をもっていることを考えると，母音がこのように分化したことについては，何らかの理由があるように思われる．

　ケーラー Köhler は，C から c^6 までのピッチの純音は，ピッチによって変動する母音性（Vokalität）をもっており，それらは，c^1, c^2, c^3, c^4, c^5 のピッチにおいて，それぞれ U, O, A, E, I と感じられると主張した．さらに，彼は，これらの五つの音はそれぞれ，前の音より1オクターブ高く，両者の中間のピッチをもつ純音はいずれも混合母音に聞こえると述べた[35]．しかし，実際に，母音の間にオクターブの関係があることの根拠を見出すことはほとんど不可能である．実際には，母音の主要フォルマントの周波数の比率は互いにほぼ等しいが，

---

[34] 図111からわかるように，母音には，その母音を他の母音と区別することができる一つの主要な特徴がある．イ(i)では，2700 Hz 付近に位置するピークである．300 Hz にあるピークは，それだけではイ(i)の音響パタンを特徴づけることはできない．なぜならば，ウ(ɯ)にも，ほぼ同じ周波数にピークがあるからである．ウ(ɯ)の場合，高い方のピークはア(a)の高い方のピークとほぼ一致しており，低い方のピークはイ(i)の低い方のピークとほぼ合致している．しかし低い方のピークの方が高い方のピークよりもはるかに強く，これがウ(ɯ)のもつパタンを特徴づける．このようにして，母音のパタンを特徴づけるピークは，イ(i)，エ(e)，ア(a)，オ(o)，ウ(ɯ) の順に低くなり，母音ごとに，2700, 1800, 750, 500, 350 Hz 付近にある．これらのピークが位置する周波数帯域は，「主要フォルマント」とよばれる．

[35] Köhler は，ある実験の結果，この結論に達した．しかしそれは，Engelhardt & Gehrcke の実験（上述）と Farnsworth の実験（P. R. Farnsworth: *An Approach to the Study of Vocal Resonance*, J. Acous. Soc. Am., **9**, 1937, p.152）の結果とは相容れないものである．これらの実験は，いろいろなピッチで生成された純音が同じ母音として知覚される周波数帯域は非常に幅広く，それらがかなりの程度，互いに重なり合うことを示している．つまり，同一の純音がさまざまな異なる母音として知覚されることがありうることになる．

1オクターブよりやや小さく約1.8である．もし，母音Aの主要フォルマント中心が1000Hzなら，1.8の比率を均等にあてはめると，308, 555, 1000, 1800, 3240という一連の数値が得られる．これらは，U, O, A, E, Iの主要フォルマント中心とほぼ一致する．5母音のフォルマント中心の間隔を表す1.8という値は，特徴周波数帯域の上限と下限の周波数率(1.7)とほぼ一致している．

もし，母音Aがある集団の中で最初に発音された母音であり，成人男性に特定のフォルマントをもつと仮定するならば，成人と子供では声道の大きさが異なるので，この母音は上限と下限の周波数率が1.7以内である周波数帯域を占めることになるだろう．たとえば，OとEがAと区別されるためには，それぞれがAの両側に位置する周波数帯域を占めることになる．このようにして，発話器官の構造の許す範囲内で規則的な間隔をとって分布する主要フォルマント周波数の領域が決まるため，話しことばにおいて5母音の分化が進んだのであろう．そのような主要フォルマントをもつ母音を発音する声道の形状が，主要フォルマントと副次フォルマントを含む五つのパタンを固定化したのである．

もちろん，ある一つの主要フォルマントをもつ音は，いろいろな方法で声道で生成されうる．たとえば，Iの発音では，空気通路は一般に舌上部の中央で作られるが，Iの異形は，舌先を口蓋につけたまま，舌の両わきに通路を作ることにより発音することができる．しかし，ある主要フォルマントをもつすべての音のうち，われわれが現実に発音し慣れている母音は，最も自然な状態の声道で生成される．厳密にいえば，ある母音を発音する際，発音の方法が1通りであることは，極めて当然である．したがって，声道が一定の形状をとることによって音響パタンが確定されると，副次フォルマントが発音の際に重要な役割をもつことになる．

58．フィルタによる実験

（1）方法と装置

空間パタン説はレコード盤の速度変化による研究に基づいているため，これを証明するにはフィルタによる実験を行う必要がある．

母音の研究において，フィルタは2通りの方法で使用される[注27]．第1は，母音の倍音をいくつか除去して，その結果生じる音色の変化を調べる方法であ

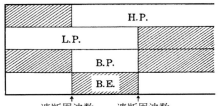

図 112　フィルタにより除去される周波数領域(斜線部分)
　　　　H.P.—高域通過　　L.P.—低域通過
　　　　B.P.—帯域通過　　B.E.—帯域除去

り(可変フィルタ法),これはシュトゥンプ[36],ワグナー[37],高橋と山本[38]らが採用した手法である.第2は,フィルタの状態を変えずに種々の母音を判定する試みであり,フレッチャーとスタインバーグ[39]が採用した方法(固定フィルタ法)である.われわれは両者の方法を試みた.

　われわれの実験では,12段階の電気的高域通過フィルタと低域通過フィルタを用い,いずれの場合にも遮断周波数は,300, 400, 600, 900, 1200, 1600, 2000, 2500, 3000, 4000, 5000, 6500 Hzとした.これら二つのフィルタを個別に用いるか,あるいは組み合わせて使うことによって,高域通過フィルタ,低域通過フィルタ,帯域通過フィルタ,帯域除去フィルタの4種類のフィルタを構成することができる.

　高域通過フィルタは,遮断周波数より高い周波数にある複合音(たとえば母音)の倍音を通過させ,その他の倍音を顕著に減衰させる(図112).低域通過フィルタは,遮断周波数より低い周波数にある倍音だけを通過させる.高域通過フィルタと低域通過フィルタを直列に接続することにより,帯域通過フィルタを作ることができる.ただし,その場合は,高域通過フィルタの遮断周波数を低域通過フィルタの遮断周波数より低くする必要がある.高域通過フィルタの遮断周波数を低域通過フィルタの遮断周波数よりも高くして,この二つのフィルタを並列に接続すると帯域除去フィルタができる.

---

[36]　C. Stumpf: *Sprachlaute*, p.38.
[37]　K. W. Wagner: *Der Frequenzbereich von Sprache und Musik*, Electrotechn. Zeits, **45**, 1924, p.451.
[38]　M. Takahashi and G. Yamamoto: *On the Physical Characteristics of the Japanese Vowels*, Researches of the Electrotechnical Laboratory, No. 326, 1931.
[39]　H. Fletcher: *Speech and Hearing*, p.279.

帯域除去フィルタの場合，除去する周波数帯域の幅を極端に狭くすると，母音への影響はわずかになり，フィルタ本来の機能を果たせなくなるため，われわれの実験では，オクターブ幅と 12 度幅[注28]の異なる二つの帯域幅を使用することとし，それぞれ高域と低域の遮断周波数を適宜に調整した．

フィルタは具体的には次のように用いた．無響室内でマイクロフォンに向かって母音を発音し，別の室でその音声信号を増幅してフィルタに通し，スピーカーあるいは受話器を介して音声の聴取実験に使用する．

(2) **観測-I**（音の質の変化についての実験）

同じ母音を発音しているときに，フィルタの遮断周波数を 300 Hz から 400 Hz，600 Hz，… と変化させ，これにより生じる母音の音色の変化を観測した．高域通過フィルタの場合には，最も低い遮断周波数から始め，段階的に遮断周波数を上昇させ，最後に最も高い遮断周波数に変えた．次に，前の観測結果と照合しながら段階的に逆方向に遮断周波数を戻した．低域通過フィルタの場合には，その逆の手順に従った．帯域通過フィルタと帯域除去フィルタについては，遮断周波数を低 → 高 → 低の順に変化させた．

このようにして観測した結果を図 113～117 に示してある．これらの図に示したパタンは，この実験でマイクロフォンに向かった話者が発音した母音のオシログラムによる分析結果を表しており，平均化や何らかの理想化を施したものではない．図では 5000 Hz までの周波数範囲を示しているが，その理由は，それ以上の周波数では調和分析が困難であり，含まれる倍音も母音の韻質にとって重要ではなくなるためである．それぞれの図の全体の長さは基底膜の長さに相当し，左端は蝸牛頂孔に，右端は卵円窓と正円窓に対応している．ここでは，スタインバーグによる周波数軸 (125 Hz～23000 Hz) を使用している[40]．縦線はフィルタの遮断周波数の位置を示している．高域通過と低域通過のフィルタ処理の場合，それぞれの縦線の右にある文字は，低域通過フィルタでは右側に，高域通過フィルタでは左側にある倍音がフィルタで遮断されたときの聴取音を表している．一方，帯域通過フィルタと帯域除去フィルタの場合は，隣りあう 2 本の縦線の間にある文字が，それぞれの帯域内にある倍音を通過あるいは除

---

[40] J. C. Steinberg: *Position of Stimulation in the Cochlea by Pure Tone*, J. Acoust. Soc. Am., **8**, 1937, p.176.

去したときの聴取音を表している．たとえば，図113は，aが2000 Hzの高域通過フィルタでiとなり，900 Hzの低域通過フィルタでa°になり，600 Hz〜1200 Hzの帯域除去フィルタでeになることを示している．

大きい文字に続く小さい文字は，音の修飾を表したものである．もちろん歪みの生じた音を文字で正確に表すことはできないので，それぞれの文字で示される音として常に認識できるわけではない．[un.], [g.], [ch.] は，それぞれ，"unnatural"(不自然な)，"good"(良質の)，"childlike"(子供のような)の略である．ウ(ɯ)とuの間には大きな違いがないことを考慮し，図中ではウ(ɯ)の代わりにuを使用した．

(a) ア(a)音のフィルタ処理の結果(図113)

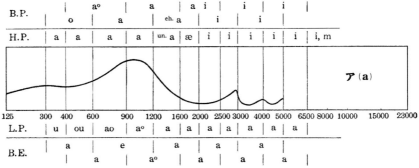

図113　フィルタによる母音変化
1. 高域通過：300 Hz〜900 Hzの間では緩やかな変化がみられる．1200 Hzになるとかなりの変化が観察される．1200 Hz〜4000 Hzの範囲では，a, æ, iはカエルの鳴き声のように聞こえ，5000 Hzを超えるとセミの鳴き声のように聞こえる．2. 低域通過：6500 Hz〜1200 Hzの範囲では変化がわずかである．

図113は，帯域除去フィルタの除去帯域幅を約1オクターブ幅としたときに得られた結果を示している．除去帯域幅を12度幅としたときでも，ほとんど同じ結果が得られた．われわれは，帯域幅を一定にしたまま周波数帯域の位置を変えて観測する実験に加えて，帯域幅を変化させた実験も行った．ア(a)の場合，高域通過フィルタの遮断周波数を(1200 Hz，1600 Hz，2000 Hzのいずれかに)一定に保ったまま，低域通過フィルタの遮断周波数を変化させた．たとえば，1200 Hzの高域通過フィルタと300 Hzの低域通過フィルタであれば，300

Hz から 1200 Hz の帯域除去を意味する．このようにして得られた結果は次のとおりである．

	L.P.off	300	400	600	900	1200
H.P.1200	aᵆ	i	e	e	a	a
1600	aᵆ	i	i,e	e	a	a
2000	æ	i	i,e	e	aᵉ	a

(b) イ(i)音のフィルタ処理の結果(図114)

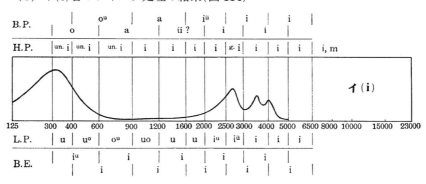

図114 フィルタによる母音変化
1. 高域通過：300 Hz～1200 Hz の範囲では不自然な i，1600 Hz～3000 Hz の範囲ではかなり良質の i，4000 Hz を超えると i はセミの鳴き声のように聞こえる．

イ(i)において帯域除去フィルタの除去帯域幅を変化させる場合，低域通過フィルタの遮断周波数を(300 Hz，600 Hz のいずれかに)一定に保ったまま，高域通過フィルタの遮断周波数を徐々に高域から低域へ変化させた．このようにして得られた結果は次のとおりである．

	H.P.off	6500	5000	4000	3000	2500	2000	1600	1200
L.P.300	u	u	uⁱ	uⁱ	iᵘ	i	g·i	g·i	iᵘ
600	o	o	o	oⁱ	o,i	o,i	iᵒ	iᵒ	i

(c) ウ(ɯ)音のフィルタ処理の結果(図115)

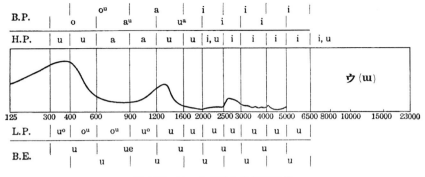

図115　フィルタによる母音変化

(d) エ(e)音のフィルタ処理の結果(図116)

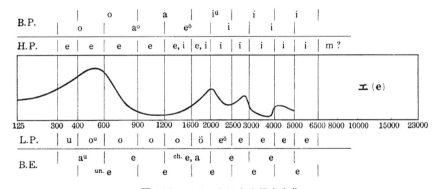

図116　フィルタによる母音変化

1. 高域通過：300 Hz では自然に聞こえ，300 Hz～900 Hz の範囲では，徐々に不自然になり，鼻音的な性質を帯び始める．1200 Hz と 1600 Hz においては i と e が同時に聞こえるか，または二つのうちどちらかの母音に聞こえる．2000 Hz を超えると i になる．

(e) オ(o)音のフィルタ処理の結果(図117)

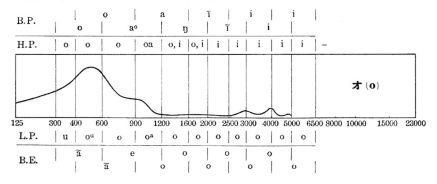

図117 フィルタによる母音変化
1. 高域通過：300 Hz～600 Hz は，音は少し弱くなるものの，ほとんど変化が感じられない．900 Hz ではやや a のように聞こえ，2000 Hz を超えるとわずかではあるが i のように聞こえる．2. 低域通過：6500 Hz～2000 Hz はほとんど変化が感じられない．1200 Hz では音が少し弱くなる．

(3) 解 釈

上に示した d のピッチで発声した有声母音の観察結果は，ささやき母音の場合とほとんど同じであった．

これらの結果は，次のようにまとめることができる．

(i) すべての母音は 300 Hz～600 Hz の帯域通過フィルタでオ(o)に変化する．

(ii) すべての母音は 900 Hz～1600 Hz の帯域通過フィルタで a もしくは a^o に変化する．

(iii) すべての母音は 2000 Hz～3000 Hz，2500 Hz～4000 Hz，3000 Hz～5000 Hz の帯域通過フィルタでイ(i)に変化する．

(iv) 300 Hz の低域通過フィルタの場合，すべての母音は o の性質を帯びた u に変化する．

(v) エ(e)は二つのフォルマントが必要である．たとえば，600 Hz～2000 Hz までの倍音が除去されたときに，ア(a)とウ(ɯ)はエ(e)に変化する．

(i)，(ii)，(iii)，(iv)の事実は，オ(o)，ア(a)，イ(i)，u がフォルマントを一つもつならば，それぞれの母音に知覚されることを示している．このような主観的な方法で求めた母音の主要フォルマントは，客観的方法で音声波形から分

析したフォルマントの一つと一致する．

　このようにして，ほとんどの母音は主要フォルマントのみで判別しうるといえるのであるが，完全な母音を構成するには母音固有の完全なパタンを必要とする．主要フォルマントは，そのようなパタンの1次的な弁別的特徴であり，極端に単純化を行ったとしても，そのパタンを特徴づける上で最も重要なものである．極端な例としては，純音のもつ母音的韻質をあげることができる．一方，同一の純音がさまざまな母音に聴取されるという事実からわかるように，その他のフォルマントも音響パタンに2次的，3次的な弁別的特徴を与えることにより重要な役割を果たしている．フォルマントのいずれかが，ある母音のフォルマントと一致し，他のフォルマントが一致しないような音は，「母音の音色をもちながらも母音ではない音」として聴取されるかもしれない．

　フィルタを使った上記の実験は，音響パタンの形状の性質を十分に示している．たとえば，ア(a)は，300 Hz～600 Hzの帯域通過フィルタを通したときにはoに変化するが，遮断周波数600 Hzの低域通過フィルタでは，300 Hz以下の倍音が加えられてaoと知覚される．オ(o)は主要フォルマントが500 Hz付近にあるので，遮断周波数600 Hzの低域通過フィルタを通したときにはoのままであるが，遮断周波数900 Hzの低域通過フィルタではo^{a}となり，遮断周波数1200 Hzの低域通過フィルタでは，再びoに聞こえるようになる．同様に，ウ(ɯ)は，遮断周波数300 Hzの低域通過フィルタを通したときにはuに聞こえるが，遮断周波数600 Hzの低域通過フィルタではo^{u}となり，遮断周波数1200 Hzの低域通過フィルタでは，再びɯと知覚されるようになる．（uとɯには大きな類似性がある．）

　マイクロフォンの感度が平坦ではないために，音声波形の上では，イ(i)とウ(ɯ)，あるいはウ(ɯ)とエ(e)とオ(o)の判別が難しいことがある．300 Hzと3000 Hz付近にフォルマントをもつウ(ɯ)とイ(i)は，マイクロフォンの感度が3000 Hz付近で高い場合には，類似した音声波形になる．しかし，ウ(ɯ)は，300 Hz～1600 Hzの倍音をすべてフィルタで除去するとイ(i)に変化する．これは，この周波数帯域がこれらの母音の主要フォルマントを含まないにもかかわらず，イ(i)とウ(ɯ)を判別する際に非常に重要な役割を果たすことを意味している．

　ウ(ɯ)とエ(e)とオ(o)の音声波形の違いも，主に600 Hz～2000 Hzにあるフォルマントによって生じている．これから推測できるように，この周波数帯

域においてなるべく平坦で高い感度をもつマイクロフォンを使えば音声波形の相違を明瞭に記録することができる．

　前述のように，レコード盤実験の結果は，男性の声，女性の声，成人の声，子供の声の性質がフォルマントとピッチおよび音色によって決定されることを示しており，この結果はフィルタ実験によっても証明された．フィルタを使わなくても，ピッチの高い男性の声は，拡声器を通して聞くとしばしば女性の声のような印象を与える．$a^1 (n=435)$ のピッチの裏声(ファルセット)で発音した母音にフィルタ処理を行った実験では，胸声やささやき声で発音した母音の実験とほぼ同じ結果であった．しかし，一般的には，そのようなピッチの高い声の場合，一つの母音を他の母音に変化させるために必要な遮断周波数は，ピッチの低い胸声やささやき声の場合よりも高い．このため，高域通過フィルタを通したピッチの高い声は，子供か乳児の自然な声のように聞こえるのである．

　たとえば，胸声 $(n=145)$ で発音したア($\mathbf{a}$)は，遮断周波数 900 Hz の高域通過フィルタでは，そのとおりの母音に聞こえるが，遮断周波数 1200 Hz の高域通過フィルタでは不自然な $\mathbf{a}$ になり，遮断周波数 1600 Hz の高域通過フィルタでは æ になる．一方，同じア($\mathbf{a}$)をファルセット $(n=435)$ で発音すると，遮断周波数 1200 Hz の高域通過フィルタでは，子供の声のようなア($\mathbf{a}$)になり，遮断周波数 1600 Hz の高域通過フィルタでは，乳児の泣き声のように聞こえる．これより，われわれはピッチの高い声に対して高いフォルマントを予測するといえる．

　ささやき母音は，雑音(非周期的な音)であるが，それぞれの非調和成分の周波数が声道の大きさに反比例するので，成人が発音したささやき声は，子供が発音したものよりも低く聞こえる．したがって，フィルタ実験の場合に限ると，成人男性の場合，ささやき声で母音を発音することは，胸声の低いピッチでその母音を発音することと等価である．したがって，成人のささやき母音を子供のささやき母音に変えるには，高域通過フィルタの遮断周波数を上げるよりも，レコード盤の速度を上げる方が効果的である．

（4）**観測**-II（母音判定の実験）

　フィルタの遮断周波数を固定したまま種々の母音を発音し，それぞれを判定する実験を試みた．使用したフィルタと遮断周波数は，前回の実験の場合と同

198／第13章　母音の性質

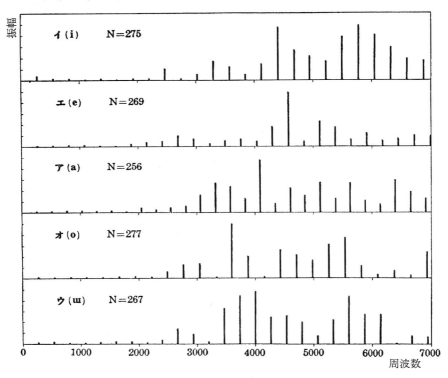

図 119　フィルタを通した有声母音の音響スペクトル
（遮断周波数 2500 Hz の高域通過フィルタ）

様で，それぞれ胸声，ファルセット，ささやき声で母音を発音した．

　図118(第四部冒頭の図版)は，それぞれの母音についていくつかのフィルタを通した音と，通していない音のオシログラムを示したものである[41]．この図で，オシログラムの最上段から3段目までは，それぞれ，胸声(中音域のピッチの男性の声——$n ≒ 170$)，ファルセット($n ≒ 435$)，ささやき声で発声した母音である．4段目から10段目までは，フィルタを通した音である．図119は，5段目の音(遮断周波数 2500 Hz の高域通過フィルタを通したもの)の音声波形を分析して得られた音響スペクトルを示している．

　同じ母音でも1回ごとの発音は若干変化するため，フィルタを通した音を原

---

[41] 「オクターブ・フィルタ」を通したドイツ語の 5 母音のオシログラムは，Trendelenburg: *Klänge und Geräusche* (1935), p.79 にある．

音とともに同時に録音した．しかし，われわれの実験目的は，原音をフィルタに通すことによりどのような音声波形の変化が生じるかを調べることではなく，母音の韻質を維持する音の特徴を調べることである．したがって，原音を検討する必要はなく，オシログラムもこの図では省略している．また，便宜上，振幅にも適切な修正を加えた．

　話者が母音をア(a)，イ(i)，ウ(ɯ)，エ(e)，オ(o)の順に発音した際に得られた観測結果は，次のとおりである．

　たとえば，遮断周波数 2500 Hz の高域通過フィルタでは，これらの 5 母音は，あまり注意せずに聞くと，イ(i)，イ(i)，イ(i)，イ(i)，イ(i)という音に聞こえる．しかし，注意を向けて聞き取ると，はっきりとア(a)，イ(i)，ウ(ɯ)，エ(e)，オ(o)と聞こえ，イ(i)の音の印象はまったくない[42]．

　もちろん，フィルタの種類や遮断周波数によっては，フィルタを通した母音は明瞭さが異なり，音の判別が困難な場合もあるが，われわれの実験では，全周波数帯域内(0 Hz〜6500 Hz)において，実験に用いたすべての種類のフィルタを通してもとの母音をほぼ判別することができた．

　高域通過フィルタを用いた場合，300 Hz〜5000 Hz の遮断周波数ではすべての音を判別できる(注29)．低域通過フィルタの場合，900 Hz 以下ではかなり困難であり，帯域通過フィルタでは，周波数帯域が高い場合を除くと，比較的不明瞭である(周波数帯域を 12 度幅よりも広げると音はやや明瞭になる)．一方，帯域除去フィルタの場合は，除去周波数帯域が 1 オクターブを超えないかぎり，判別が困難になることはほとんどない．

　上記の場合のように，一定の順序で発音した 5 母音を聴取するときにはすべて正しく判別することができる．また，いずれかの母音が他の母音に変化した場合でも[43]，あいまいな音に判別されることはない．しかし，これは発音され

---

　[42]　実験の手順をまったく知らない聴取者は，常に上記の 5 母音が同じくイ(i)と聞こえる．一方，実験内容を知っている聴取者は，最初に聞いた音をイ(i)と知覚することが多いが，第 2，第 3 の音に対しては，もとの母音を判別できるようになる．しかし，後者に属する聴取者でも，しばらく時間をおくと，最初に聞く音をふたたびイ(i)と知覚するようになる．

　特性の悪い電話機を通して話をするとき，個々の単語はかなりよく判別できるが，単語を構成する個々の音を発音すると非常に不明瞭に聞こえる．それは，われわれが，声の調子やその単語を含む文の意味によって単語を識別しているからだけではなく，不完全な伝送系が帯域通過フィルタの役割を果たす場合も，あるいは何らかの周波数歪を受ける場合でも，われわれが判別できる程度にその音の特徴が保たれているからでもある．

　[43]　つまり，フィルタ処理が完全な母音の変化を引き起こす場合である．

る母音の順序を知らされていない聴取者の場合には該当しない．

すでに述べた音色の変化についての実験(同一の母音を遮断周波数の異なるフィルタに通した実験——可変フィルタ法)では，帯域通過フィルタに通した母音は，周波数帯域幅があまり広くないかぎり，ほとんど同じ母音として知覚されることが多かった．たとえば，周波数帯域 400 Hz～900 Hz の帯域通過フィルタの場合に得られた結果は，192～195 ページに述べたとおり，次のように示すことができよう．

$$ア(a) \to a^o, \quad イ(i) \to o^u, \quad ウ(ɯ) \to o^u, \quad エ(e) \to o, \quad オ(o) \to o$$

もとの母音の順序をまったく知らずにフィルタを通した音を判別する(固定フィルタ法)際には，o の音色が可変フィルタ法の場合と同様に優勢であるが，隠された他の母音の韻質も現れる．つまり，a^o の音がア(a)，o^u の音がウ(ɯ)と判別される理由は，フィルタに通したイ(i)とウ(ɯ)の音にわずかの違いがあるにもかかわらず，その二つの音のどちらがウ(ɯ)でどちらがイ(i)かを判別できないためである．このように，5母音は事実上，a^o と o^u と o，あるいはア(a)とウ(ɯ)とオ(o)のいずれかの三つの異なる音として判別される．一方，もとの母音を知っているときには，o の音色が消失して，それぞれの母音を正しく判別できる．しかしこれは，母音の判別にわれわれの「意図」が影響することを意味するわけではない．もし，ある種のフィルタを通した音を，単に自ら選択した特定の音として聴取することを意図した場合，たとえ選択した音がもとの音であったとしても，予期しない結果に終わることが多い．音の認識は，われわれがもとの音を「知っている」場合にのみ可能であると思われる．これは，レコード盤実験についても該当する．たとえば，ある一つの音が，ウ(ɯ)またはエ(e)と聞こえるときには，ウ(ɯ)として聞こうと努力しても，そのように聞こえるとはかぎらないのである．

この実験では，順序を変えて5母音を4回発音した．1回目では，聴取者は，エ(e)をア(a)に1回誤り，ウ(ɯ)をア(a)に3回誤った(帯域通過フィルタ 1200 Hz～2000 Hz)．つまり，20音のうち4音を聞き誤った．同じ手順を(音の順序を毎回変更して)3回繰り返すと，20音のすべてを正しく判定した．次に，周波数帯域を 1600 Hz～2000 Hz に狭めた．1回目の聴取では，オ(o)はア(a)に3回，エ(e)に1回の誤り，イ(i)はエ(e)に2回，ウ(ɯ)はエ(e)とオ(o)にそれぞれ1回ずつの誤りがあった．このようにして，聞き誤りはすべてで8回あり，聴取

者は 20 音のうちの 40% を誤聴したことになる．3 回目の観察では，ウ(ɯ)が
ア(a)に 1 回，オ(o)に 1 回誤りがあり，誤聴音の数は 2 に減った．しかし，必
ずしも観測の訓練によって誤聴音の数が減少するわけではない．

　帯域通過フィルタを用いる場合，帯域幅が 1 オクターブのときに，聴取者は
約 10% を聞き誤った．しかし，帯域が低い場合には，高いピッチで発音した
5 母音は，帯域内にわずか 2～3 個の倍音があるのみであり，二つか三つの母音
しか知覚されず，それだけ誤聴音の比率も高くなる．また，帯域が低いとき
には，ささやき母音の方が有声母音よりも判別しやすい．これはおそらく，ささ
やき声の過渡的な性質のため[44]，フィルタ処理が完全には行われないためで
あろう．

59. 空間パタン理論の拡張

　現在の単純なフォルマント説は，母音の主要フォルマントを含む特徴周波数
帯域をフィルタで除去してもその母音として知覚されるという事実と矛盾する
ように思われる．

　たとえば，遮断周波数 2500 Hz の高域通過フィルタでは，イ(i)の主要な特徴
周波数帯域が存在するため，注意を払わずに聴取するとすべての母音をイ(i)と
知覚するが，注意を払うことによって 5 母音のそれぞれを聞き分けることがで
きる．この事実は，聴覚機能の複雑さを示すだけでなく，原音の特徴がフィル
タを通した母音にも保存されていることを証明するに十分であろう．

　遮断周波数 2500 Hz の高域通過フィルタの場合，上記の現象をフォルマント
説に合わせて説明することもできる．図 118 の 5 段目と 4 段目の列からわかる
ように，1 波長の中で，イ(i)では一つ($n = 270$)か二つ($n = 170$)の高いピッ
チをもつ波形グループがあり，エ(e)では二つ($n = 270$)か三つ($n = 170$)のグ
ループがある．このような音を非線形的性質をもつ耳で聞くと，イ(i)では約
300 Hz の音が，エ(e)では約 500 Hz の音が内耳の中で生じる．その結果，客観
的には存在しないイ(i)もしくはエ(e)の低い方のフォルマントが内耳の中で発

---

[44] 過渡的な音をフィルタに通しても，フィルタ処理は十分には行われない．
F. Trendelenburg and E. Franz: *Untersuchungen an schnellveränderlichen Schall-vorgängen*, Zeits. f. techn. Phys., **17**, 1935, pp.66; *Sprachuntersuchungen mit Siebketten und Oszillograph*, Wiss. Veröff. Siemens-Werk., **15**, 1935, p.78.

生しうる．しかしながら，この説明は，低域通過フィルタの遮断周波数が低いとき，あるいはささやき母音を高域通過フィルタを通して聞いたときにはうまくあてはまらない．なぜならば，低域通過フィルタの遮断周波数が低いときには，耳の非線形性によって内耳において高い方のフォルマントが発生することはなく，ささやき母音の場合でも，高いピッチの波形グループが適当な間隔で並ぶことがないからである．

したがって，パタン説は次のように発展させなければならない．

「個々の母音は，その空間パタンの一部を失ったとしても，残された部分にその空間パタンの特徴が温存されているならば，もとの母音として認識することができる．」

パタンの一部がフィルタにより除去されても，残りの部分は母音ごとの特徴を保持しており，これがそれぞれの母音を判別する手がかりとなる．母音を聴取するときに，われわれは，パタンの全体にも，またその部分にも，母音の特徴を見出すことになる．この立場から，一つの母音を構成する全周波数帯域(100 Hz～10000 Hz)も「特徴周波数領域」[45]とよぶに値するであろう．

図118のオシログラムから明らかなように，ささやき母音の音声波形は互いに極めて類似しているので，有声母音の波形ほど容易には固有の特徴を認めることができないが，フィルタを使って分析するとその特徴を明瞭に認めることができる．これを説明する最も典型的な例は，400 Hz～900 Hz の帯域通過フィルタを通したイ(i)であり，有声の発音でもささやき声の発音でも音声波形はほとんど変わらない．これより，帯域通過フィルタや低域通過フィルタによって通過周波数帯域を狭くすると，ささやき母音が有声母音よりも容易に判別できるようになる理由を説明できるであろう．すなわち，連続的な音響スペクトルをもつささやき母音は，その準過渡的な性質のためにフィルタが完全には機能せず，そのために音の変化を受けにくく，ほぼ完全に近いパタンを生成できるという事実によってうまく説明できるように思われる．

図113～117は，母音を5000 Hzまで分析して得られた音響パタンを示している．これらのパタンは，高いピッチにおいても固有の特徴をもっていることがわかる．2000 Hz以上のオ(o)とア(a)のパタンの形状は，わずかに位置が異な

---

[45] この研究では，「特徴周波数領域」は，子供のフォルマント中心の上限と，成人のフォルマント中心の下限を含む周波数帯域のことを意味しているが，ここでは広い意味で使っている．

るものの，イ(i)の 2000 Hz 以上のパタンの形状と似ている．遮断周波数 2000 Hz の高域通過フィルタを通したそれぞれの母音は明瞭に判別することができるが，フィルタを通したオ(o)とア(a)に，イ(i)の低い方のフォルマントに相当する 200 Hz〜300 Hz の強い純音を加えると，それらはイ(i)に変化する傾向を示す．一方，エ(e)とウ(ɯ)は，同じ処理を行っても，イ(i)に変化することはなく，もとの母音の性質を保持する．これは，母音の音響パタンの微細構造の重要性を意味している．

　5 母音は，遮断周波数 3000 Hz〜4000 Hz の高域通過フィルタを通してもなお明瞭に判別することができる．これほど高いピッチにもいくつかのフォルマントが残され，それぞれの母音に固有の特徴がかなりよく保存されるからである．人間の完全な耳でも，そのような高いピッチの倍音に慣れていなければ，遮断周波数 3000 Hz〜4000 Hz の高域通過フィルタを通した音に対しては，おそらく母音の判定はできないであろう．

60. 結　論

　以上に詳説した母音の韻質に関する理論は，次のように要約できるであろう．
　「母音は，定常状態において，特有の形状の空間パタンをもち，一定範囲内で空間パタンの位置を変えることができる音である．そのパタンの一部が除去されたとしても，パタンの残る部分が母音の特徴を保持しているかぎり，その母音としての性質をもち続ける．」
　次に，この母音理論が以下の方法で得られた結果と反するか否かを検討しよう．
　（i）音声波形の記録
　（ii）音声波形の客観的な分析
　上の二つの方法によって，母音固有の特徴を明らかにすることができる．これらの特徴は，母音の必要条件のすべてを満たすわけではないが，母音であることの十分条件となる．母音の必要条件を見出すには，次の主観的方法が用いられる．
　　（iii）音声合成
　　　（a）純音を組み合わせる．
　　　（b）サウンドフィルム[注30]に記録された特別な波形ないし光学的サイ

レンによって光電変換により音を生成する．

(c) 発声器官の模型を使う．

(iv) レコード盤の速度を変化させて行う方法

(v) 母音の混合

(vi) フィルタによる音の分析

上記六つの方法から二つ以上を組み合わせて，新たな方法を考案することもできる．

母音の波形記録(i)とフーリエ解析(ii)から得られた結果は，われわれの母音理論と矛盾するものではなかった．定常状態にある母音は，フーリエ解析を完全に行うことにより完璧な形で表現することができる．どのような音の特徴も，人間の耳で認識することができる限り，音響スペクトルにも必ず反映される．ただし，満足できる結果を得るためには，かなり高い倍音までフーリエ解析を完全に行わなくてはならない．

合成による母音の研究(iii)は，パタン説に矛盾する結果を生み出したことはまったくない．特にイェンシュによる実験[46]は，母音のパタンが完全であるかぎり，母音の波形がどのようなものであっても問題にはならないことを示し，さらに，いわゆる「振幅変数」は，必ずしも母音の韻質の決定に不可欠の要素とはならないことを示している．

われわれのパタン説は，(iv)の方法，すなわちレコード盤の速度変化によって生じる母音の変化を観測する手法に基づいている．この実験の結果については，これ以上の議論を重ねる必要はないであろう．

(v)の母音の混合については，たとえば，oとeを混ぜると，eが聞こえoは弱まる．その理由は，oの主要フォルマントがeの最低フォルマントと一致するがその他のフォルマントが弱いために，oとeを混合すると，eの最低フォルマントが単に増強されるのみで，eのパタンに大きな変化が起こらないためである．これは，二つの母音を混合すると一つの母音だけが聞こえる場合を説明する例である．廣瀬 Hirose(注31)によれば，そのほかに次の6項目の可能性があるという．

(1) 両方の母音を明瞭に判別できる．

---

[46] この実験を詳細に記述したものとしては，H. Jung: *Die neueren Vokaltheorien*, Phys. Zeits., **17**, 1926, p.716 を参照されたい．

例：i＋o → **i**＋o

(2) 二つの音の中間に近い音に聞こえる．

例：a＋e → $\widehat{aæ}$

(3) 一方の母音が，他方の音の単なる背景音となる．

例：ɯ＋o → ɯ°

(4) 両方の性質を残す一つの音として知覚される．

例：ɯ＋e → ɯ または e

(5) 一方の母音のみが別の母音に変化する．

例：ɯ＋o → a＋ɯ

(6) 両方の母音が別の二つの母音に変化する．

例：i＋ɯ → o＋e

(太字は，強く発音された音を表す．)

(1)は，二つの母音のフォルマントが大きく離れているために起こる．(2)と(3)は，二つの母音のパタンが混合されて，両者の中間の母音に近いパタンになるという事実から説明できる．(4)は聴覚の多機能性によるものである．(5)と(6)の理由は次のとおりである．すなわち，二つの母音のパタンが混合されて別の二つの母音のパタンにほぼ等しいパタンになると，混合された母音が後者の二つの母音として分析されることがあるからである．

$$A+B=Q=C+D$$

上の式の場合，Q は $A+B$ にではなく，$C+D$ に分解される．

(vi)のフィルタを使った実験は，一つの音が聞き方によって二つの異なる母音に知覚されうることを示している．これは，われわれがある母音を判別するとき，一方ではその音のフォルマントの位置をもとに判別しようとし，他方では，ある一定の周波数帯域内にあるパタンの形状を手がかりに判別しようとするからである．

次に，母音の判別における聴覚の複雑性を調べるために，聴覚と視覚との対比を試みよう．

図 120 は，部分的に視覚をさえぎったフォークと針金を示している．ここでは，これをフィルタで一部を取り除いた音の空間パタンと比較する．図 120 にある図は，母音のフィルタ処理に合わせて，上から順に，「原音」，「低域通過」，「高域通過」，「帯域通過」，「帯域除去」としてある．

206／第13章　母音の性質

「原音」

「低域通過」

「高域通過」

「帯域通過」

「帯域除去」

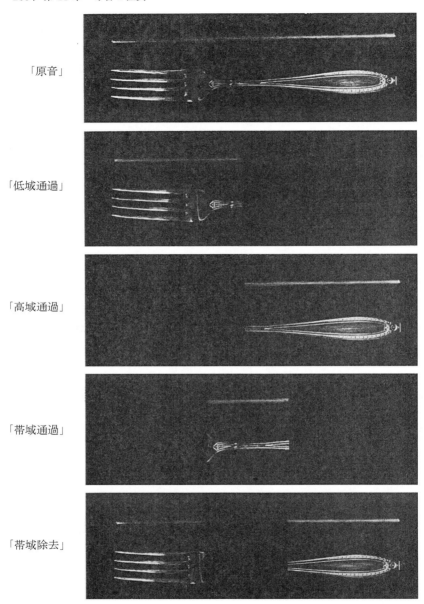

図120　フィルタ処理音声との比較における物体の視覚による判別

「原音」に図示されているフォークの主要な特徴は，その左端(「低周波数帯域」)にある[47]．「低域通過フィルタ」の図では，フォークの柄の部分が見えにくいため，「原音」ほど明らかなフォークの印象はないが，左端の最も特徴的な部分は隠されていないので，フォークであることが容易にわかる．これは，母音の主要フォルマントを含む周波数帯域に基づいてわれわれが母音を判別する場合と同様である．「帯域除去」の図では，隠された部分があまり大きくなければ，比較的容易にフォークと認めることができる．「帯域通過」や「高域通過」の図では，フォークの柄(またはその一部)だけしか見ることができず，片方の物体がフォークであり，もう片方が針金であるとわかっている場合にかぎり，フォークと針金を認識することができる．それは，フォークと針金の弁別的特徴が，これらの目に見える部分に内在していることを意味している．しかし，もし既存の知識がなければ，フォークと認識することはできない．観察者の心理状態によっては，たとえばスプーンに見えることもあるであろう．

上に述べた視覚による物体の識別の例は，われわれのフィルタを使った実験の説明に適用できるであろう．これはまず，事前にもとの母音の順番を知っているか，それについて何らかの知識をもっている場合に当てはまる．さらに，この類比は，何が聞こえるかを事前に知らされていない場合にも拡張することができる．たとえば，「高域通過」に相当する図120の3段目の図の場合，柄の部分しか見えないフォークは，物体の性質をまったく知らない観察者にとっては，おそらく棒のように見えることであろう．

聴覚中枢と聴覚言語中枢は大脳の中で隣接しており，聴覚に関してそれぞれ1次中枢，2次中枢として機能している．1次中枢の機能が停止すると完全な聾となり，2次中枢の機能が停止すると聞こえた音の判別ができなくなる[48]．これより，2次中枢が音の判定に最も重要な役割を果たすこと，および，内耳で生じるパタンはほぼそのままの形で1次中枢に反映されることが考えられる．視覚の場合には，1次中枢が損傷を受けるとまったくものが見えなくなる．一方，

---

[47] 針金については，特定の部分に主要な特徴があるわけではなく，部分にも全体にも固有の弁別的特徴がある．
[48] 大脳の側頭葉を完全に切除した犬を使って，いわゆる「条件反射」に基づく実験がパブロフ研究所で行われた．その犬は，さまざまなピッチの純音を聞き分けることができたが，ピッチの上昇する一連の音(例. 290 → 325 → 370 → 413 Hz)と，ピッチの下降する一連の音(例. 413 → 370 → 325 → 290 Hz)とを区別できず，また，複合音と他の聞き慣れた音，たとえばその犬がいつも呼ばれている名前などの音と区別することもできなかったと報告されている．

2次中枢の機能が停止すると，視覚を喪失することはないが，見えた物体を判別することができなくなる．網膜に生じる映像はいかなる修正も受けずに視覚の1次中枢に反映されるといってよい．したがって，神経生理学的立場からは，視覚と聴覚の間には共通の特性があるといえる．心理学的立場からは，フォークと母音は，それぞれ目と耳により同じ条件で観測され，同じ結果を生じることをすでに説明した．これより明らかなように，フォークを認識する過程は，母音を判別する過程の単なる類比には終わらない．われわれは音を空間パタンとして知覚するわけではないが，聴覚の1次中枢内に生じるパタンに基づいて母音を判別する生理学的過程は，視覚の1次中枢に生じるイメージをもとに物体を認識する生理学的過程と同一と見なすことができるであろう．

　視覚については，物体を弁別するための目印は，(1)形，(2)大きさ，(3)装飾，(4)色，(5)明るさ，(6)光沢，などである．同様に，音は(1)空間パタン，(2)周波数軸上のパタンの位置，(3)ヘルムホルツ音色[49]，(4)ピッチ，(5)強さ，(6)周期性，などによって特徴づけられる．

　上に述べた具体的な物体に内在する抽象的性質のうち，一般に，形と大きさが物体を特徴づける上で最も重要な役割を果たす．たとえば，ピストルとライフルおよび大砲は形が互いに似ているが大きさが異なる．一方，ナイフとフォークは大きさが似ているが形が異なる．ある名称をもつ物体には，ほぼ一定の形と大きさがある．音響学的立場からみると，パタンの形状とその周波数軸上の位置は，それぞれ物体の形と大きさに対応するといえるだろう．したがって，固有の性質をもつ(すなわち，パタンの形状と位置によって特徴づけられる)母音は，固有の名称でよばれるにふさわしい明確な音であるという結論に達する．

　判別能力は，経験によって獲得される．その能力をいったん獲得すると，観測の際にわずかな障害があっても判定が可能になる．これは，フォークと母音の判別実験からすでに明らかである．図121は，視覚の妨害がある別の例を示している．この図の例では，フォークや時計やカップは，それぞれの形の特異性によって判定できることがわかる．図121の図は，音響学的な見方をすると，上からそれぞれ，(1)音が弱い場合，(2)ピッチの高い雑音が混ざった場合，(3)と(4)何らかの特定の音が混入した場合，(5)同じパタンの形状をもつ三つの音が周波数

---

[49] ヘルムホルツ音色は，楽音の上音構造についてのものであって，音そのものとは関係がない．したがって，物体の構造や形あるいは装飾にたとえることができる．

60. 結　論／209

図 121　音の判定と比較したときの物体の判定，混合と弱化

210／第13章　母音の性質

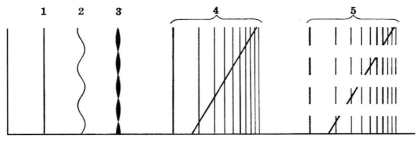

図122　音の2次元パタン

軸上の位置の違いによって互いに区別できる場合，を表すと考えることができる．同様に，われわれが混合音から特定の音を抽出することができるのは，音のもつパタンの形状と位置の特異性，および，その音の上音構造の特異性によるものである．

　音の判別には，視覚と比べてある種の困難を伴う．物体の映像は，網膜の2次元表面に対応して2次元的であるのに対し，音のパタンは基底膜の長さに対応するため1次元的であるからである．つまり，二つの音が混合するとき，合成されたパタンもまた1次元であり，その結果，そのパタンが原音の特徴を保存していないかぎり，原音のアイデンティティーを失うことになる．この種の困難さは，もし二つの音源が互いに離れていれば，音源の両耳性方向定位の機能によってある程度は克服することができる．しかし，これに関連して，聴覚のもう一つの重要な特徴を見出すことができる．すなわち，空間パタンは瞬時瞬時たえず更新されて，空間と時間に基づく2次元的音響パタンを作ることである[50]．これに対応して聴覚中枢に生じる2次元パタンは，視覚における2次元パタンと同様に生理学的な具体性があるように思われる．

　図122は単純な2次元パタンを示している．(1)は純音，(2)は周波数ビブラート，(3)は振幅ビブラート(線の太さは振幅を表している)，(4)は楽音とグリッサンド上昇音の混合，(5)は(4)の音が間欠的に生成されたものである．(4)よりわかるように，二つの音を区別することが可能である．(5)では，二つの音はそれぞれの形状を保持している[51]．楽音のパタンは時間軸で平行する一連の

---

[50] 音の2次元的パタンを自動的に描かせる手法の一つとして，今堀 Imahori の写真を使う手法がある．これは，もし完璧なものであれば推奨に値するものである．K. Imahori: *Analysis of Varying Sound*, Nature, **144**, 1939, p.708.

線を構成する．そのため，（同じ周波数帯域で）混合した音から一つの楽音を抽出することは難しいことが多い．われわれが熟知している自然音（衝撃音，摩擦音，風の音など）や言語音の大部分は変化する音であり，固有の構造をもつ2次元のパタンをもっている．したがって，この種の現実の音は，他の音と混合したとしても，混ざりあった図の中から一つの図を見つけ出すとき（図121）と同様に，容易に判別することができる．これは，単語や句や，さらに複雑な形状をもつ連続音声についても当てはめることができる．

---

[51] Marro によると，話しことばを（間欠的に）断続するとき，時間間隔が速すぎても遅すぎても，明瞭に知覚することができないという．断続の頻度が 35 Hz～50 Hz であると，話しことばはかなり自然に聞こえ，誤ることなく知覚できる．M. Marro: *On the Persistence of the Sensation of Speech*, Phil. Mag., **22**, 1936, pp.847-854.

付録 A

放射インピーダンスに対応する電気インピーダンス

第 7 章で，半径 a の円形開口部の放射抵抗 (R_a) と放射リアクタンス (X_a) は，直列接続とみなせば周波数の関数であり，次のように表すことができると述べた．

$$R_a = \frac{\rho c}{\pi a^2}\left[1 - \frac{J_1(2ka)}{ka}\right]$$
$$= \frac{\rho c}{\pi a^2}\left[\frac{k^2 a^2}{2} - \frac{k^4 a^4}{2^2 \cdot 3} + \frac{k^6 a^6}{2^2 \cdot 3^2 \cdot 4} - \cdots\right]$$
$$X_a = \omega L_a = \frac{\rho c}{\pi a^2}M_1(2ka)$$
$$= \frac{\rho c}{\pi a^2}\left[\frac{2^3}{3\pi}ka - \frac{2^5}{3^2 \cdot 5\pi}k^3 a^3 + \cdots\right]$$

これらは，等価の電気回路の場合，抵抗とインダクタンスを並列に接続することによってかなり正確に実現できる．

図 123B において，アーム端子の間のインピーダンスは，

$$Z = \frac{j\omega RL}{R + j\omega L}$$

である．もし，

$$Z = R'_a + jX'_a$$

ならば，

$$R'_a = R\frac{\omega^2 L^2}{R^2 + \omega^2 L^2}$$

かつ，

$$X'_a = \omega L'_a = \omega L\frac{R^2}{R^2 + \omega^2 L^2}$$

である．

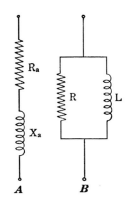

図 123 開口部の等価電気回路

低い周波数では，R'_a は周波数の 2 乗に比例して増加するが，周波数が高くなるにつれて，次第にゆるやかになりながら増加しつづけ，最大値 R に達する．一方，周波数が低いときには X'_a は周波数に比例して増加するが，ある周波数で最大値に達し，その後は徐々に減少する[1]．

$f \to 0$ の場合に $R'_a = R_a$，$X'_a = X_a$ とすると，L と R の値を次のように決定することができる．

$$L = \frac{8}{3\pi^2} \cdot \frac{\rho}{a} = 3.03 \times 10^{-4}/a \qquad (\rho = 0.00112)$$

$$R = \frac{128}{9\pi^2} \cdot \frac{\rho c}{\pi a^2} = 18.4/a^2 \qquad (\rho c = 40)$$

これらの L と R の値を前述の方程式にあてはめ，R'_a と X'_a を周波数の関数として計算すると，ア(a)の場合(口の開きが最も大きい)，$a = 2$ cm として，R'_a と X'_a は 2000 Hz 以下で R_a と X_a に一致し，誤差はそれぞれ 8%，3% 以下である．a がこれより小さいとき(オ(o)やウ(ɯ)のとき)，それぞれの誤差は減少する．高い周波数で誤差が大きくなるのは確かであるが，ア(a)，オ(o)，ウ(ɯ)の声道を二重共鳴器とみなすと共鳴周波数は 1400 Hz より低いことを考慮すれば，われわれの手順は，実際上の目的には十分に正確であるといえよう．

---

[1] I. B. Crandall: *Vibrating Systems and Sound*, 1927, p.172.

付録 B

ウェブスターの波動方程式の図式積分

次の，太さが均一でない管の波動方程式において速度ポテンシャル φ が時間の調和関数であると考えよう．

$$\frac{\partial^2 \varphi}{\partial x^2} + \frac{\partial \log A}{\partial x} \cdot \frac{\partial \varphi}{\partial x} - \frac{1}{c^2} \cdot \frac{\partial^2 \varphi}{\partial t^2} = 0$$

もし

$$\varphi = \Phi(x) e^{j\omega t}$$

ならば，

$$\frac{d^2 \Phi}{dx^2} + \frac{d \log A}{dx} \cdot \frac{d\Phi}{dx} + k^2 \Phi = 0$$

上記の 2 次微分方程式を図式的あるいは数値的に積分するためには，まず，$\frac{d\Phi}{dx} = -U (u = U(x)e^{j\omega t})$ を考えなくてはならない[2]．そして，これを上記の方程式に代入すると，次のような 1 次連立方程式が得られる：

$$\begin{cases} \dfrac{d\Phi}{dx} = -U \\ \dfrac{dU}{dx} = k^2 \Phi - \dfrac{d \log A}{dx} U \end{cases}$$

次に，あらかじめ k と $\frac{d \log A}{dx}$ の値を決定しておくことによって，この連立方程式を満たすように Φ 曲線と U 曲線を描くことができる．式の中の k の値は，$\omega/c = 2\pi f/c$ に等しいので，音速と周波数を決定することによって求めることができる．また，もし管の断面積 (A) が x の既知の関数ならば，$\frac{d \log A}{dx}$ は，x の関数として，描画的にあるいは数値的に求められる．

---

[2] $u = -\dfrac{\partial \varphi}{\partial x} = -\dfrac{d\Phi}{dx} e^{j\omega t} = U(x)e^{j\omega t}$；したがって $U(x) = -\dfrac{d\Phi}{dx}$ となる．

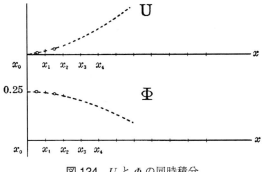

図 124　U と Φ の同時積分

次に積分の方法を紹介しよう．まず第 1 段階は，$x_0, x_1, x_2, \cdots$ などの位置を等間隔に決めることである（図 124）．dx は間隔を表すこととする．かつ，それぞれの間隔の中での $\dfrac{d\log A}{dx}$ の平均値も前もって決めておかなくてはならない．これは計算の際に使われる表の縦列に示される．下に例として示した表は計算の最初の部分を示したものである．条件としては，$k^2 = 0.0601$（$f = 1360$，$c = 34800$），$dx/2 = 0.2$ cm である．

I	II	III	IV	V	VI	VII
	$U = -\dfrac{d\Phi}{dx}$	$\dfrac{\log A}{dx}$	$-\dfrac{d\log A}{dx}U$	$\dfrac{dU}{dx}$	$k^2\Phi$	Φ
0〜1	0.0028	0.367	-0.001	0.014	0.015	0.250
1〜2	0.0081	0.320				0.248
2〜3		0.265				
3〜4		0.208				

たとえば，初期条件（$x = x_0$）として，$U = 0$，$\Phi = 0.250$ と仮定する．x_0 と x_1 との間隔内の U と Φ の平均値は，おそらくそれぞれ 0.0028 と 0.250 程度であろうと推測することができる（後者の値は，実際の値よりは少し大きい）．次に，第 IV 列の $-\dfrac{d\log A}{dx}U$ の値は，第 II 列，第 III 列より，-0.001 であると計算され，第 VI 列の $k^2\Phi$ の値は，第 VII 列より，0.015 と計算される．このようにして，第 V 列の値は，第 IV 列，第 VI 列より，次のように求められる．

$$\frac{dU}{dx} = k^2\Phi - \frac{d\log A}{dx}U = 0.014$$

これで，上記の値を使って x_0 から x_1 までの U 曲線の線分を描くことがで

きる．また，この線分の中点の縦座標が，あらかじめ推測した値，すなわち 0.0028 $\left(\dfrac{dU}{2} = \dfrac{dU}{dx} \cdot \dfrac{dx}{2} = 0.014 \times 0.2 = 0.0028\right)$ と一致するかどうかを調べることができる．

$\dfrac{d\Phi}{dx} = -U$ なので，x_0 と x_1 の間の U の平均値を使って，x_0 から x_1 までの Φ 曲線を描くことができる．この線分の中点の縦座標が（推測値の）0.250 と一致するかどうかを調べることが必要である．U と Φ の推測値と実測値が一致したならば，今度は x_1 と x_2 の間の U と Φ の平均値をそれぞれ 0.0081，0.248 と推測して，上記と同じ手順を繰り返して計算して図を描く．もし推測値と図より得られる値との間に大きな差異があれば，推測値の方を少し変えてから同じ手順を繰り返す．このようにして逐次近似の方法によって真の値に最も近い値を求める．しかし，満足しうる結果は 1 回で得られることが多い．このようにして，U 曲線と Φ 曲線を少しずつ描きさえすればよいのである．dx が 0.4 cm と決定された場合には，x_0 から x_{40} までの範囲でこの方法で積分をすると，1% より低い誤差となる．しかし，実際には積分は，図式法を用いることなく数値計算のみによって行うことができる．そうすれば，描画によって生じる誤差を防ぐことができ，大変に満足のいく結果を得ることができる．

最後に，p の値を求めなければならない．これは，

$$p = \rho_0 \frac{\partial \varphi}{dt} = j\omega\rho_0 \Phi(x) e^{j\omega t}$$

と表すことができる．したがって，

$$p_1(t) = j\omega\rho_0 e^{j\omega t}$$

とすれば，

$$p = p_1(t)\Phi(x)$$

φ と p は 1/4 周期の時間差があるが，x 軸に沿う振動様式の点では等しい．これより明らかなように，p の変化は p より 1/4 周期遅れた φ 曲線により示される．

声道が閉管として近似され，声道の底（声門の直上）が管の閉鎖端に対応するならば，この部位で，U は 0 に等しいとみなすことができる．このようにして，P にある値を与えると，中心線に沿って積分することにより声道における U と P の曲線を描くことができる．

訳者注

本書『母音——その性質と構造』を翻訳し注釈を付すにあたり，文献引用，用語解説，訳語選択，人名表記などについて下記文献を参考にした．

・小幡重一: 『実験音響学』 岩波書店，1933.
・大西雅雄: 『音声学史』 明治書院，1935.
・栗原嘉名芽: 『音響学序説』 共立出版，1939.
・栗原嘉名芽・小幡重一: 『音響実験及び測定法』河出書房，1942.
・今堀克巳: 『音響分析』 小山書店，1949.
・服部四郎: 『音声学』 岩波全書，1951.
・Russell, G. O.: *The Vowel: Its Physiological Mechanism as Shown by X-ray*, Columbus: Ohio State University Press, 1928.
・Fletcher, H.: *Speech and Hearing*, New York: Van Nostrand, 1929.
・Judson, L. S. V. & Waever, A. T.: *Voice Science*, New York: Appleton Century Croft, 1942.
・Heffner, R-M. S.: *General Phonetics*, Madison: University of Wisconsin Press, 1964.

第一部　喉頭の働き

注1　Garcia は喉頭鏡の父とよばれる．パリ音楽院の声楽教授であった Manuel Garcia はフランス革命を逃れてイギリスへ亡命したのち，1854 年にロンドン万博のために作られた歯科用鏡と手鏡とを用いて日光により自らの喉頭を照らし出し，声帯の動く様子を観察した．その後，ウィーンの Turck やブダペストの Czermak らが臨床的喉頭観察に応用した．

注2　喉頭潜望鏡(laryngoperiscope)は，金属製の筒の先に小型電球と鏡を取り付け，口側には潜望鏡のような反射鏡を取り付けて，自らの声帯の観察ができるようにした装置．

注3　ストロボスコープ(stroboscope)は周期的な高速現象の可視化に用いられる装置で，声帯振動の観測に適した装置は喉頭ストロボスコープとよばれる．1878 年に Oertel が Mach のストロボスコープ円盤を応用して声帯振動を観測したといわれる．基本

周波数に同期したストロボ発光により，振動中の声帯をある位相で静止させて撮影することができる．同期をわずかにずらせば，声帯振動のスローモーション像を得ることができる．この当時は回転円盤にスリットを設けてストロボ光を発生させたが，現在では電子的なパルス発光が用いられる．

注4　*Vox* 誌は当時ドイツで刊行されていた音声学の雑誌．

注5　Musehold の文献として，Musehold, A.: *Stroboscopische und photographische Studien*, Arch. f. Laryngol., **7**, 1-21, 1897 があげられる．小幡(p.203)は，Musehold, A.: Arch. f. Laryngologie, **7**, 12, 1898 を引用し「生理学者の研究によれば，少なくも地声を発する場合においては左右の声帯は振動の1周期の間，互いに接触して気道をまったく閉塞するものであるという」．切替一郎は，Musehold, A.: *Allgemeine Akustik und Mechanik des Menschlichen Stimmorgans*, Berlin: J. Springer, 1913 よりマグネシウム球を使用して撮影した声帯の写真を引用している．(Kirikae, I.: *Concluding remarks*, in K. N. Stevens and M. Hirano (eds.), *Vocal Fold Physiology*, Tokyo: Univ. Tokyo Press, 1981)

注6　この頃，ベル研究所では声帯振動の高速度映画撮影が行われた．(Farnsworth, D. W.: *High-speed motion pictures of the human vocal cords*, Bell Labs. Records. **18**, 203-208, 1940) また，切替は，ストロボ映画撮影(strobocinematograph)により声帯振動を詳細に観察した．(切替一郎：喉頭「ストロボ」活動写真撮影法による発声時に於ける人間声帯の振動，並に声門閉鎖の時間的関係に関する研究，大日本耳鼻咽喉科会報，**49**, 236-262, 1943)

注7　原著では声帯の名称に vocal chords の綴りが当てられている．これは小幡，服部の著書にもみられ，当時は一般的であったらしい．現在は vocal cords あるいは vocal folds と記される．日本語の「声帯」はドイツ語の Stimmband から来たもの．

注8　声帯縁(edges of the vocal chords)は，声帯粘膜のふちで喉頭内腔に面する部分．

注9　声帯の直上部は喉頭前庭(laryngeal vestibule)とよばれ，披裂部と喉頭蓋を結ぶひだは披裂喉頭蓋ひだ(aryepiglottic folds)とよぶ．

注10　仮声帯(false vocal chords)は広く用いられている用語であるが，解剖名称としては前庭ひだ(vestibular folds)が正しい．

注11　声門(glottis)は左右の声帯の間にある間隙のこと．前後の声門は，それぞれ膜様部，軟骨部とよばれる．通常の発声では，声門膜様部が振動にかかわる．

注12　喉頭筋には外喉頭筋と内喉頭筋の2種類がある．内喉頭筋は，喉頭内に接合部をもつ筋肉で，輪状甲状筋，甲状披裂筋，側輪状披裂筋，披裂筋，後輪状披裂筋がある．外喉頭筋は一端が喉頭内にあり他端が喉頭外にある筋肉をいい，狭義には舌骨甲状筋，胸骨舌骨筋，胸骨甲状筋の3筋であるが，広義には喉頭周囲にある筋肉をすべて含む．

注13　披裂軟骨の関節運動：披裂軟骨の関節運動により，声帯の外転(abduction)と内転(adduction)の運動が生じる．左右1対の披裂軟骨は，輪状甲状軟骨と関節を作る．声門を開くとき，披裂軟骨はこの関節の上で前下に滑走すると同時に左右に向かって回転して，披裂軟骨の前方にある声帯突起を外転させる．

注14　輪状甲状関節の運動：甲状軟骨にある左右の下角は輪状軟骨と関節をなし，関節の回転運動によって声帯が伸縮して，声の高さを変える．この関節運動は，輪状甲状筋と声帯筋(甲状披裂筋)の釣り合いによって生じるが，それだけではなく，この関節を取り巻く多くの筋肉の働きも無視できない．

注15　フラトーの内視鏡(Flatau's endoscope)は詳細不明であるが，唇を閉じていても喉頭観測を行うことができるように工夫した内視鏡であったらしい．

注16　ɯ は，東京方言で使われる中舌非円唇の「ウ」を意味する音声記号．関西方言では奥舌円唇の u が使われる．フォルマント周波数にもこの相違が反映される．

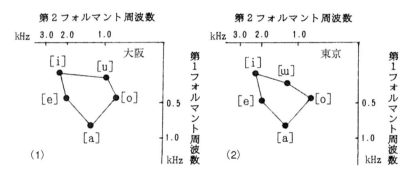

日本語母音のフォルマント図：(1)関西方言と(2)東京方言
(杉藤美代子:『大阪・東京アクセント音声辞典』CD-ROM, 解説編, 東京: 丸善, 1995 より)

注17　ストロボX線撮影(strobo-radiograph)は，声帯振動観測の斬新な試みとして特筆に値する．この頃のX線装置では商用電源を全波整流しただけの電源電流を用いていたので，X線強度が商用電源の2倍の周波数(100 Hz)で周期的に変化する．この原理を利用して声帯振動のストロボX線映画撮影を試みたものと思われる．

注18　声区(voice register)は，Garcia 以来の喉頭研究で取り上げられてきたテーマであり，音声学でも取り上げられることが多かった．服部(p.25)によれば「声，ことに歌い声にはいろいろの種類があるが，「胸声」と「頭声」の2種に大別できる．学者によって多少説が異なるが，前者においては声帯声門が全部開いており声帯全体が振動するのに対し，後者では軟骨声門と声帯声門の後部とが閉鎖し，声帯はその前部のみが振動するという．また後者は声帯のへりだけが振動するともいわれる」．

注 19　ここで使われている音響スペクトル（sound spectra）の定義は，現代的解釈とやや異なるようである．小幡（p.131）によれば，音響スペクトルは「横軸に周波数をとり，縦軸に各倍音の振幅を表したもの」であり，付録に調和分析法の計算手順が掲載されている．当時の音響分析には，第四部に記載されているような機械式，電気機械式，純電気式の分析装置が用いられることもあったが，本書では一貫してフーリエ調和分析法が用いられている．これは，マイクロフォン，三極管増幅器，電磁オシログラフを用いて音声波形を写真記録し，この波形を数値化した上，フーリエの定理に従って周期関数を求める方法で，これにより基音と倍音の振幅を求めることができる．

注 20　音名表記について：1オクターブの間に含まれる音を表す方法にはイギリス式とドイツ式があり，本書ではドイツ式が用いられている．ピアノの中央の C は，イギリス式では c'，ドイツ式では c^1 と表す．また，ドイツ式の B と H に対して，イギリス式では $A^\#$ と B と表す．音の周波数については，音響学では C を2のべき乗の周波数とし，$C = 64$ Hz，$c = 128$ Hz，$c^1 = 256$ Hz などと定める．しかし，音楽演奏では $a^1 = 440$ Hz が基準音として用いられ，この場合は $c^1 = 261.6$ Hz になる．

注 21　高調波成分（higher harmonic partials）は，楽音の倍音成分と同じ．人間の声のような楽音は基本波とその倍音を含む．このときの倍音は通常，基本音の整数倍の周波数をとるので，調和倍音あるいは高調波成分とよばれる．

注 22　この図17は間接喉頭鏡の図としては天地が逆転している．この写真では上に披裂軟骨があり，下に喉頭蓋があるが，間接喉頭鏡の像はそうはならない．本書の日本音声学会版（1958年）では天地を逆にして間接喉頭鏡の正像としている．

注 23　弾性緩衝体作用（elastic cushion action）は，ドイツの音響生理学者 Ewald による声帯振動の cushion pipe theory を意味するものと思われる．声帯の振動について，Ewald は筋肉と粘膜からなる弾力性のある声帯が水平方向に振動することによって左右から声門を閉鎖すると説明した．（Ewald, J. R.: *Die Physiologie des Kehlkopfes und der Luftröhre Stimmbildung*, in *Handbuch der Laryngologie und Rhinologie*, Vol. 1, P. Heymann (ed.), Vienna: Hölder, 1898）

注 24　声門閉鎖音（glottal stop）は，声門閉鎖により肺内圧が高まった状態で声門が開放するときに生じる衝撃音．

注 25　声帯振動理論について：1950年代になると，声帯内を斜走する筋肉が収縮と弛緩を繰り返すことにより声帯を振動させるという神経同期説（neurochronaxic theory）をめぐって盛んな論争が繰り広げられた．しかし，声帯筋の斜走繊維はあってもわずかであること，声帯振動に同期する筋活動を証明できないことなどから，結局，この神経同期説は廃説となった．1958年，van den Berg は，従来どおりの声帯と気流との相互作用による説明を発展させ，声門を通過する気流によって生じる「ベル

ヌーイの力」を取り入れた筋弾性・空気力学説(myoelastic-aerodynamic theory)を発表し，その後の声帯振動研究の基礎を作った．

注26　楕円運動(elliptical motion)について：声帯の冠状断面において声帯内の任意の点は声帯振動中に楕円運動を行う．切替によれば，「Helmholtz(1863)は振動膜の模型実験から声帯を垂直方向に振動する舌になぞらえたが(Membrantheorie), Ewald(1898)はこの考えに疑問をもち，二つの狭窄物が相互に水平方向の開閉運動を行うとして褥笛(しとね笛，Polsterpfeife)を作った．その後，声帯振動をストロボスコープや高速度映画を利用して詳細に分析してみると，声帯は発声時において単純な垂直または水平運動をしているものではなく，両者の組み合った複合運動をしていることがわかった．」(切替一郎：『新耳鼻咽喉科学』南山堂，1967)

注27　図23におけるファルセット発声時の声帯縁の運動は興味深い推測ではあるが，この図のような声帯縁が気流の方向と逆向きに動く現象が起こるとは思われない．一般に，ファルセットでは，薄くなった左右の声帯縁が互いに接触することなく水平方向に弦振動を起こすかのように観測される．

注28　この文章中にある ha̦, hi̦, hu̦, he̦, ho̦ の音声記号は，無声化母音であることを表している．

注29　声帯の長さと声の高さとの間には単調な比例関係がある．声帯が引き伸ばされると，声帯粘膜の張力が増大し，単位長あたりの質量が減少して，声帯の振動数つまり声の高さが高くなる．

注30　喉頭蓋(epiglottis)は，喉頭腔の前壁に相当し，声帯から咽頭に至る喉頭管を形成する．喉頭蓋は弾力に富み，嚥下運動に際して喉頭が挙上すると，喉頭蓋は舌根部に押されて後方に倒れ，喉頭腔に蓋をして食物を食道へ送る．

注31　仮声帯と喉頭室の機能：仮声帯は声帯の上方にあるひだで，喉頭室は声帯と仮声帯との間にある空隙．仮声帯や喉頭室が音声の生成に音響的な役割を果たすかどうかは現在でも明らかではないが，Judson & Waever (p.101)は出所不明の次のような仮説を紹介している．「一側の声帯が吹き上げられると気流は対側の喉頭室に流入して強い共鳴を引き起こす．両側の声帯が同時に吹き上げられると両側の喉頭室が同時に共鳴する．低いピッチやファルセットでは，仮声帯の働きによって喉頭室が閉塞して声帯で作られる音はもはや喉頭室の共鳴を受けない．したがって成人男性では高い声の音波は低い声の音波とは区別される．また女性や子供の喉頭室は非常に浅いという事実も参考になろう．以上はあくまでもひとつの仮説である．」

注32　母音と音源との関係について，この当時，喉頭と調音器官との相互作用を議論したものに Kenyon の論文がある．(Kenyon, E. L.: *Relation of oral articulative movements of speech and of extrinsic laryngeal musculature in general to function of vocal cord*, Archives of Otolaryngology, **5**, 481-501, 1927)

224／訳者注

注33　H. E. Palmer は，当時日本に在住した音声学者．D. Jones の *An Outline of English Phonetics*，服部の『音声学』にも記載がある．

注34　呼気流量(amount of air exhaled)は，発声時において単位時間に声門を通過する呼気流率として計測され，声門下圧と声門の気流抵抗によって変化する．楽な発声における呼気流率は成人男性では約100〜250 ml/sec，成人女性では約85〜280 ml/sec の範囲にある．

注35　声門下圧(subglottal pressure)は，発声時に測定される気管内の空気圧．楽な発声では 6〜10 cmH$_2$O 程度とされている．

注36　石井(Ishii)：東京聾唖学校の石井については未詳．

第二部　母音の生成機構

注1　ダイナミック・マイクロフォンとしたが，原文に忠実に訳せば可動線輪型マイクロフォン(moving coil microphone)である．1931年に Western Electric 社の Wente & Thuras により高性能のものが発表された．当時のコンデンサー・マイクロフォンと比較して，ダイナミック・マイクロフォンは小型で感度が高く，周波数特性が平坦，増幅回路が簡単，電気的外来雑音の混入が少ないなどの利点があった．

注2　原著では周波数の単位に cycle を用いているが，訳文では現代的単位である Hz(ヘルツ)とした．この単位は電磁波が光と同じ性質をもつことを実証したドイツの物理学者 H. R. Hertz を称えて1960年に国際単位系に加えられたもの．

注3　固有音(proper tone)は，一般に物体の自由振動により発生する音のことで，ここでは声道音響管のもつ固有振動数，すなわちフォルマント周波数を意味している．フォルマントの数は，理論上5 kHz までの帯域に5個あるが，母音波形の起伏から直接読み取る場合には，a と o では1個，その他の母音では2個を確認することができる．

注4　Willis の代表的文献としては，Willis, W.: *On Vowel Sounds, and on Reed-organ Pipes*, Transactions of the Cambridge Philosophical Society, Cambridge University Press, 1830 が知られている．cavity tone theory に基づく母音理論を展開したもの．

注5　ここで列挙されている過去の母音研究に関する文献は次のようである．

・Dodart: *Memoires sur la cause de la voix*, 1700. Dodart はフランスの医師．声帯の張力と声門の幅により声帯の振動数が変化することを説いて，puff theory の創始者といわれる．

・Ferrein, A.: *De la formation de la voix de l'homme*, 1741. Ferrein はフランスの医師，解剖学者．犬と人の摘出喉頭を使った発声実験を行ったことで知られる．声帯振動を弦の振動になぞらえ vocal cords という名称を初めて用いた．

・Kratzenstein, C. の文献は未詳．Kratzenstein はドイツの物理学者．1779 年，ペテルスブルグ帝国アカデミーが 5 母音の違いを説明しこれらの母音を人工的に作る装置を募集した．Kratzenstein は複雑な形状の共鳴器とリードにより 5 母音を合成して懸賞金を獲得した．

・von Kempelen, W.: *Mechanismus der menschlichen Sprache und Beschreibung einer sprechenden Machine*, Wien, 1791. von Kempelen はハンガリー出身の機械製作者．ふいご，リード，共鳴管からなる機械式音声合成装置を製作したことで知られる．1835 年に Wheatstone がこの装置を復元し，電話の発明者である Alexander Graham Bell も同様の装置を作ろうとした．本文では de Kempelen とあるが von Kempelen が正しい．ただし，フランスの文献では de Kempelen が使われたらしい．

・Wheatstone, C.: *London and Westminster Review*, 1837. Wheatstone はイギリスの物理学者で音響学と電気学の研究で有名．音響管の多重共鳴を説明し，overtone theory に基づく母音理論を唱えた．

・Grassmann の文献は未詳．Grassmann の他の文献としては，*Über d. Physik. Natur d. Sprachlaute*, Ann. d. Phys. u. Chem., **I**, 606, 1877.

・Helmholtz, H. L. F.: *Die Lehre von den Tonempfindungen*, 1862. A. J. Ellis による英訳は，*On the Sensation of Tone as a Physical Basis for the Theory of Music*, 1885. Helmholtz はドイツの生理学者兼物理学者で，力学，光学，音響学に著しい業績を残した．生理学者としては，聴覚と色彩感覚などの感覚生理学において貢献した．音声の研究においては，カイモグラフの実用化，電磁駆動の音叉とヘルムホルツ共鳴器による母音の合成などを行った．

・Auerbach, F.: in *Pogg. Ann.*, Ergänzung-band, **8**, 177, 1876 および Auerbach, F.: in *Winklemann's Handbuch der Physik*, II, 2nd ed., 1909. Auerbach は，Helmholtz の弟子．鍵打法により声道共鳴を調べた．

・Hermann, L.: in *Pflügers Archiv*, 1889, 1890, 1891. Hermann は，1890 年，レコード盤の回転数を変化させて生じる母音の変化を調べた．

・Lloyd, R. J.: *Phonetische Studien*, 1890.

・Scripture, E. W.: *The Elements of Experimental Phonetics*, 1902. あるいは，Scripture, E. W.: *Zeitschrift für Experimentalphonetik*, I, 1932. Scripture は米国の心理学者，実験音声学者．

・Stumpf, C. の文献は未詳．Stumpf は 1926 年に *Die Sprachlaute* を発表し，干渉管による母音の実験を行った．

・Miller, D. C.: *The Science of Musical Sounds*, 1922. D. C. Miller は音声波形記録装置フォノダイクを作り，オルガンパイプによって母音を合成した．

注6　Willis の使ったリード管は，円筒の中を自由に移動して動くリードを設けた管．

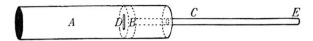

リード管の例：(A)音響管，(B)ピストン，(C)ピストンを動かす棒，(D)リード，(E)気流送入口
(Jones, D.: *An Outline of English Phonetics*, 1918 より)

注7　気流パルス波(air pulsation)は発声時に声門から呼出される噴流(puff)を表すもので，ここではパルス波と訳し，パルス(pulse)と区別した．

注8　減衰振動(damped vibration)は，周期的な運動に逆らう力が存在するときに運動の振幅が時間とともに指数関数的に減少する現象を意味する．なお，この時代には「減幅振動」の語が当てられた．

注9　くぼみ音(cavity tone)は，音響管の共振周波数を表す音響用語であり，固有音あるいはフォルマントに等しい．空洞で音が共鳴する現象をくぼみ効果(あるいは前窩効果)とよび，その特徴を示す周波数をくぼみ音とよぶ．

注10　Reyher は母音の共鳴周波数を調べた．Helmholtz の *Sensations of Tone*，および Russell の *The Vowel* の中で引用されている．

注11　倍音(harmonics)は，周期的複合音において，基音の整数倍の周波数をもつ成分．

注12　サイレン(siren)は，回転円盤に設けられたスリットに圧搾空気を与えて音を出す装置．音の振動数と聴覚上のピッチとの関係を調べるために使用された．Helmholtz はこれを用いて音のうなり，音色，2 音間の位相の関係等に関する研究を行った．

注13　Rayleigh は，19 世紀後半における大物理学者の一人で，音と光について多方面にわたる研究を行った．音の強さを計測するための装置であるレイリー盤(Rayleigh disc)に名が残っている．堅実な理論によりさまざまな音響現象を説明した *Theory of Sound* は，音響学における不朽の名著といわれる．栗原(p.73)によれば，「空が青く見える理由は空気分子が波長の短い光を多く散乱するためで，これに関する Rayleigh の研究は有名である」．

注14　Fourier の定理(Fourier's theorem)は，「一定の周期をもつ周期関数は，その周期に相当する正弦関数および余弦関数ならびにその整数倍の振動数をもつ正弦関数および余弦関数の和(級数)として表される」とする命題で，その級数を Fourier 級数という．第 6 章で詳しく説明されている．(第二部注 28 を参照)

注15　調和部分音(harmonic partial tones)は，倍音と同じ．小幡(1935)によれば，「最も規則正しい振動と考えられる各種の楽器の音も，多くは単一なる音ではなく，いくつかの純音が集まったものである．総て複雑な音を斯く分析して考える場合に，成分たるこれらの純音を部分音(partial tone)といい，その中で振動数の最も小さ

い音を基音あるいは原音(fundamental tone)といい,その他を上音(over tone)という.上音の振動数は基音の振動数の丁度整数倍である場合と,そうでない場合とがある.前者すなわち丁度整数倍である場合にはこれを調和倍音あるいは単に倍音(harmonics)という.」(小幡重一:『音』岩波全書,1935)

注16 このパラグラフでは音源の生成機構が取り上げられている.喉頭音が声帯の閉鎖による衝撃波により作られるのか,それとも声門の開閉にともなう呼気の噴流により発生するのかという2通りの機構を対比させている.後者が現代的な解釈.

注17 共鳴(resonance)は,可聴周波数における共振.小幡(p.91)は「一つの発音体が出している勢力を他の発音体が吸収して共に鳴り出すの意」として「トモナリ」と読んでいる.栗原(p.134)は,共鳴と共振とを区別し,「外力の振動数がある特定値に近いときに振動体の振幅が特に増大する現象を共鳴(resonance)という.外力が別の振動体に起因するときは共振(sympathetic vibration)ともいう」.

注18 ヘルムホルツ共鳴器(Helmholtz resonator)は,ガラス製もしくは金属製の内空の球形器で,大小の孔をもち,種々の大きさのものがある.これを使用するには二つの孔のうち小さい方を耳に当てて音を聴く.共鳴器はその大きさおよび口の面積による一定の固有音をもっているから,外界にその固有音と同じ高さの音が存在するときには共鳴によって特にその音が強くなる.したがっていろいろな大きさの共鳴器を耳にあてて音を聴くと,その中に含まれている部分音に相当する共鳴器を用いた場合だけ大きく聞こえる.これによって部分音の高さおよびおおよその強さを分析することができる.ヘルムホルツはこの共鳴器を利用して母音をはじめ種々な

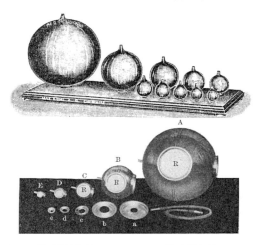

ヘルムホルツ共鳴器(上)とエーデルマン共鳴器(下)
(小幡重一:『音楽愛好家のための音響学』内田老鶴圃,1931より)

楽器の音色の性質を明らかにした．（小幡重一:『音』岩波全書，1935）

注19　エーデルマン共鳴器は，ヘルムホルツ共鳴器に加工して共鳴振動数が連続的に変わるようにしたもの．栗原・小幡（p.36）によれば，「一端に木板があり，その上に同調する振動音または音叉をたてれば強い音を発し，指で叩けば共鳴器の固有音を聴くことができる」．

注20　スティフネス（stiffness）は，剛性．この場合，バネの硬さを意味する．一般にはコンプライアンスの逆数をスティフネスといい，平衡の位置から単位変位を生じるために必要な力に相当する．

注21　イナータンス（inertance）は，音響系における慣性的要素．管の中の空気の質量に相当する．電流の変化に抵抗するインダクタンスに相当するものは機械系においては質量であり，音響系においてはイナータンスという．

注22　伝導率（conductivity）は，ヘルムホルツ共鳴器の開口部において（首の断面積）/（首の長さ）で表される．

注23　超過圧（excess pressure）は，音によって媒質（空気）の圧力が変化するときに，平均的な圧力からの変化分をさす．音圧（sound pressure）に等しい．

注24　直列共鳴（series resonance）は，電気回路において，インダクタンスとキャパシタンスを直列に接続すると，ある周波数のときインピーダンスが最小となる．ヘルムホルツ共鳴器では，首の空気がインダクタンス（L）に，共鳴器内の空気がキャパシタンス（C）に対応する．

注25　ここで電気回路に対応する音響用語をまとめておく．
　・音響インピーダンスは，圧力と粒子速度の比．これが大きいと小さい粒子速度で大きい圧力変動が生ずることを意味する．
　・音響イナータンスは，管の長さと断面積との比．管が長ければ大きな値をとる．
　・音響抵抗は，圧力と体積速度との比．体積速度＝断面積×粒子速度なので，断面積が小さいほど大きい値をとる．
　・音響キャパシタンスは，空洞の容積によって決まる値．容積が大きいほど大きい．

注26　並列共鳴（parallel resonance）は，電気回路において，インダクタンスとキャパシタンスを並列に接続すると，ある周波数のときインピーダンスが最大となる．この種の回路を並列共鳴回路という．

注27　減衰係数（damping coefficient）は，減衰定数（第二部注37）を振動数で割った値．

注28　Fourier 調和分析法（Fourier's harmonic analysis）は，Fourier が 1822 年に熱伝導の理論的研究に際して考案した方法．Fourier 自身は音響の研究を行わなかったが，後になって音響その他の研究に広く適用されるようになった．音の波形が周期的である場合に，Fourier の調和分析により各倍音の強さ（振幅）を求めることができる．

注29　放射抵抗(radiation resistance)は，ある面から媒質(空気)に放射されるとき，その面が媒質から受ける力に相当する．放射インピーダンスの実数部．

注30　対数減衰率(logarithmic decrements)は，振幅が時間とともに指数関数的に減少するとき，隣り合う波の最大値の比を自然対数にとったもの．減衰振動における減衰速度の大小を表すために用いられる．

注31　特徴周波数(characteristic frequency)は，母音を特徴づけるスペクトルのピークあるいは倍音領域で，示性周波数ともよばれる．フォルマントと同義．

注32　声門下圧(subglottal pressure)は，発声時の肺内圧のこと．声の大きさによっても大きく変動し，弱い声では 3 cmH$_2$O 程度から強い声では 20 cmH$_2$O 程度まで変化するといわれている．10 cmH$_2$O は，約 1 kPa に相当する．(第一部注 35 参照)

注33　声門体積流(volume current at the glottis)は，振動中の声門を通過する気流の流速．これを時間平均したものが平均呼気流率．声の大きさや発声法によって大きく変動する．(第一部注 34 参照)

注34　声道の反動効果(retroactive effect)は，声門体積流が声道より受ける流体音響効果を意味すると思われる．1周期中の声門気流の最大点は空気の慣性的作用により声門面積の最大点より遅れるので，頂点の位置が右によった三角波の形状をとる．また，声門体積流は声道の共鳴によって影響を受け，第1フォルマントに相当する周波数のうねりがみられる．

注35　バッフルフランジ(baffle flange)は，音響管やスピーカーの開口部に取り付ける平板のこと．声道においては，口唇周囲の顔面部分が音響的なフランジとなる．

注36　声道におけるエネルギー散逸には，管内の空気圧の変化に伴う管壁の振動による損失，管内の空気と管との間の粘性摩擦による損失，管壁を通しての熱伝導による損失などがある．このなかで，壁振動による損失によるものが最も大きい．

注37　減衰定数(damping constant)は，指数関数的に減衰する関数 $Ae^{-\lambda t}$ において，減衰の速さを決める値 λ のこと．

注38　原著では w となっているが，文脈から判断して ɯ とした．

注39　音響リアクタンス(acoustic reactance)は，音響インピーダンスの虚数部．

注40　調和関数(harmonic function)は，Laplace の微分方程式を満たす関数．管内の気流についていえば，調和関数であることは，非圧縮性の気体で渦流のない場合を意味する．

注41　音声勢力(speech power)は，音波の伝播方向に垂直な単位面積(1 cm^2)を通して伝えられる空気分子の運動の勢力(power)で決められる．

注42　二つの共鳴周波数(two resonant frequencies)は，母音フォルマントのうち低次のもの，すなわち第1フォルマントと第2フォルマントを指す．原著では，低い方(the lower)，高い方(the higher)という呼び方が使われているが，訳文ではそれぞれ第1

共鳴，第 2 共鳴とした．

注43　富田(T. Tomita)は富田恒男ではないかと思われる．中島によれば「日本語の合成は，早くから富田恒男，牧田康雄あるいは大岡松男その他によって試みられている．」(中島博美：『聴感と音声』日本放送出版協会，p.111，1960)

注44　うなり振動(beat vibration)は，周波数がわずかに異なる正弦波形を重ねたときに生じる振幅の周期的変動のこと．

注45　開口端補正(end correction)は，管の長さと共鳴周波数との関係を求めるに当たり，音響管の開口部で生じる外界空気の音響管共鳴への影響を補正する係数．管の開口端において音波が反射されて管の中に定常波が生じるが，厳密にいえば管内の空気の振動は管の端よりわずかに外界に出た後に反射される．したがって，共鳴周波数の計算は管の長さが実際より少し長いとみなして補正する必要がある．

注46　原著ではこの式の右辺に e があるが，e_0 が正しいと思われるので修正を加えた．

注47　単弦力(simple harmonic forces)は，方向と大きさとが正弦関数の形式で変化するような力を意味する．外力によって振動体にエネルギーの供給が行われるためには，この外力は方向ならびに大きさが一定なものではなく，必ず何らかの周期性をもって働くものでなくてはならない．(栗原，p.130)

第三部　声道の計測と自然周波数の計算

注1　X 線写真撮影(X-ray photography)は，1895 年のレントゲンによる X 線発見の直後から医学に応用され始めた．音声研究への利用で最も早いのは Moeller と Fischer(1904)により行われた喉頭の撮影で，声の高さを変えたときの喉頭軟骨の位置変化を観測している．また，ドイツの医師 E. A. Meyer にならって D. Jones が英語母音の X 線撮影を行ったことは有名であり，これをもとにした模式図が *An Outline of English Phonetics*, Leipzig, 1932 にみられる．(服部によれば，Jones の撮影した X 線写真は，Jones, D.: *The Pronunciation of English*, new edition, Cambridge Univ. Press に掲載されているというが，最新の fourth edition には載っていない．) その後，ドイツの Calzia，米国の G. O. Russell などが X 線による母音研究を行った．日本では，外山高一(レントゲン写真に依る国語母音図形考究の一材料，音声の研究 1, 日本音声学協会，1927)，千葉勉(*Research into the Characteristics of the Five Japanese Vowels Compared Analytically with Those of the Eight Cardinal Vowels*, Tokyo: Nichibei-Press, 1931)が本書に先行して X 線写真撮影による母音研究を行っている．当時の興味の対象は，いずれも母音の音声学的位置と舌の位置との関係であったようである．声道の計測から音声スペクトルの計算を行った試みは本書が世界で初めてであり，この理論的手法が G. Fant の音響理論(*Acoustic Theory of Speech Production*, The Hague: Mouton, 1960)に

引き継がれることになった．

注2　X線写真撮影は拡散X線をX線フィルム上に投影する方法なので，X線源とフィルムの間にある被写体はフィルム上で拡大された像となる．実寸値を得るには一定の比率で縮小する必要がある．

注3　ここでいう口蓋図(palatogram)は，静的パラトグラムといわれるもので，すでに1870年頃から試みられていた(J. O. Coles: *On the production of articulate sound (speech)*, Trans. Odontol. Soc. G. B., **4**, 110-123, 1872)．日本においては，Edwardsが来日し，人工口蓋図で日本語，英語，ドイツ語，フランス語の母音，子音を比較した(Edwards, E. R.: *Etude Phonetique de la langue Japonaise*, thèse pour le doctorat d'Université de Paris, presentée à la Faculté des Lettres à la Sorbonne, Leipzig, 1903)．その後，外山高一は，人工口蓋図を調音の観測に用いた(外山高一: 国語の熟音の人工口蓋実験図形について，音声の研究 2，日本音声学協会，42-44，1928)．現在は，舌の接触パタンを連続的に記録する動的(電気的)パラトグラフィが用いられる．(桐谷滋・比企静雄: ダイナミック・パラトグラフィーとその応用，日本音響学会誌，**32**，335-342，1976)

注4　気流横断面(transverse air-flow section)は，声道中心線に直交する断面であり，管内を伝播する音波の波面に対応する．声道内では平面波が伝播すると仮定するので，声道中心線に直交する声道断面の面積を用いて伝達特性を計算する．

注5　フランジ(flange)は，音響管の開口部につける板のこと．フランジをもつ音響管ではもたない場合と比べて共鳴周波数が若干低くなる．(第二部注35を参照)

注6　音響的伝導率(acoustic conductivity)は，ヘルムホルツ共鳴器の開口部において，(首の断面積)/(首の長さ)で表される．(第二部注22を参照)

注7　面積計(planimeter)は，平面上の閉曲線で囲まれた図形の面積を計測する器械．

注8　音声合成の方法：Kratzensteinやde Kempelenは人間の発音の仕組みをまねた音声合成を試みたが，19世紀の物理学者は人間の構造ではなく音声の倍音構造を模擬する装置を考えた．すなわち，Helmholtzは電磁音叉と共鳴器を複数用いた装置で調波成分を混合した母音を合成した．Rudolph Koenigは，円筒の回転盤に母音波の振幅に対応する溝をきざんだものに気流を吹き付けてサイレンの原理で音を出す母音サイレンを作った．その後，D. C. MillerやStumphは，Helmholtzと同様の原理で，オルガンのパイプを用いて母音の調波構造を合成しようとした．このような方式に対し，Pagetは，人間の声道形状をまねた粘土の管を作り，これにリード弁を接続して英語母音の合成に成功した．電気式の音声合成には，声道音響管を電気回路に置き換えたStewartによる「声道アナログ」(第二部27節の脚注[23]参照)の試みがあり，その後のDudleyによる電気式音声合成装置Voderにつながった．

注9　ウェブスターの波動方程式(Webster's wave-equation)：一般に波においては，媒

232／訳者注

質の変位や，電場，磁場の成分のような物理量が波動方程式とよばれる2階の偏微分方程式を満たす．

注10　不均一音響管(non-uniform pipe)は，直径が一定ではない管．声道を音響管として扱う場合の前提となる．

注11　速度ポテンシャル(velocity potential)が急激に減少する方向と減少の割合から，その点の速度と大きさがわかる．流体の運動を表す方程式は一般にベクトル方程式となるので，簡単化のために速度ベクトルの代わりに速度ポテンシャルを用いる．

注12　粒子速度(particle velocity)は，音により生じる媒質(空気粒子)の運動速度を意味し，音の伝播速度(音速)と区別するために粒子速度とよぶ．音圧と媒質の密度，音速より計算することができる．

注13　超過圧(excess pressure)は，音圧(sound pressure)と等しい．(第二部注23参照)

注14　調和関数(harmonic function)は，Laplaceの微分方程式を満たす関数．(第二部注40参照)

注15　特殊関数(special function)は，解析学でしばしば用いられる関数の総称．しかし，指数関数，三角関数のような初等関数は含まれない．

注16　音響管の共鳴の名称については，原文では二つの主要な共鳴について high and low resonances という用語が使われているが，ここでは低い方の共鳴を第1共鳴，高い方の共鳴を第2共鳴と訳した．なお，第3共鳴以上のものを意味する the higher resonances は「高次の共鳴」として区別した．

注17　定常波(stationary wave)は，同一周波数の進行波の干渉によって生じる空間的な振幅分布の定まった波で，空間に固定した節をもつ．なお，定在波は standing wave という．

注18　ここで「副次共鳴」と訳したが，原文では the second resonance である．図81，図82より，iの第1，第2共鳴はそれぞれ260 Hz，2750 Hz であるが，この図91の the second resonance は 2140 Hz であり，図82の第2共鳴より低い．実際には図81が第1フォルマント，図82が第3フォルマントを示し，この図91の共鳴は第2フォルマントに相当する．

注19　フォルマント(formant)は，フランス語の動詞 former(形を成す)の現在分詞 formant からできた語．日本で広く用いられている呼称は，ドイツ語の音訳「フォルマント」と，これを日本語化した「ホルマント」である．「特徴倍音」と訳されたこともある．小幡によれば「これら各母音独特の部分音は決して振動数何程という単一な音ではなく，高さのある範囲にわたる音すなわち一つの音域である．この特徴音域を英語では characteristic frequency region，ドイツ語では Formant(複数 Formanten)と呼ぶ．」(小幡重一:『音』岩波全書，1935 より)

注20　ドイツ語の発音記号について：以下に音声表記との対応を示す．

u	o	ŭ	ŏ	a	ä	ĕ	ĭ	e	i	ü	ö	ŭ	ŏ
uː	oː	ʊ	ɔ	ɑː	ɛ	ɜ	ɪ	eː	iː	y	øː	ɤ	œ

第四部　母音の性質に関する主観的研究

注1　有毛細胞(hair-cells)：蝸牛の有毛細胞には内有毛細胞と外有毛細胞とがある．現在では，内有毛細胞が音感覚に直接かかわり，外有毛細胞は感度を調整する装置であると考えられている．内有毛細胞は中枢に向かう非常に多くの感覚神経と接続する．一方，外有毛細胞は中枢に発する運動神経に支配され，細胞体が伸縮することにより音の感度を増幅させる装置であるといわれる．

注2　Lorente de Nó の文献：Lorente de Nó, R.: *Anatomy of the eighth nerve. I. The central projection of the nerve endings of the internal ear*, Laryngoscope, St. Louis, **43**, 1-38, 1933.

注3　Ades, Mettler & Culler の文献：Ades, H. W., Mettler, F. A. & Culler, E. A.: *Effect of lesions in the medial geniculate bodies upon hearing in the cat*, Am. J. Physiol., **125**, 15-23, 1939.

注4　Poliak & Walker の文献は未詳．文脈から次の文献が該当するかと思われる．Poliak, S.: *Origin, course, termination, and internal organization of the auditory radiation*, in H. M. Evans and I. M. Thompson (eds.), *The Main Afferent Fiber Systems of the Cerebral Cortex in Primates* (pp.81-104), University of California Press, Berkely, 1932.

注5　基底膜の投射は，基底膜上の周波数局在(tonotopy)が聴覚路において反映されることを意味する．周波数局在は脳幹から聴覚野にいたる聴覚路において認められるが，中継核の間の繊維連絡は複雑であり，核内の部位による投射の差もみられる．したがって文字通り1対1に対応しているわけではない．周波数選択性は下丘で最も先鋭で，聴覚野では鈍化するので，下丘において周波数分析が完了し，聴覚野ではさらに高次の処理が行われていると考えられている．

注6　聴覚の機構についてはその後2度にわたり大きな進展がみられた．とくに内耳メカニズムについてはG. von Békésy(1947)の進行波説が，Helmholtzの共鳴説にとって代わった．Békésyは動物や人間の内耳を観察して進行波説が最も実際に近いことを証明した．しかし，その後，基底膜の振動はBékésyの観測に見られるものとは異なり，外有毛細胞の運動機能によって基底膜の振動が増幅されるという説明に改められている．つまり，内有毛細胞が感覚細胞であるのに対し，外有毛細胞は聴覚感度を調整する微小な運動器官である．

注7　電話説(telephone theory)は，1886年にW. Rutherfordが発表した聴覚説で，現在では廃説．Rutherfordは周波数分析は蝸牛の機能ではなく，神経繊維があたかも

電話における電線のように音の波形を保存して脳に伝えると考えた．

注8　共鳴説(resonance theory)は，Helmholtzによる聴覚説．Helmholtzは基底膜の共鳴により蝸牛で音の周波数分析が行われるとする共鳴説を唱えた．この説は，基底膜を構成する繊維を共鳴器とみなして，それぞれの繊維が音波を構成するそれぞれの周波数に共鳴して振動すると考えるもので，その結果，基底膜上の有毛細胞が周波数に応じて選択的に興奮すると説明した．しかし，聴覚閾値における周波数特性を説明できない，連続した膜が周波数ごとに選択的に振動するとは思えない，基底膜繊維のような短い繊維が 16 Hz のような低音の共鳴器とはなりえない，などの問題があった．

注9　音響像説('Schallbild' theory)は，ドイツの音響生理学者 Ewald による聴覚理論．基底膜全体が共鳴し，その上に音波の構成成分の振動に応じて種々の定常波が生じ，その像の差によって種々の聴覚が起こると説明した．

注10　200 Hz 以下の低い音の周波数分析については，蝸牛の周波数局在によって説明することはできず，基底膜振動に同期(phase-lock)した聴神経の発火頻度によって説明されている．

注11　音響島(tonal island)は基底膜の一部で機能が残存する状態，音響空隙(tonal lacuna)は基底膜の一部で機能が脱落する状態を意味する．

注12　ピッチ(pitch)は，厳密には周波数の感覚量であり mel の単位で表される．本書では，ピッチを周波数そのものにも使用しているが，この節では本来の感覚量として用いられている．

注13　基本音を欠く複合音の知覚は欠落基本音(missing fundamental)とよばれる．Fletcher は 400, 500, …, 900, 1000 Hz の純音を同時に与えるとスペクトルに存在しない 100 Hz の基本音が聞かれることを証明した．

注14　差音(difference tone)は，振動数の隔たった二つの音があるときに生じる結合音の一つ．2 音の振動数の差の振動数をもつ音を差音とよぶ．

注15　ストロボスコープ円盤にはスリットが設けられて点滅する光を発生するが，光源の代わりに圧搾空気の管を接続すればサイレン音を生成することができる．

注16　Stumpf によると，その音に含まれる部分音のすべてが，同じようにその音の音色に影響するのではなく，その中のあるものが特に支配的に影響している．この支配的なものは，ただ 1 個の部分音ではなく，数個の音の集合であることが多い．このように音色に支配的な影響を及ぼしている部分音を，その音色のフォルマントとよぶことがある．(中島博美：『聴感と音声』日本放送出版協会，1960)

注17　リード管(reed pipe)については第二部注 6 を参照のこと．Willis はこれを用いて実験を行い，管の長さが最も短いときに i となり，長くするにつれて e, a, o, u の母音を聞くことができたといわれる．

注18　相対フォルマント説にかかわる母音知覚の問題は，今日では「母音の正規化」とよばれて，音声研究における難問として位置づけられている．大人と子供の声道は長さが異なるために口の構えが同じであっても音声信号が物理的に大きく異なるが，われわれはその物理的相違にかかわらず母音を同定することができる．この問題について，服部(p.12)は二つの説をあげており，古くからの問題であったことがわかる．「第一は，Vietor, Beckman, Lloyd 等の説くところで，子供は大人と同じ母音を発する．つまり子供は大人のように調音するが，その口むろは小さいので高いオトを生ずるから，一般に母音は一定の共鳴音によって特徴づけられるものではあり得ないという．第二の説は Pipping の代表するもので，子供は大人と同じ母音を発音する，母音は口むろが小さくて同じ調音で同じ共鳴音を出すことができないから，その音声器官は大人のとは違った位置をとるに違いない，故に母音の分類は調音器官の位置に基礎を置くことができないというのである．」

注19　長内(Osanai)は，長内忠雄であろう．長内は，梶山正登の前任者として千葉勉の主宰する東京外国語学校音声学実験室に2年間勤めた．

注20　当時の音声波形の記録法：Hermann は蓄音機(phonograph)の溝を拡大して記録する方法を用いた．Scripture はカイモグラフによる記録法などを用いた．Miller のフォノダイクは，振動膜の中心に取り付けた細い繊維を鏡の付いたプーリーに導き，光線を鏡に反射させて感光紙に波形を記録する装置．オシログラフは，電流の変化を写真的に記録する器械で，永久磁石の両極の間隙を往復する細い金属線に小さな鏡が取り付けられている．金属線に電流を流すと，電流の方向と強さの変化に応じて鏡は左右に回転運動をする．これに適当な光を当てると，反射光点が電流に比例

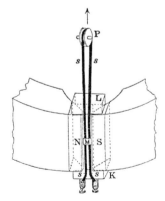

オシログラフの構造：NとSは磁石の極，sは細い金属線，Pは滑車，LとKは金属線の振動を制限する留め金，Mはsに取り付けた小さい鏡．
(小幡重一：『音楽愛好家のための音響学』内田老鶴圃，1931 より)

236／訳者注

して左右に移動する．このときにフィルムを上から下へ動かせば，フィルム上に電流の変化に応ずる波形が描き出される．

注21　当時の音響分析装置：
- 高橋と山本の文献：高橋正一・山本源次：邦語母音の物理的研究，電気試験所研究報告，326 号，1931.
- Hickmann の分析器：鉄片などをたくさん並べた装置に音があたるといずれかの鉄片が倍音に共鳴して振動し，その先端にある小さな鏡が振動して光の像の変化となるもの．
- Freysted の音響スペクトロメータ：上と同じ原理により，並列電気的フィルタによりブラウン管上に音のスペクトルを記録するもの．
- オクターブ濾波器：通過帯域の異なる濾波器を並列に使用し，入力をオクターブ間隔の周波数帯に分けてその一つ一つを多要素オシログラフの各要素に接続し，分割した波形を観察するもので，Trendelenburg らが使用した．

注22　母音の合成に関する Stumpf, Paget, および Stewart の文献は以下のとおり．
- Stumpf, C.: *Die Sprachlaut*, Berlin, 1926.
- Paget, Sir R.: *Human Speech*, New York, Harcourt, 1930.
- Stewart, G. W.: *Introductory Acoustics*, New York, Van Nostrand, 1933.

注23　干渉管(interference pipes)は，おそらく Quincke 管であろう．栗原・小幡(p.17)によれば，「二路を有する管の端 A から送り込まれた正弦波が B で分かれ，C に至って再び重畳して進むようにするとき，BC 間の音路の差が半波長の奇数倍となる毎に CD 部分では，著しい干渉が起こり音が著しく弱くなるという事実は，Herschel の予想(1833)に基づいて Quincke(1866)が実験的に確かめたので，通常この装置を Quincke 管と呼んでいる」．

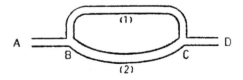

Quincke 管の例（栗原より）

注24　Wagner については，第四部 58 節の脚注[37]を参照のこと．

注25　母音の混合を行った Huber は，K. Huber (in *Archiv für Psychologie*, XCI, 153-199, 1934)ではないか．廣瀬(Hirose)は，廣瀬錦一(音響心理学，学芸社，1933)であろう．

注26　レコード盤(gramophone disc)は，ベルリーナ型蓄音機に用いられた録音盤．1877 年に Thomas Edison がスズ箔をはった円筒を使って最初の蓄音機(phonograph)を

発明し，1887年にEmile Bernerが円筒の代わりに円盤を使った改良型の蓄音機(gramophone)を作った．栗原(p.188)によれば，「アルマイト板に録音すれば直ちに之を再生用レコードとして用いることが出来て甚だ便利である」．

注27　2種類のフィルタ処理について：原著では 'Längsverfahren' および 'Querschnittsverfahren' と記している．それぞれ inter-processing および intra-processing の意味であるが，適訳がないため「可変フィルタ法」および「固定フィルタ法」とした．

注28　12度幅(a twelfth)は，12の全音からなる音域で，約1オクターブ半に相当する．

注29　5000 Hz以下を除去して母音の判別ができるとは思われない．これはフィルタの遮断特性にかかわることであるが，本書にはその記載がない．59節にあるように，著者らは高い周波数帯域にも母音フォルマントが含まれているという立場をとっているようである．

注30　サウンドフィルム(sound film)は，写真フィルム上に音声波形を濃淡の縞として記録したもの．Fletcher(p.25)に図がある．トーキーに使われた光学式録音フィルムに似ている．栗原(p.192)によれば，「音響を写真フィルム上の形象として録音し且つ再生せんとする研究は1900年頃から盛んに行われた．…三極真空管の発明(De Forest 1906年)，増幅装置の発達，特殊光源の考案は優良なマイクロホンと相俟って録音技術を急速に発展せしめ，また光電管の発明は優秀な再生技術の端緒となった．この方式の成功はトーキー(発声映画)となって現れたが，単に娯楽乃至実用以外に，言語，楽器音その他種々な音響の微細な構成を研究する為の有力な手段であることに注意する必要がある．即ち，フィルム上の形象を人工的に一部改変したり，フィルムを逆転したりして再生音と原音との比較を試みることが出来るなど，独自な研究手段を提供するからである」．

注31　前出の廣瀬錦一のことであろう．廣瀬：母音の混合の問題，日本心理学会報告，**5**，1935がある．

解　説

前川喜久雄

1. はじめに

本書は Tsutomu Chiba and Masato Kajiyama *The Vowel: Its Nature and Structure* (Tokyo-Kaiseikan, 1942) の全訳である．母音に含まれる言語的情報を特徴づける周波数スペクトルのピークがその母音を生み出した音声器官の立体形状から計算される共鳴周波数と一致することを実証したことによって，本書は音声研究史上不朽の名著として記憶されている．

母音を含む言語音は空中を伝播する音波であるから，これを音響学の対象として研究することができる．また，すべての言語音は舌，唇，喉頭などの音声器官によって生成されるから，生理学ないし解剖学の観点からの研究も可能である．実際，本書第二部を読むとわかるように，母音の生成に関しては19世紀末から音声学，物理学，生理学などの領域においてさまざまな理論が提出されて論争が引き起こされ，20世紀初頭に至って混迷の度を増していた．

この論争を解決するためには母音に関する音響学的知見と生理学的知見とを総合して音声生成の基礎理論を構築する必要があった．本書はその解決の嚆矢となった研究であり，母音に関する当時の論争の多くに終止符をうつと同時に20世紀後半の音声研究に広く深い影響を及ぼした．現在，音声の自然科学的研究に従事している研究者はすべて，直接あるいは間接に本書の恩恵を蒙っていると言ってよい．

2. 本書の主題

　本書の内容に触れる前に，本書の中心的主題をなす母音の生成理論について回顧的な観点から解説を加えておこう．音声学の教科書をひもとくと，現在でも図1に類する図表が必ず掲載されている．これは本書の著者のひとり千葉勉もその講筵に列したことのある英国の音声学者ダニエル・ジョーンズが提唱した基本母音(cardinal vowels)の図表である．基本母音とは各国語の母音をその枠内で記述するために人為的に規定された一連の母音のことをいう．

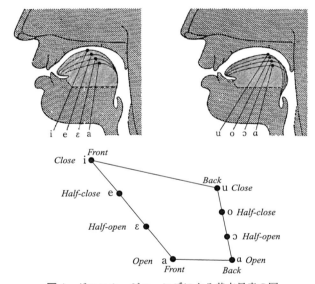

図1　ダニエル・ジョーンズによる基本母音の図

　図1の上部には基本母音を発した際の音声器官の正中矢状断面が描かれており，左側には唇の突出をともなわない平唇母音の，同じく右側には唇の突出をともなう円唇母音の舌輪郭の最高点が黒丸で示されている．この最高点を抽出して模式化したのが図1下部の母音図表(vowel diagram)である．ジョーンズは各国語の母音はすべてこの不等辺四角形の内部に位置づけられると主張した．

　基本母音による分類は，外国語教育等には高い実用的価値が認められ，今日でも盛んに利用されている．しかし，科学的な観点から見た場合，そこには多くの批判の余地があった．

例えば各基本母音を発音している際の舌の最高点が本当に図1上部のようであるかどうかは多くの音声学者によって疑問とされていた．ジョーンズは一部の基本母音について予備的にX線写真を撮影しただけであったからである．また舌の最高点をもって舌全体の形状を代表させうるかどうかも疑問視されていた．

　後に見るように千葉もこれらの問題を検討することから音声の実験的研究を開始しているのだが，これらの疑問はいずれも，図1上部に示されたような音声器官の形状と母音の音質との因果関係の解明という，母音生成に関する根本問題が解明されていないために生じる問題であった．そして，この問題についてはジョーンズも他の音声学者達も当時断片的な説明すら試みることができないでいた．

　その理由としては，この問題の解明にはまず母音音質の定量的表現法（音色の物理的関連量）を確定し，次いで音声器官の形状の精密な計測をおこない，さらに進んで両者の因果関係に関する理論を構築し，最後に実験によって理論を検証するという一連のハードルを乗り越える必要があったからである．

　当時，この問題に対して正面から取り組もうとしていたのは，むしろ音響学の研究者であった．19世紀の後半から20世紀初頭にかけてはヘルムホルツやレイリーなどの著名な物理学者たちが母音の生成と知覚の問題の研究に手を染めている．なかでも1877年に出版されたヘルムホルツの主著には今日の水準から判断しても妥当な見解が含まれていたが，その見解が広く受容された形跡はない．その原因は，当時の技術では音声波形を正確に記録することも音声器官の形状を計測することも共に不可能であったために，実験的な証拠を提出できなかったことに存していたと思われる．

　しかし母音の物理学的研究の実施環境は次第に整備されていった．最も重要であったのはレントゲンによるX線の発見(1895年)である．人体内部を観察することのできるX線写真に音声学者や音響学者が俄然注目したのは当然である．1904年にはモラーとフィッシャーによって喉頭のX線写真が撮影され，1917年にはジョーンズが基本母音の研究に関連して舌輪郭の撮影を試みる．さらに1928年にはラッセルが大量のX線写真に依拠してジョーンズらの母音分類を批判した著作を出版している．

　本書はこのような時代背景のもとに音声学者である千葉勉と物理学者である梶山正登とが実施した共同研究の成果である．1930年頃までに蓄積されてきた

母音に関する音声学的，生理学的，物理学的な知見は本書において融合され，今日われわれが理解している意味での音声生成理論の扉が開かれたのであった．

3. 本書の内容

次に，本書の内容を紹介するための前提知識として，今日理解されている母音の生成過程を説明しておこう．図2は母音の生成過程の模式図である．図の上段には左から喉頭音源波形，声道断面積関数，生成された母音の音声信号（音声波形）が示されており，下段にはそれらの特性が周波数スペクトル領域で表現されている．喉頭音源と音声信号は離散スペクトル，声道断面積関数は連続スペクトルである．

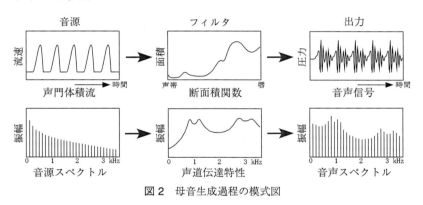

図2 母音生成過程の模式図

ここで喉頭音源とは喉頭にある声帯の振動によって生み出される周期音すなわち「声」を意味している．また声道とは声門（左右の声帯間の空隙）に始まり口腔を経て唇において体外に開く中空の管のことで，文字通り声の通り道を意味している．先の図1の矢状断面図では声道が白く示されている．

喉頭音源は三角波に類する波形をもつ体積流であり，そのスペクトルは周波数の上昇とともに成分音のレベルが低下する．喉頭音源の性質は声の高さ，強さ，声の質（固い，柔らかい，かすれた等）などによって変化するが，それ自体はブザー音に類した響きの音であり，母音としての機能（日本語ならばアイウエオのどれに聞こえるか）はまだ備わっていない．

次に声道は音響学的にみれば複雑な特性をもつ音響フィルタとして機能して

おり，そこを通過してゆく音の特性を変化させる．喉頭音源はこのフィルタの作用を蒙ることによって，言語音としての機能を獲得するのである．それでは，母音間の音色の相違——例えばアとイの違い——はどのようにして生み出されるのか．それは舌，顎，唇などの運動と変形によって，声道全体の形状が変化し，それによって音響フィルタの特性が変化するからであると考えられる．したがって母音の本質を解明するためには，声道の形状と音響フィルタの特性との間の因果関係を解明して定式化しなければならない．これが先述した母音生成の根本問題である．

　この因果関係を音響学的・電気工学的に定式化した理論は音源フィルター理論（source-filter theory）もしくは音響的音声生成理論（acoustic theory of speech production）と呼ばれており，母音のみならず子音を含む音声全般の生成理論として現代の音声研究の中核に位置している．同理論は1950年代の米国を主要な舞台として構築されたが，その初期文献にはほぼ例外なく本書が引用されている．

　音源フィルター理論の立役者となったグナー・ファント博士（スウェーデン王立工科大学）とケニス・スティーブンス博士（米国マサチューセッツ工科大学）は，本書出版60周年を記念した日本音声学会機関誌「音声研究」の特集号（5巻2号，2001年）に回想記を寄稿されているが，そのタイトルには本書の研究史上の位置が直截に示されている．

　　G. Fant "T. Chiba and M. Kajiyama, Pioneers in Speech Acoustics."
　　K. Stevens "The Chiba and Kajiyama Book as a Precursor to the Acoustic Theory of Speech Production."

　さて，いよいよ本書の構成に沿って内容を概観し簡単な評価を加えることにしよう．本書は四部13章から構成されている．「喉頭の働き」と題された第一部は喉頭音源の解析にあてられており，ストロボスコープによる声帯振動の観察によって，四つの異なる声種（柔らかい声，鋭い声，普通の声，ファルセット）における声帯振動が電磁オシログラフによって撮影された母音波形の音響スペクトルと対比しつつ分析されている．図2でいえば左端に位置する音源（source）の問題である．

　本書における声帯振動の観察は今日の水準で判断してもほぼ正確であり（ただ

244／解　説

し第一部の訳注 21 参照），本書に収められた多くのストロボスコープ写真の鮮明さとともに専門家には強い印象を残す．図 3 はストロボスコープを操作中の著者らが写った貴重な写真である．

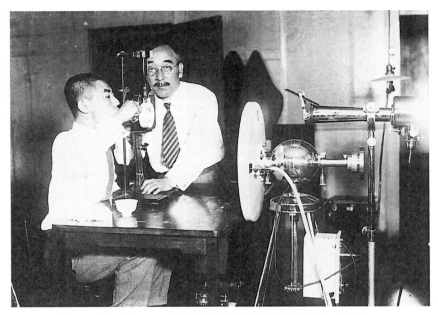

図 3　ストロボスコープを操作する千葉（右）と梶山（左）．梶山孝一氏のご厚意による

第二部「母音の生成機構」は母音理論の概観から始まる（5 章）．その中心をなす調和説（harmonic theory）と非調和説ないし過渡説（inharmonic or transient theory）との対立は今日ほとんど忘れさられた論争であるが，音声分析手法の発展においては重要な役割を果たした論争であった．この対立の根底には母音の波形を厳密な意味での周期現象とみなすことの可否についての認識の対立があり，母音を周期波形とみなせるならばそれをフーリエ級数によって分析することもまた可であるが，非周期波形であれば自ずと別の分析法が要請されると考えられていたからである．現実の母音波形には顕著な周期性と同時に非周期性もまた認められるが，今日ではそれがフーリエ解析の適用を峻拒するものとは考えられていない．本書も一貫してフーリエ解析を支持する立場を採用している．

続いて種々の共鳴器の特性（6 章）および共鳴器としての声道の挙動（7 章）が

検討される．ヘルムホルツ共鳴器や二重共鳴器など種々の共鳴器の特性が理論的に検討され，第三部における計算の前提を提供している．その過程で著者らは声道の共鳴を電気回路との類推において考察しているが，これは戦後に発達する音声生成の電気回路論的研究に先駆けた研究であり，本書の科学的貢献のひとつに数えてよい．

第三部は「声道の計測と自然周波数の計算」と題されている．声道の三次元形状はX線写真と口蓋図に加えて喉頭鏡による咽頭部の観察から決定されている（9章）．この計測を可能とした実験技術は極めて優れたもので，以後の声道計測の模範となった．この技術があってこそ次章以降の共鳴周波数計算に成功することができたのである．ちなみに本書の水準以上の精密計測が可能になったのは磁気共鳴画像法（MRI）の実用化以降のことである．

続く10章では種々の共鳴器で声道形状を近似する方法によって声道の共鳴周波数（フォルマント周波数）が計算されている．母音アとイの声道を例にとれば，前者は二重共鳴器，後者は「首をもつ単一共鳴器」によって近似されており，近似音響管の共鳴周波数がX線写真に同期して記録された母音波形のフーリエ解析結果とよく一致することが示されている．

11章では声道内の体積速度と粒子速度の分布が計算され，それに基づいて声道形状の特徴が共鳴周波数におよぼす影響が検討されている．前章では声道の共鳴周波数が母音ごとに異なる近似法で計算されていたが，これはその一般化の試みである．

検討結果は舌や唇によって形づくられる声道の狭めが体積速度ないし音圧のピーク位置に接近すると共鳴周波数が組織的に著しく変化することを示していた．これは声道形状と母音音質の因果関係の問題に解明の燭光を投げかけた発見であり音声研究史上特記されるべき発見である．

以上第三部は第二部の後半とともにフィルタの問題に対する考察であり，図2の第2列に関係している．声道形状から母音のスペクトル特徴の計算に成功したことは本書全巻のハイライトであり本書の科学的価値の源泉となっている．今日の音源フィルタ理論は，本書第二部，第三部の成果を継承して一般化することによって，理論上無限個のフォルマントから構成される声道の共鳴パタンを計算可能にした理論と見ることができる．同理論のバイブルとなったファント博士の主著 *Acoustic Theory of Speech Production* (The Hague: Mouton, 1960)

の85頁に本書11章の図93が転載されているのは，その経緯を明らかにするものと言ってよい．

最後に「母音の性質に関する主観的研究」と題された第四部では人間が母音の言語学的情報を知覚するための条件が検討されている．例えば同じ「ア」という母音であっても，男と女，大人と子供では音声器官の解剖学的な形状を反映して声の高さ（ピッチ）も声道の共鳴周波数の絶対値もかなり大きく変動する．それにも関わらず同じ母音が知覚されるのは何故かという問題である．

12章で聴覚の解剖学と生理学を概観した後，13章では音響フィルタによる母音の濾波実験とレコードの再生速度変更実験の結果が報告され，著者らの「空間パタン理論 space pattern theory」が提唱される．この章で論じられた問題は今日「母音正規化 vowel normalization」の問題として知られているが，その本質は現在においても完全には解明されていない．

4. 著者と研究施設

世界的な業績をあげた本書の著者達であるが，その研究の経緯や人となりは今日あまり知られていない．本解説の筆者は，2001年の夏に出版された日本音声学会の『母音論』特集のために訳者のひとり本多清志博士とともに著者達の事跡を調査した．その結果2001年には梶山正登の長男梶山孝一氏（和洋女子大学教授）が保管されていた梶山関係の遺品に目を通すことができ，また今春には岩波書店のご尽力により千葉勉の次女児玉恭子氏が保管されていた千葉関係の遺品にも目を通すことができた．以下の解説はこれらの資料に負うところが少なくない．

本書の第一著者である千葉勉は，1883（明治16）年に宮城県桃生村に生まれた．長じて旧制第二高等学校，東京帝国大学文学部英文科に学んだ千葉は，講師として母校の講壇に立った後，1913年から1916年にかけて文部省派遣留学生として主に英国に滞在した．千葉の当時の専門は英文学であったが，留学中にロンドン大学でダニエル・ジョーンズ教授の音声学の講義を聴いたことなどが契機となって，帰国後は一転して音声学の研究に力を注ぐようになった．1927（昭和2）年に東京外国語学校（現在の東京外国語大学）教授となった千葉は2年後の1929年に音声学実験室を設立して主任教授に就任し，以後自然科学的手法を導

入した音声研究に邁進することになる．

東京外国語学校の音声学実験室は当時一ツ橋にあった東京外語の校舎の一隅約 100 m² ほどの区画に教授室，実験室，防音室，X 線室，暗室などを配したもので，わが国における最初の音声学研究施設であった．実験室の設備についてはすぐ後で触れることにするが，X 線装置に代表される計測装置類の運用には物理学に代表される自然科学の素養が必須である．東京外国語大学資料室に保管されている人事記録をひもとくと，実験室設立の年に土佐林忠雄が「理学士」という添え書きつきで教務課嘱託に雇用されており，以後，杉田栄次，長内忠雄の名前が続き，1933(昭和 8)年に至って梶山の名前が現われる．

本書の第二著者である梶山正登は 1909(明治 42)年に広島県に生まれた．旧制広島高等学校を経て東京帝国大学理学部物理学科を卒業したのが 1932 年．1 年間母校で副手を務めたのち東京外語の音声学実験室にやはり教務課嘱託として採用されている．現在の公務員で言えば非常勤職員に該当する不安定な身分であった．梶山は以後約 10 年間にわたって実験室に留まり，本書にまとめられた母音研究に重要な役割を果たすことになる．

ここで実験室の設備に目を向けることにしよう．千葉が戦後に執筆したと思われる「旧東京外国語学校音声学実験施設の沿革並びに実験的研究過程の概要」という資料によれば，その設備は当時世界最先端のものであったことがわかる．本書出版の時点で実験室は以下の設備を有していた．これらのすべてが実験室開設当初から設置されていたわけではないが，オシログラフと X 線(レントゲン)装置は開設時からの設備であった(以下の表記は千葉に従う)．

1. 可動線輪型マイクロフォーン[1](日本電気製)，コンデンサー・マイクロフォーン(横河製・安藤製)
2. オッスィログラフ(横河製)
3. 音声電流濾波器(低域・高域，横河製)
4. 日の本録音機(日の本商会製)[2]
5. レントゲン装置(島津製)
6. カイモグラフ(英国製)
7. 声帯振動撮影機(永島製)[3]
8. 音波形分析器(三菱製)[4]

9. 写真機・活動写真機
10. 音叉・顕微鏡・幻灯機・プランメーター*5・メトロノーム其他
11. 充電装置・電気メーター並に其の他の電気機械

*1 ダイナミック型マイクロフォンのこと．
*2 音声の録音装置と思われるが詳細は未詳．レコード盤に音声を記録する装置か．
*3 ストロボスコープのこと．
*4 周波数分析装置と思われるが詳細は未詳．
*5 面積計のこと．本書第三部参照．

　このうち本書の研究にとって最も中心的な役割を果たした実験装置はX線（レントゲン）装置と電磁オシログラフであり，前者は声道形状測定に，後者は音声信号のスペクトル分析に，それぞれ不可欠のデータを提供した．X線をめぐる研究史には本解説中で既に触れたので，ここではオシログラフに触れることにしよう．

　数学者フーリエが三角関数の級数による周期振動の解析法を提案したのは1822年である．母音波形を周期波形とみなしてフーリエ級数を適用しようというアイデアは早くから存在していたが，そのためには音声信号の波形を正確に記録することが必要である．ヘルムホルツらの研究の時点ではそのための技術が開発されていなかったことは既に述べたとおりである．

　電磁オシログラフは電気式マイクロホンがとらえた交流信号を時間波形として写真フィルム上に記録する装置であり，その原理としては永久磁石の両極間に据えられた電線に交流が流れる際に発する磁力線と電流との交互作用が利用されている．音声波形に従って振動する電線上に固定された微小な鏡によって光源からの光を反射させてフィルム上に記録し，同時に一定周波数の校正用信号も記録しておけば記録された波形の周波数を正確に知ることができた．

　東京外国語学校に実験室が開設された1929年当時，ヨーロッパの音声学実験室ではいまだにカイモグラフによって音声波形を記録していたところが多かったはずである．カイモグラフは喉頭に接触させたカンチレバー（梃子）の振動を回転する円筒上に記録する装置であるが，このような方法によって記録される波形の周波数上限はおそらく数百Hzにとどまったと想像される．その時東京のオシログラフは既に3000Hzに迫る帯域の信号を捕捉していた．母音の主要なスペクトル成分は成人男性の場合200Hzから3000Hzまでの領域に分布しているから，この差は研究遂行上決定的な差であった．

　ここで音響学の年表にあたってみると，真空管による増幅器の発明が1906年，

そして1917年にはコンデンサーマイクロフォンが1924年には実用的なダイナミックマイクロフォンが発明されている．このように，東京外国語学校の実験室が開設された1929年は母音に関する物理学的な研究を開始するために必要とされる技術がほぼ出揃った時期であった．この時期に実験室を新設できたのはひとつの幸運であるのだが，それにしても最先端の技術動向を把握して実験室の設計に活かした千葉の眼力と実行力には驚かされる．上述した資料の末尾には以下の一節があり，その気概を伝えている．

> 本校に於ける音声学実験の設備は，欧米の各大学等に於ける該設備の旧式にして且つ欠陥の少なからざるに鑑み，現代に於て最も進歩せる諸種の器具機械を整備し，之によって真に科学的なる実験を行い，音声学の研究に一新機軸を出すことを目的として昭和四年度より着手せるも，所要の費用意の如くならざるを以て，年次的にその内容を充実し，昭和八，九年に至り漸く所期の計画実現に近づくことを得たり．尤も現在の状態を以てしては，未だ完備とは言い難きも，少くとも新式という点に於ては内外を通じ決して遜色なきものと認むるを得べし．

また，千葉らは実験装置の改良にもさまざまな工夫をこらしていた．例えばX線装置は稼働時に騒音を発するので母音波形の記録に悪影響が及ぶ．この影響を低減させるために，話者とマイクロフォンを防音室（無響室）内に配してX線装置およびオシログラフから隔離し，さらにX線装置の整流器を騒音の大きな機械式から電気式に変更している．またX線画像とオシログラフによる音声波形との時間的同期に正確を期するためにX線源を交換して撮影時間を短縮している．

このような改良には相当な資金を必要としたはずであるが，当時，東京外国語学校という人文系の教育機関において自然科学の手法による研究を維持するには，物心両面で相当な苦心があったと想像される．

実験音声学（experimental phonetics）という研究分野が音声学に存在することは1930年前後の日本においても既に知られていたが，その内容まで知悉されていたかどうかは不明である．まして本書のように音声生成過程の科学的解明を目的とした研究は当時の実験音声学にとって前人未踏の領域であり，その意義

を同僚や財政担当者に理解してもらうことは，多くの場合，非常に困難であったに違いない．

　千葉は研究資金を確保するために日本学術振興会や服部報公会に助成を申請しており，『財団法人服部報公会60年小史』によれば，1931年と1934年の2回にわたって研究課題「話音の測定研究」に対して各4000円の，また1937年には「日本語子音の機構とその性質に関する実験的研究その外三項目」に対して1000円の助成がおこなわれている．

5. 本書に至る研究の経緯

　東京外国語学校の実験室ではさまざまな研究が実施されていた．そのうち1931年に発表された実験室最初の業績である T. Chiba *Research into the Characteristics of the Five Japanese Vowels Compared Analytically to those of the Eight Cardinal Vowels* (Nichibei-Press, 1931) は本書との関連において重要な意味をもった研究である．

　この年にジュネーブで開催された第2回国際言語学者会議に提出された41頁のこのモノグラフではオシログラフによって記録された母音波形のフーリエ解析結果とX線写真による声道正中矢状断面の計測結果が報告されており，X線写真を計測して得られる日本語五母音の舌の最高点は母音三角形(vowel triangle)にも基本母音の不等辺四角形の形にも集約することができないという結論が述べられている．

　この結論からわかるように，この研究はジョーンズの基本母音に対する音声学的批判のひとつとして位置づけられるものであり，上述したラッセルの研究などと並んで当時第一級の業績であった．会議後千葉が国際言語学者会議の理事に選出されていること(本書序文における千葉の肩書参照)からも評価の高さをうかがうことができる．

　しかし同時に，この研究は正中矢状断面に注目するジョーンズ流の音声研究の限界を示すものでもあった．この研究と本書との決定的な相違点は声道形状の計測方法にある．本書第三部に詳述されているように，声道の共鳴周波数を計算するためには声道を音響管とみなしてその三次元形状を計測する必要があるのだが，1931年の研究では声道形状を正中矢状断面における面積として扱っ

ている．そのため声道形状から母音スペクトルを導くことができず，両者が独立に報告されるにとどまっている．

　この限界を意識して声道立体形状の計測へと踏み込んだことがジョーンズ流の音声研究と今日的な音声生成理論の分水嶺となったのであるが，それではその限界が意識されたのはいつ頃であったのだろうか．本書の序文にはこの問題に触れた一節があり，本書に報告された研究が 1934 年から 1939 年にかけて実施されたこと，ただしそのうち 1 年は子音の研究に充てられたことが記されている．

　この時期はちょうど梶山の赴任と一致しているのだが，爾後数年間にわたる梶山の研究活動は遺族によって保管されてきた 5 冊の研究ノートによってその一端をうかがうことができる．ノートのうち 3 冊は表紙に「音響感覚ノート（Ⅰ）（Ⅱ）（Ⅲ）」と記されており，内容はすべて音の知覚に関する海外文献の精密な筆写である．これらのノートには年代の記入がないが，内容から本書第四部に関連していることが明らかである．

　残る 2 冊のうち 1 冊は表紙に「音Ⅲ The "Vowel" 執筆のための研究（東京外語 1933-1939）」と記されているが，「The "Vowel"」以下の文字は墨跡が異なっており，後年梶山が追記したものと思われる．このノートには冒頭から「減衰振動系と Q」「電気-機械的駆動力」「Response to Transient Forces」等の内容が数ページずつ記された後，後半には平面波の計算に関する海外の文献が筆写されている．

　最後の 1 冊は「NOTE I（昭和十四年～十五年）」と題されており「Double Resonator」に始まり「声門の抵抗」「輻射抵抗」「共鳴と減衰関係」「共鳴曲線」「閉管の音響輻射」「閉管の理論」などと区分けされた内容が記入されている．就中「閉管の音響輻射」から「閉管の理論」にかけては 20 頁以上にわたって声道を模した音響管内部における音圧と粒子速度の計算が試みられており，本書 11 章にまとめられた発見に至るまでの過程を垣間見ることのできる貴重な資料となっている．

6．本書普及の経緯

　ここで本書の出版年に触れておく．本書を 1941 年刊として引用することが現

在世界的な慣行となっているが，これは序文末尾に英文で記された西暦を出版年と解釈するために生じる誤解である．実際の出版は奥付にローマ字で記されているとおり昭和 17 (1942) 年である．つまり太平洋戦争の最中であり，海外への普及にはきわめて不利な国際情勢下での出版であった．それにも関らず国際的な影響を発揮した点に本書の真価が認められるのだが，それまでには 10 年近い雌伏の期間が必要であった．

本書が海外で初めて引用されたのは 1950 年に米国音響学会誌 (JASA) 22 巻 6 号に発表されたベル電話研究所のダン (H. K. Dunn) の論文においてであろうが，そこでは注釈として研究終了後に初めて Chiba and Kajiyama の仕事を知った旨が述べられている．その翌年以降にスティーブンス博士や当時マサチューセッツ工科大学に留学中であったファント博士らが本格的な引用を始め，それによって本書の真価が広く理解され始めることになった．

太平洋戦争の最中に出版された本書がどのような経路をたどって海外にたどりついたかを示す資料として，千葉が 1956 年 12 月に時の文部大臣清瀬一郎宛てに本書再版費用の下付を申請した書類が千葉の遺品中に保存されている．それによれば終戦時本書は千葉の手許にもほんの数冊しか残されておらず，そのなかからロンドン大学のダニエル・ジョーンズとハーバード大学のロマン・ヤコブソンに各 1 冊がいずれも「終戦直後に」GHQ 経由で寄贈されている．千葉の遺品中には 1951 年 2 月 4 日付のヤコブソンからの礼状が残されているから，寄贈の時期は 1950 年ではないかと推測される．

ところで，ロマン・ヤコブソンは二項弁別素性理論の提唱者として 20 世紀の言語学全般に大きな足跡を残した碩学である．以下にその礼状の一部を引用しておこう．

> Thank you so much for your book on the vowels, which you graciously sent me. May I add that I consider it as the most valuable contribution to the investigation of the vowels in the world literature and that I included your book into the reading list for our students preparing for their Doctor's examinations.　（中略）
> We here are now concerned with an exhaustive analysis and description of the Russian sound pattern and especially with the calculation of the rela-

tion between the spectrographic data and the X-ray data on articulation.

　ここで言及されているロシア語音声に関する研究は R. Jakobson, G. Fant, and M. Halle *Preliminaries to Speech Analysis: The Distinctive Features and Their Correlates* (The MIT Press, 1952) として出版され，言語学を含む 20 世紀後半の音声研究全般に広く深い影響を及ぼすことになったボストンでの共同研究をさしているものと思われる．また先に言及したファント博士の主著 *Acoustic Theory of Speech Production* もこの研究の流れのなかに位置づけられるものである（その副題は *With Calculation based on X-Ray Studies of Russian Articulations*）．2000 年にファント博士に直接うかがったところ，本書に触れたのは渡米後であったとのことであるから，博士が読んだのは千葉から寄贈されたコピーである可能性が高い．

　日本国内での受容は海外よりも遅れた．後に聴覚生理学において世界的な業績を挙げることになる勝木保次らが本書出版の翌年に日本音響学会誌の論文で引用しているのが敗戦前におけるほぼ唯一の引用事例であり，戦後も長らく本書は忘れられた状態にあった．

　日本国内での評価が急上昇するのはファント博士らの研究が紹介されはじめた 1950 年代中頃である．つまり，現在でもしばしば問題となる評価の逆輸入が本書にも生じたわけであるが，本書の出版時期を考えると逆輸入は不可避であったかもしれない．戦時下の日本において基礎研究の色彩が濃厚な本書を正しく評価する余裕をもっていた勝木のような研究者の数は限られていたに違いないからである．さらに 1945 年に米軍の空襲によって東京外国語学校音声学実験室が 16 年間に及ぶ研究資料もろとも烏有に帰したこと，それと前後して出版元の東京開成館も本書の在庫とともに焼失したことが本書の普及を決定的に妨げた．

　最後に戦後の千葉と梶山にも触れておこう．千葉は 1945 年に東京外語を定年退職したが，1950 年には上智大学文学部教授に就任する．この時期の千葉は国語審議会にローマ字調査分科審議会員として参加したりもしているが，研究者としては失語症の症例研究を通じて言語と大脳の関係に興味を寄せるようになっていた．1957 年に至って千葉はその方面の研究成果を第 8 回国際言語学者

会議(オスロ)に発表しようとする．発表申込は受理されたが，心臓を病んだ千葉の身体は既に海外旅行に耐えられるものではなくなっていた．

このとき千葉が準備した論文の抄訳は「音声研究と言語中枢」と題されて音声学会会報 97 号に掲載されている．この研究は現在神経言語学(neuro-linguistics)として知られる領域に属するものであり，おそらくはわが国における神経言語学の嚆矢となった研究である．脳科学が脚光を浴びる今日，あらためて千葉の先見性に驚かされる．

病床の千葉は 2 年後の 1959 年 12 月に逝去する．享年 76 歳であった．千葉の死の直前 1958 年には国の内外における評価に促されて，序文の一部を削除した本書の復刻版が日本音声学会から出版されている．

梶山は 1944 年に東京外語を離れて陸軍士官学校教官(嘱託)となり翌年の敗戦まで勤務している．この年東京外国語学校が現在の東京都北区西ヶ原に戦時疎開するのに伴い音声学実験室が閉鎖されたことによる転職であった．1946 年に武蔵工業大学教授の職を得た梶山は 1980 年の定年退職までその職にとどまり音響学の研究と物理学の教育に従事したが音声の研究はおこなっていない．1995 年 2 月に東京の自宅で逝去している．享年 86 歳であった．

戦後梶山が音声研究に復帰しようとしなかった理由は明らかでない．長男である梶山孝一氏によれば，ときに東京外語時代の生活の苦しさを回顧することはあっても本書の思い出に触れることはなかったという．しかし筆者が梶山家を訪問して拝見した梶山の遺品には上述の研究ノートや東京外語実験室で撮影された写真数葉の他に 1 枚の新聞切り抜きが含まれていた．1968 年に京都で開催され戦後日本における音声研究の水準の高さを世界に示す舞台となった国際音響学会議を取材した毎日新聞の記事である．この記事は音声合成研究の急速な進歩を伝えると同時に，その先駆けとなった千葉と梶山の業績が戦後初めて評価されたことを指摘して評価の逆輸入の問題を論じている．

この会議の運営に参加された藤村靖博士(米国オハイオ州立大学教授)の回想によれば，会議への参加を要請した電話に対し，梶山は「今は若い人が立派な仕事をしているから」という言葉で参加を辞退したそうである．梶山にとっての音声研究は本書をもって既に完結していたということであろうか．

7. 翻訳について

　本訳書は杉藤美代子，本多清志両博士の共訳である．杉藤博士はわが国の実験音声学において長らく指導的役割を果たされた研究者であり日本語アクセントに関する実験研究で名高い．本多博士は音声生理学および調音運動の計測において現在世界的第一人者のひとりである．翻訳は杉藤博士がまず単独で試みられ，後にその訳稿の検討を本多博士に依頼されたことから共同翻訳に発展したと仄聞している．

　本書の英語はときに古めかしさを感じさせるものの基本的には平易であり，読解に語学上の困難は少ない．本書を訳出する上での困難は，むしろ本書執筆当時における音声研究の状況を正確に理解することにあったとうかがっている．本解説中でも述べたように本書の引用文献にはその歴史的意義が半ば忘れさられた文献が少なくない．本多博士は訳稿の正確を期して主要な文献を入手し解読することに多大の労力を注がれた．また本書原著に含まれている若干の問題点や誤植についても訳注のなかで綿密に指摘しておられる．この優れた翻訳を得て本書の真価が一層多くの人々に理解されることを祈念しつつ解説の筆を擱く．

謝辞：この解説を執筆するに際して，千葉，梶山両家ご遺族の皆様には貴重な資料を閲覧させていただきました．記して深く感謝いたします．

付記：以下の学術雑誌の特集には本書に関係する記事が記載されている．興味のある読者は併読していただきたい．

　日本音響学会誌，57-1(2001)「特集：音響学における20世紀の成果と21世紀に残された課題」．

　音声研究，5-2(2001)「特集：『母音論』出版60年」．

　Acoustical Science and Technology, 23-4(2002), "Tutorial Issue: THE VOWEL——From Chiba and Kajiyama to current issues".

　日本音響学会誌，58-7(2002)「小特集-母音研究：Chiba & Kajiyamaから最新研究まで」(上の英文特集記事の邦訳)．

索　引

あ　行

圧力(超過——)
　　共鳴器内の——　　54, 86, 96
　　声道共鳴曲線　　74, 82
　　声道内変動　　127
　　声門下の——　　69
　　放射母音の——　　77
位相
　　共鳴による変化　　62
　　声道共鳴曲線　　74, 82
　　波形との関連　　60
　　部分波の——　　58, 89
イナータンス
　　声道共鳴腔の——　　71, 73
　　放射——　　73
咽頭腔
　　——の図(図1)　　viii
　　——の測定　　107
　　——の長さ　　177
インピーダンス(音響——)
　　開口端における——　　213
　　複合管の——　　80, 81
うなり振動　　90
エネルギー
　　開口部からの放射　　75, 84
　　壁による吸収　　94
　　声門気流による供給　　74
音の混合
　　視覚による同定との比較　　210
音の属性　　157, 163, 187, 208
音響スペクトル　　57
　　ア(a)の——　　19
　　過渡的波形の——　　99

　　合成母音の——　　126
　　女児の——　　180
　　成人女性の——　　178
　　成人男性の——　　43, 113, 116, 118, 120, 122
　　男児の——　　179
　　特殊波形の——　　59, 99
　　フィルタ処理母音の——　　198
　　理論的に求めた——　　79, 83
音響パタン
　　空間——　　158
　　2次元——　　210
　　日本語母音の——　　185
音響分析
　　——の客観的方法　　169
　　フィルタによる——　　170, 189, 198
　　フーリエ法による——　　58
音色　　162
　　楽音の——　　162
　　声の——　　182, 197
　　純音の——　　157, 163, 187
　　母音の——　　187, 196, 199
音声勢力　　75, 84
　　英語母音の——　　84
　　日本語母音の——　　84
音速(声道内——)　　114

か　行

開口端補正　　92, 111
輝き
　　音の——　　164
蝸牛
　　——の図　　153
　　——の力学　　156

過渡的　55, 99
　　——母音理論　46
壁（共鳴への影響）　94
可変フィルタ法　190, 200
基準線（声道の——）　106
基底膜
　　楽音に対する反応　157
　　——の図　153, 154
キャパシタンス（音響——）
　　声道共鳴器の——　71, 73
吸収（壁による——）　94
胸声区　8, 17, 20
共鳴
　　聴覚理論　155
　　直列——　54, 55
　　——に対する声門の影響　97
　　——の種類　52
　　——の鋭さ　64, 97
　　並列——　54, 56
　　母音理論　48
共鳴器（声道共鳴器を参照）　53
　　受音器　53
　　受音器としての——　55
　　二重——　65
　　——の作用　53, 84
　　発音器　62
　　発音器としての——　54
　　複合音響管——　88
　　振り子との類比　55
　　ヘルムホルツ——　53
　　軟らかい壁の——　92
共鳴曲線
　　円筒共鳴器の——　92
　　声道の——　74, 82
気流横断面（声道の——）　108
くぼみ音　46, 163
減衰定数
　　応答の鋭さとの関連　64
　　声道の——　70, 96
口蓋図　106
口腔

　　——の自然周波数と減衰定数　71
　　——の測定　105
　　——の長さ　177
硬口蓋　viii, 105
甲状軟骨　5
口唇放射（母音の——）　75, 77, 83
合成
　　波形の——　79
　　母音の——　169
喉頭
　　——の共鳴　141
　　——の構造　viii, 5
　　——の状態　34
　　母音との関連　36
喉頭音発生器　124, 183
喉頭蓋　5, 30
固定フィルタ法　190, 197, 200
固有音　41
コルチ神経節（らせん神経節）　153, 154

　　　　さ　行

差音（ピッチ知覚効果）　158
ささやき声（——における喉頭の状態）
　　29
ささやき母音
　　——の性質　183, 198
　　——の波形　183
視覚と聴覚との対応関係　208
自然周波数
　　声道の——　74, 114, 142
　　単純な共鳴器の——　110
　　二重共鳴器の——　114
　　複合音響管の——　114
　　ヘルムホルツ共鳴器の——　53, 112
　　軟らかい壁をもつ管の——　92
縦断面（声道の——）　108
純音
　　——の属性　157, 163
　　——の母音韻質　187
上音構造
　　音の特徴としての——　208

索　引／259

音色との関連　162
定義　163
神経
　——の解剖　154
数値データ(母音生成のための——)
　キャパシタンスとイナータンス　73
　減衰定数　71
　口腔と咽頭腔の大きさ　83, 114, 117,
　　119, 121, 123, 177
　喉頭の大きさ　141
　声門下圧　69
　声門抵抗　69
　放射イナータンス　73
　放射抵抗　71
ストロボスコープ　9
鋭い声　20
声区　17
声質
　声帯の状態との関連性　17
　年齢差と男女差　182
声帯
　——の構造　6, 7
声帯突起　6
声道
　ア(a)の——　118
　イ(i)の——　80, 83, 113
　ウ(ɯ)の——　122
　エ(e)の——　80, 84, 116
　オ(o)の——　120
　——の大きさと形状　177
　——の計測　105
　——の図(図1)　viii
声道共鳴器
　単純化した——　86
　二重共鳴器としての——　66, 74
　非均一音響管としての——　127
　複合音響管としての——　79
　——に等価な共鳴器　108
声道中心線　108
声門　6, 11
声門気流　67

声道共鳴との関連　95
　——の大きさ　69
　——の波形　27, 28, 69
舌骨　5

た　行

体積流
　声道内の——　67, 74, 82, 127
　定義　68
大脳皮質
　——の活動電位　158
　——の機能　207
　——の脱落効果　207
　末梢神経との関連　153
弾性緩衝体作用(声帯の——)　23
聴覚中枢(——の機能)　207
聴覚理論
　共鳴説　155
　中枢説　155
　電話説　155
　場所説　155, 158
　末梢説　155
調和
　母音理論　48, 166
調和的　56, 97
直列共鳴　54, 56
　——回路　54
抵抗(音響——)
　声道——　71, 81
　声門——　69
　放射——　69, 70
定常状態　55
　母音理論　48, 167, 203
電気共鳴回路
　直列——　54
　発話器官との対応　67
　並列——　63
電気的アナログ
　開口部の——　213
　声道の——　67
　単純共鳴器の——　54, 63

伝導率 53
　開口部の―― 112
　不均一な頸部の―― 114
特徴周波数領域 140, 163, 182

な　行

二重共鳴器
　――における気流と圧力 67
　――の作用 65, 74, 86
　――の自然周波数 114

は　行

波形
　共鳴による変化 62, 79
　部分波との関連性 59
　部分波の位相との関連性 61
波動方程式 127, 215
非調和
　母音理論 46, 166
非調和的 56, 97
ピッチ
　声の――（母音の韻質への影響） 183
　ささやき母音の―― 197
　――の知覚 158
披裂軟骨 5
ファルセット声区 8, 20, 24
フィルタ（電気的波形――） 190
フォルマント
　英語母音の―― 146
　可動―― 163
　固定―― 162
　主要―― 189
　定義 162
　ドイツ語母音の―― 143
　年齢差と男女差 181
　――中心 163, 182
　――の数 140
　――の性質 183, 196
複合音響管
　――の作用 79, 88
　――の自然周波数 110

並列共鳴 54, 57
　――回路 63
ヘルムホルツ音色 163
ヘルムホルツ共鳴器 53
　受音器としての―― 53, 55, 95
　発音器としての―― 54, 56, 95
　――の自然周波数 112
ヘルムホルツの相反定理 95
母音の韻質
　声のピッチとの関連 183
　純音のもつ―― 187
　――をもつ音 196
母音の起源 189
母音の合成 122, 169
母音の混合 170, 204
母音理論
　長内の―― 168
　過渡説 46
　空間パタン 186, 201, 203
　固定フォルマント説 167
　相対フォルマント説 167
　調和説 48
　定常状態説 48, 167, 203
　非調和説 46
放射インピーダンス
　円形開口部の―― 69, 73
　近似インピーダンス回路 213
　ホーン型管の―― 80

ま　行

密度（音の――） 164
明瞭度
　音声の―― 199, 210
　母音の―― 197

や　行

柔らかい声 17, 20, 23
有毛細胞 153, 162

ら　行

ラウドネス 161

リアクタンス(音響——)
　声道の—— 81
　放射—— 73
粒子速度(声道内の——) 128, 130, 132, 136, 138, 139
量感(音の——) 163
輪状軟骨 5, 7
レコード盤
　母音の韻質に及ぼす回転速度の効果 171

人名索引

アウエルバッハ Auerbach, F. 45
イェンシュ Jaensch 166, 169
石井 Ishii 38
今堀 Imahori, K. 210
ウィリス Willis, W. 45-50, 122, 166, 167
ウィルキンソン Wilkinson 155
ウェーゲル Wegel, R. L. 29, 155-157
ウェブスター Webster, A. G. 127, 215
ウォーカー Walker, S. 154
エイディス Ades, H. W. 154
エリス Ellis, A. J. 48
エンゲルハルト Engelhardt, V. 169, 171, 187, 188
長内 Osanai, T. 168
小幡 Obata, J. 24, 140, 174
オルテル Oertel 3, 17
カイザー Kaiser, L. 106
カステリ Castelli, H. 136
カラー Culler, E. A. 154
ガルシア Garcia, M. 3, 17
切替 Kirikae, I. 4
グッツマン Gutzmann, H. 4, 68
クナイスナー Kneisner, E. 123
グラスマン Grassmann 45
クラッツェンシュタイン Kratzenstein, C. 45, 122
クランダール Crandall, I. B. 66, 110, 165, 174, 214

グルッツナー Grützner 171
ケーニッヒ Koenig, K. R. 170
ケーラー Köhler 188
ゲールケ Gehrcke, E. 169, 171, 187, 188
ケニヨン Kenyon, E. L. 34
ケンペレン Kempelen, W. von 45, 122, 123
コットン Cotton, J. C. 91
サシア Sacia, C. F. 84, 85
颯田 Satta, C. 4, 24
ジェメルリ Gemelli 169
シュトュンプ Stumpf, C. 45, 162, 163, 165-167, 169-171, 190
シラー Schiller, P. E. 136
スクリプチャ Scripture, E. W. 4, 23, 45, 50, 166, 167, 169
スタインバーグ Steinberg, J. C. 156, 165, 170, 190, 191
スチュワート Stewart, G. W. 71
スチュワート Stewart, J. Q. 66, 170
スティブンス Stevens, S. S. 151, 162, 164
高橋 Takahashi, M. 169, 190
チェルマック Czermak, J. N. 3
千葉 Chiba, T. 143
ティーンハウス Thienhaus, E. 140, 142, 143, 145, 148, 169
デイビス Davis, H. 151, 162, 164
豊島 Teshima, T. 140, 174
デルサッソ Delsasso, L. P. 169
ドダール Dodart, M. 45
富田 Tomita, T. 89
トレンデレンブルグ Trendelenburg, F. 4, 49-51, 151, 169, 198, 201
トレンデレンブルグ Trendelenburg, W. 69
トローランド Troland, L. T. 151, 164
ドンダース Donders, F. C. 167
ニューマン Newman, E. B. 164
ネトケ Netcke, M. 142, 148

パジェット Paget, R.　　51, 122, 123, 170
パストリ Pastori　　169
ハラ Hála, B.　　3
バラニー Bárány　　171
パルマー Palmer, H. E.　　38
パンコンチェルリ=カルツィア Panconcelli-Calzia, G.　　3, 23
ヒックマン Hickmann, C. N.　　169
廣瀬 Hirose, K.　　170, 204
ファーンスワース Farnsworth, P. R.　　188
フーベル Huber　　170
フーリエ Fourier, J. B. J.　　49, 58
フェルラン Ferrein, A.　　45
フォルクマン Volkmann, J.　　164
フライシュテット Freystedt, E.　　169
フラトー Flatau　　9, 107
フランツ Franz, E.　　169, 201
ブルシュタイン Wulstein　　4
フレッチャー Fletcher, H.　　49, 84, 98, 151, 157, 158, 164, 170, 190
ベケシー Békésy, G. von　　151, 155, 169
ヘゲナー Hegener　　3
ベック Beck, C. J.　　84, 85
ヘルマン Hermann, L.　　45, 49, 50, 163, 166, 167, 169, 171
ヘルムホルツ Helmholtz, H. L. F. von　　45-51, 100, 110, 151, 155, 162, 166-169
ヘンリッチ Henrici, O.　　169
ホイートストン Wheatstone, C.　　45, 47, 48, 50, 167
ポリアック Poliak　　154

ボーリング Boring　　164
ホンティ Honty, L.　　3
マロ Marro, M.　　211
ミラー Miller, D. C.　　45, 90, 93, 166, 169
ムーゼホルト Musehold, A.　　3
メイヤー Meyer, E.　　151
メトラー Mettler, F. A.　　154
モース Morse, P. M.　　73, 94
モンゴメリー Montgomery　　169
山本 Yamamoto, G.　　169, 190
ユンク Jung, H.　　155, 166, 204
ラーゲンベック Lagenbeck, B.　　4
ラール Lahr　　171
ライヘル Reyher　　46
ラックス Lux　　155
ラッセル Russell, G. O.　　3, 34, 47, 90, 110
リンゼイ Lindsay, R. B.　　71
ルイス Lewis, D.　　140, 141, 146, 168
ルスロー Rousselot　　170
ルリエ Lurie, M. H.　　162
レイリー Rayleigh, Lord　　49, 51, 66, 69, 112, 114
レイン Lane, C. E.　　155-157
ロイド Lloyd, R. S.　　45, 167, 174
ロードン-スミス Rawdon-Smith, A. F.　　151, 153, 156, 162
ローフ-フレッチャー Roaf-Fletcher　　155
ロレンテ・デ・ノ Lorente de Nó　　153, 154
ワグナー Wagner, K. W.　　170, 190
ワット Watt, H. J.　　151

■岩波オンデマンドブックス■

母音――その性質と構造　　　　千葉　勉　梶山正登著

　　　2003年 8月26日　第 1 刷発行
　　　2004年 2月16日　第 2 刷発行
　　　2017年 2月10日　オンデマンド版発行

訳　者　杉藤美代子　本多清志
　　　　すぎとうみよこ　ほんだきよし

発行者　岡本　厚

発行所　株式会社　岩波書店
　　　　〒101-8002　東京都千代田区一ツ橋 2-5-5
　　　　電話案内　03-5210-4000
　　　　http://www.iwanami.co.jp/

印刷／製本・法令印刷

ISBN 978-4-00-730581-8　　Printed in Japan